马克思对黑格尔法哲学思想的承继与超越研究

李 真 著

知识产权出版社
全国百佳图书出版单位
—北京—

图书再版编目（CIP）数据

马克思对黑格尔法哲学思想的承继与超越研究 / 李真著 . -- 北京 : 知识产权出版社，2024.6
ISBN 978-7-5130-9054-4

Ⅰ . ①马… Ⅱ . ①李… Ⅲ . ①马克思主义哲学—研究 ②黑格尔 (Hegel, Georg Wilhelm Friedrich 1770-1831) —法哲学—研究 Ⅳ . ① B0-0 ② B516.35

中国国家版本馆 CIP 数据核字 (2023) 第 253263 号

内容提要

本书是一部法哲学学术著作，试图揭示马克思和黑格尔法哲学思想的真实关系。"不懂得黑格尔，就不懂马克思"，这为我们研究马克思法哲学思想指明了科学的路径。黑格尔作为德国古典哲学集大成者，其《法哲学原理》影响深远。以批判、反思的态度审视黑格尔的法哲学思想，能发掘其当代价值；以比较的视野研究马克思对黑格尔法哲学思想的承继与超越，不仅可厘清学术理论发展的历史，而且彰显了马克思法哲学的当代性和科学性。本书从法的本质观、价值观、关系论和方法论四个维度探究了马克思对黑格尔法哲学思想的承继与超越。

本书既适合法学研究者阅读使用，也可为从事哲学研究的学界同仁提供参考。

责任编辑：李海波　　　　　　　　　责任印制：孙婷婷

马克思对黑格尔法哲学思想的承继与超越研究
MAKESI DUI HEIGE'ER FAZHEXUE SIXIANG DE CHENGJI YU CHAOYUE YANJIU
李 真 著

出版发行：知识产权出版社有限责任公司	网　　址：http:// www.ipph.cn
电　　话：010-82004826	http:// www.laichushu.com
社　　址：北京市海淀区气象路 50 号院	邮　　编：100081
责编电话：010-82000860 转 8582	责编邮箱：laichushu@cnipr.com
发行电话：010-82000860 转 8101	发行传真：010-82000893
印　　刷：北京中献拓方科技发展有限公司	经　　销：新华书店、各大网上书店及相关专业书店
开　　本：720mm×1000mm　1/16	印　　张：14.5
版　　次：2024 年 6 月第 1 版	印　　次：2024 年 6 月第 1 次印刷
字　　数：215 千字	定　　价：75.00 元

ISBN 978-7-5130-9054-4

　　茫茫宇宙自有序，攘攘人海定有规。法作为人类社会发展的重要产物，始终受到哲学家们的关注，从苏格拉底、柏拉图到亚里士多德，古老的哲学家们对于"公平、正义"的苦苦探索正是对于法现象的哲学反思。哲学作为反思性学科，必然对于法律现象进行究底式探寻。如果说法学立足于法现象的实然研究，那么法哲学则致力于思索法的应然。

　　马克思主义是我们立党立国的根本指导思想，因此马克思法哲学思想也应当是我国法学研究和法治实践的理论根基。但马克思在法哲学领域的成就遭到一些西方学者的诋毁，积极发掘、科学认识马克思法哲学思想是面对西方学者误读和诋毁的有力反击。本研究表明，虽然马克思没有专门研究法哲学的论著，但正是马克思在法哲学领域的超越拨开了法现象的层层迷雾，从而使法学成为一门科学。

　　黑格尔作为德国古典哲学集大成者，对于法哲学进行了系统的探讨，撰写了《法哲学原理》一书。然而，由于黑格尔法哲学为普鲁士政府辩护、语言晦涩难懂等诸多原因，黑格尔法哲学的理论价值被不恰当地遮蔽，甚至遭到诋毁，如黑格尔的论敌弗里斯说："黑格尔的法哲学是毒菌，它不是长在科学的花园里，而是长在阿谀奉承的粪堆上，拜倒在普鲁士统治者的皮鞭之下。"由于黑格尔法哲学的客观唯心主义的性质、青年时期马克思的批判性定位，国内系统研究黑格尔法哲学思想者颇为鲜见。然而，其思想虽然存在缺陷，但绝不等同于没有价值，诚如学者张世英所言，"黑格尔思想仍然是后人不得不仰视的一座思想巅峰"。

　　"不懂得黑格尔，就不懂马克思"，这为我们研究马克思法哲学思想指明了科学的路径。以批判、反思的态度审视黑格尔的法哲学思想，能发掘其当代价值；以比较的视野研究马克思对黑格尔法哲学思想的承继与超越，不仅可厘清学术理论发展的历史，而且彰显了马克思法哲学的当代性和科学性。系统研究二者的法哲学思想无疑具有一定的理论价值。

　　市场经济必然是法治经济，依法治国不仅是我党的重大决策，也是公认的正确治国方略。由于法家的败落，儒家的主导，人治传统久远，封建社会的千年延绵，政府主导下的"依法治国"存在诸多困难。中华法系"德主刑辅"的治国理念影响深远，缺乏良好的法治传统是不争的事实。西方固然有着法治的传统，但现实已经证明了走法律移植之路会导致"水土不服"。求助于西方的理论与实践本身就是错误的，因为在资本逻辑主导下的西方社会，法治也仅具有形式意义。哲学经历了"客体中心主义"—"人类中心主义"—"生存中心主义"的发展历程，法治也应该以人的全面自由发展为根本，而这恰恰与马克思法哲学的本质相契合。换言之，马克思法哲学能为我国法治建设提供正确的理论指导，可以说这是本研究的实践意义。

　　研究马克思对黑格尔法哲学思想的承继与超越，主要做了以下工作：一是全面梳理黑格尔法哲学的具体内容，这是研究二者是否存在理论承继与超越关系的前提和基础。二是系统查阅马克思关涉法哲学思想的论著，全面把握马克思的法哲学思想，尤其是成熟时期马克思对于青年马克思时期的法哲学思想是否存在修正、反拨的情况。三是比较马克思和黑格尔的法哲学理论，旨在审慎求证是否存在承继与超越关系。四是基于前述三项梳理、比对和求证的工作，显现马克思主要在四个维度存在对黑格尔法哲学思想的承继与超越，即法的"客观意志"本质论；法的"具体自由"价值论；市民社会与国家、法与道德的关系；辩证法与历史主义方法。

　　感谢我的导师西南大学法学院时显群教授在我学术研究道路上的指引和帮助，尤其是博士求学阶段对我的耐心指导和谆谆教诲，既培养了我的学术旨趣，又提升了学术素养。感谢知识产权出版社李海波编辑和于晓菲编辑对本书出版付出的辛勤努力。本书是重庆城市管理职业学院高层次人才科研启动基金项目"马克思与黑格尔法哲学思想比较研究"的最终研究成果，感谢重庆城市管理职业学院对本书出版提供的资助。

第一章　绪　　论

第一节　论题研究的缘起

茫茫宇宙自有序，攘攘人海定有规。公平、正义等关涉法哲学的重要论题，远在古希腊时期就受到哲学家们的关注，苏格拉底、柏拉图、亚里士多德等都为我们留下了极具影响的论著。法作为利益的调整器和人类对于公平、正义追求的产物，必然被纳入哲学研究的范畴。黑格尔作为德国古典哲学集大成者，对于法哲学进行了系统的探讨，撰写了《法哲学原理》一书。然而，由于黑格尔"哲学主要是或纯粹是为国家服务"的论断，以及黑格尔法哲学替普鲁士君主制国家辩护、语言晦涩难懂等诸多原因，黑格尔法哲学的理论价值被不恰当地遮蔽，甚至遭到诋毁，如黑格尔的论敌弗里斯说："黑格尔的法哲学是毒菌，它不是长在科学的花园里，而是长在阿谀奉承的粪堆上，拜倒在普鲁士统治者的皮鞭之下。"❶由于黑格尔法哲学的客观唯心主义的性质、青年时期马克思的批判性定位，国内系统研究黑格尔法哲学思想者颇为鲜见。然而，其思想虽然存在缺陷，但绝不等同于没有价值，事实上，"黑格尔思想仍然是后人不得不仰视的一座思想巅峰"❷。今天，当我们"面对市场经济所要求的自由和秩序、国家强制和社会自主的矛盾时，

---

❶ 吕世伦.黑格尔法律思想研究［M］.北京：中国人民公安大学出版社，1989：1.
❷ 张世英.自我实现的历程：解读黑格尔《精神现象学》［M］.济南：山东人民出版社，2001：1.

仍然不能不正视黑格尔提供的思想资源"❶。

　　由于马克思在其著作《黑格尔法哲学批判》和《〈黑格尔法哲学批判〉导言》中对黑格尔的法哲学思想进行了较为系统的批判，后人在哲学研究中自觉或不自觉地沿袭了马克思对于黑格尔法哲学思想的定论。换言之，这些研究往往是青年时期马克思对黑格尔法哲学观点的重述，背离马克思对于黑格尔法哲学的批判性定位似乎成了学术冒险。诚如学者王树人所述："在很长一段时间里……或者说，把黑格尔哲学研究变成围绕马、恩、列的评价兜圈子，变成对他们评价的图解。"❷然而需要澄清的是，青年时期马克思本人的思想显然不能等同于马克思主义思想，其思想包括法哲学思想，本身也存在一个发展、趋于成熟的过程。对于马克思在上述论著中的批判也不宜"照单全收"，应以严谨的学术态度加以审视。更为合理的研究视角，应当立足于文献著作，审慎地比较马克思与黑格尔的法哲学理论著述，即客观展示两位哲人法哲学思想的承继与超越关系。事实上，随着国外黑格尔法哲学思想研究的深入，学界过去的某些共识在不断被打破。例如，相关研究表明，黑格尔本人与普鲁士王室并不存在任何私人交往，更没有凭借支持君主立宪制换取个人职位的升迁，甚至马克思在其博士论文中也指出黑格尔并没有通过顺应霍亨索伦的君主制来换取职业上的实惠与升迁。诚如有学者所言，《法哲学原理》被后人视为黑格尔最重要、最成熟的政治哲学著作，黑格尔在解决个人自由与公共善这一现代性难题上具有极为深刻的认识。❸

　　虽然马克思从未撰写系统阐述其法哲学思想的著作，但确实在法哲学论域的成就大大地超越之前的哲学家，尤其是历史唯物主义方法论的确立，彻底廓清了遮蔽在法现象上的层层迷雾。如布律尔认为，马克思法哲学不仅"推翻它们以前的各种学派所坚信的法律规定的理性基础……还在于剥去法律的神圣外衣，甚至

❶　王新生.黑格尔市民社会理论评析［J］.哲学研究，2003（12）：58.
❷　王树人.散论黑格尔哲学研究——《黑格尔哲学新研究》一书译者序［J］.哲学研究，1989（9）：77.
❸　查尔斯·泰勒.黑格尔［M］.张国清，朱进东，译.南京：译林出版社，2002：557.

可以说，破除了法律的神秘力量"❶。

但瞩目的成就频频遭到西方哲学界一些学者的诋毁，如意大利学者科莱蒂认为，"马克思的法学理论重复了卢梭早已发现了的主题，没有在卢梭的思想上增添任何东西"❷。英国学者休·科林斯则认为，马克思的法律思想是贫乏的，是"物质观"的结果。❸而德国当代法哲学家阿图尔·考夫曼则直言："对于马克思法哲学理论留下了什么，只能以确实没有来回答。"❹基于苏联学者的错误诠释、斯大林的专制统治、东欧剧变的挫折，西方马克思主义学者哈贝马斯也坚称马克思主义缺乏一个令人满意的法学传统，这是左派应该牢记的最重要教训之一。❺毋庸置疑，深入发掘马克思法哲学思想的真谛，必然有助于对西方学者的责难进行有力的回应。

如何看待马克思与黑格尔两位哲人之间法哲学思想的关系是学界一直颇为关心的论题。从西方马克思主义的开山鼻祖卢卡奇、柯尔施到法兰克福学派的马尔库塞，从后现代政治理论大家亚历山大·科耶夫到存在主义学者萨特，都曾对马克思与黑格尔的理论关系给予了关注。甚至埃里克·魏尔在《黑格尔与国家》一书中提出："从历史上看，黑格尔正是沾了马克思的光才变得声名显赫，而按照我们当代的认识，与其说马克思是黑格尔的门徒，不如说黑格尔是马克思的先驱。或许唯有参照黑格尔才能理解马克思，但主要是马克思直接或间接地促使黑格尔成为经久不衰的研讨对象。"❻卢卡奇认为："对任何想要回到马克思主义的人来说，恢复马克思主义的黑格尔传统是一项迫切的任务。"❼美国学者戴维·麦格雷格在其著作《共产

❶ 布律尔. 法律社会学［M］. 许钧，译. 上海：上海人民出版社，1987：17.
❷ COLLENTI L. From Rousseau to Lenin［M］. New York and London：Monthly Review Press, 1972：185.
❸ 休·柯林斯. 马克思主义与法律［M］. 邱昭继，译. 北京：法律出版社，2012：10.
❹ 阿图尔·考夫曼. 当代法哲学和法律理论导论［M］. 郑永流，译. 北京：法律出版社，2013：105-106.
❺ 郁建兴. 自由主义批判与自由理论的重建——黑格尔政治哲学及其影响［M］. 上海：学林出版社，2000：351-352.
❻ WEIL E. Hegel and the state［M］. Baltimore MD：The Johns Hopkins University Press, 1998：115.
❼ 卢卡奇. 历史与阶级意识［M］. 杜章智，等译. 北京：商务印书馆，1996：16.

主义衰落之后黑格尔与马克思》一书中指出，马克思一生的学术生涯都笼罩在黑格尔的阴影下，虽然一直在努力逃避黑格尔的影响，但未成功。❶多米尼克·洛苏尔多认为马克思充分继承了黑格尔关于不同种类自由间冲突的思想。❷1997 年 3 月，在英国诺丁汉特伦特大学还召开了"黑格尔与马克思的关联"主题研讨会。这些都表明马克思与黑格尔的学术理论关系至今仍是长盛不衰的研究热点。或许从马克思转入柏林大学这所黑格尔思想的殿堂之日起，就已注定了马克思同黑格尔这位思想巨匠难解难分的理论人生。

　　当然，否认马克思与黑格尔学术关联者也并不鲜见。西方马克思主义学者阿尔都塞认为："青年马克思实际上（学生时代的博士论文不算在内）从来不是黑格尔派，而首先是康德和费希特派，然后是费尔巴哈派。因此，广为流传的所谓青年马克思是黑格尔派的说法是一种神话。"❸国际著名马克思研究专家特雷尔·卡弗在《后现代马克思》中主张，所谓黑格尔与马克思的内在关联，仅仅是一种理论解读方式的选择，"是由特定的人、在特定时期、为着特定理由、以特定方式一手打造出来的"❹。诚如美国学者诺曼·莱文所言，对于马克思与黑格尔关系的解读，学界一直在"黑格尔化"与"去黑格尔化"之间反复摇摆。❺

　　马克思哲学思想的"黑格尔化"与"去黑格尔化"的论战至今依然此起彼伏，胜负难分，对马克思是否存在法哲学思想的质疑也从未间断。因此，摆在我们面前需要澄清和研究的问题是：第一，马克思是否存在法哲学思想？第二，如果说马克思存在法哲学思想，那么需要求证的另一个问题就是：马克思的法哲学思想对黑格

❶ MACGREGOR D. Hegel and Marx after the fall of communism［M］. Cardiff: University of Wales Press，1998.
❷ 张双利，倪逸偲. 今天为什么要重读黑格尔的法哲学——意大利哲学家多米尼克·洛苏尔多访谈录［J］. 探索与争鸣，2017（5）：73.
❸ 阿尔都塞. 保卫马克思［M］. 顾良，译. 北京：商务印书馆，2006：18.
❹ CARVER T. The postmodern Marx［M］. Pennsylvania: Pennsylvania State University Press，1999：16.
❺ 莱文. 不同的路径：马克思主义与恩格斯主义中的黑格尔［M］. 臧峰宇，译. 北京：北京师范大学出版社，2009：4-10.

尔的法哲学思想是否存在承继和超越？第三，如果二者存在承继与超越的关系，究竟在哪些方面存在承继，又在哪些方面实现了超越？

第二节 文献综述

关于黑格尔和马克思在法哲学领域的学术思想的真实关系，无疑需要建立在分别对黑格尔和马克思各自法哲学思想深入研究的基础之上，也唯有在此基础之上，方能求证马克思是否存在对黑格尔法哲学思想的承继与超越。若存在承继与超越，则需要进一步探究究竟在哪些方面存在承继与超越，又是如何承继与超越的。现就上述问题的国内外研究现状加以梳理。

一、国外研究现状

由于黑格尔法哲学被视为替普鲁士专制政府辩护的官方哲学，黑格尔法哲学研究在西方世界经历了一段冷落与蔑视。黑格尔去世后，主要由他的学生对其法哲学进行传播与研究。爱德华·甘斯在 1833 年出版了黑格尔的《法哲学原理》。他也是第一部《黑格尔全集》的出版者之一，撰写了《继承法的历史发展》《关于近 50 年来历史的讲义》。爱德华·甘斯忠实于黑格尔的学说，坚持用理性的发展来解说和论证历史过程，主张精神的辩证运动决定法的不断发展；同时，秉持逻辑与历史的统一，即法律概念与历史发展之间的统一，反对当时法学中流行的历史学派胡果、萨维尼的观点，主张以黑格尔的精神创立法学的哲学学派。他把法的发展看作绝对理念的表现，而所有制是永恒不变的法的理念的实现。为了纠正后人对黑格尔法哲学的"反动""保皇"的哲学的偏见，黑格尔的另一位学生伊尔亭格根据听课笔记出版了《黑格尔法哲学讲演录》，成为研究黑格尔法哲学的可靠文本，对于准确定性黑格尔法哲学具有重要意义。德国学者霍耐特将黑格尔法哲学诠释与重构为"规范"的正义理论，即以自由意志为出发点，以法权为核心，以承认、教化、自我实现之间的相互协调为目标的正义理论。❶ 目前，欧洲大陆的德国与法国是黑格尔法哲学的主要研究中心。

国外致力于马克思法哲学研究者，以西方马克思主义学者最为著名。卢卡奇作为西方马克思主义学派的创始人，在《历史与阶级意识》一书中，以物化、总体性、阶级意识、主客体的统一等概念范畴诠释马克思思想，并集中分析了物化及物化意识与资本主义法律形式化之间的内在关联，考察法律现象与其他社会现象的互动关系，阐述法律现象的功能与作用，把马克思法哲学解读为"总体性"的法哲学。同时，卢卡奇从实践哲学层面深入阐发人的主体性历史地位，力图从逻辑上确证阶级是包括法律现象在内的社会现象发展的历史推动力量。葛兰西的法哲学思想体现在《狱中札记》一书中。关于法律作为上层建筑与经济基础的关系问题，葛兰西认为不能简单地看作直观反映的关系，国家与法律的历史基础应当是阶级利益、阶级力量的博弈达致的不稳定的平衡。葛兰西的研究成果对于现代法律的合法性基础、自然法与实证法之争、公法与私法之间的关系等法哲学基本问题具有重要的理论指导意义。

20 世纪 70 年代以后，西欧大陆的西方马克思主义开始走向衰落，而英美却开始不断涌现出新的马克思主义流派或理论。英美马克思法哲学流派的典型特征是将实证分析法学、法社会学等重要成果贯穿在马克思法哲学思想研究中。如英国学者休·柯林斯借鉴了分析法哲学家哈特的法律实证分析方法，为马克思法哲学理论提供合法性证明；❷ 克里斯蒂·希普诺维奇在《社会主义法的概念》中运用分析法学的实证研究方法，对马克思法哲学中的自由、人权等重要范畴进行了论证；卡尔·伦

---

❶ 王凤才. 黑格尔法哲学：作为规范的正义理论——霍耐特对黑格尔法哲学的诠释与重构 [J]. 复旦学报（社会科学版），2009（6）：19-27.
❷ 休·柯林斯. 马克思主义与法律 [M]. 邱昭继，译. 北京：法律出版社，2012.

纳则深受法社会学研究方法的影响，在其著作《私法的制度及其社会功能》中，试图运用法社会学体系重构马克思法哲学理论。❶毋庸置疑，英美马克思法哲学研究者们不仅为马克思主义法学的研究提供了一个新的视角，也为法律实证主义开辟了新的道路。

从比较的视野研究黑格尔、马克思法哲学，德国等大陆法系国家涌现了一些重要成果。如德国学者卡尔·洛维特在其著作《从黑格尔到尼采》中，不仅剖析了马克思如何实现黑格尔对于矛盾达到"概念"调和方式的批判与超越，而且在法哲学的重要领域——市民社会与国家的关系上，认为马克思通过洞察资产阶级与无产阶级不可调和的尖锐矛盾，揭示了黑格尔以理念国家消融矛盾方法的虚妄性。❷英国学者克里斯·桑希尔的《德国政治哲学：法的形而上学》是一本较为系统地研究德国政治哲学和法哲学史的著作。在这部著作中，克里斯·桑希尔主要剖析了马克思在法哲学思想上对于青年黑格尔派"从认同到批判"的历程。❸德国学者亨利希·库诺在其著作《马克思的历史、社会和国家学说》中，就马克思与黑格尔关于法哲学的重要论题——国家观进行了详细、深入的比较，反映了两位哲人在国家的自由价值功能上的重大分歧。❹虽然上述学者从比较的视野研究两位哲人的法哲学理论，但仅是从某个层面展开的研究，而以比较的视野系统研究两位哲学家法哲学思想的成果较为鲜见。

二、国内研究现状

由于黑格尔哲学语言晦涩难懂，又往往被视为替普鲁士专制政府辩护的官方哲学，以及青年马克思对黑格尔法哲学的批判性基调的影响，国内对于黑格尔法哲

---

❶ 卡尔·伦纳.私法的制度及其社会功能［M］.王家国，译.北京：法律出版社，2013.
❷ 洛维特.从黑格尔到尼采［M］.李秋零，译.北京：生活·读书·新知三联书店，2014.
❸ 克里斯·桑希尔.德国政治哲学：法的形而上学［M］.陈江进，译.北京：人民出版社，2009.
❹ 亨利希·库诺.马克思的历史、社会和国家学说［M］.袁志英，译.上海：上海译文出版社，2014.

学思想进行系统深入研究者较少。复旦大学林喆博士是国内为数不多的深入研究黑格尔法哲学的学者之一。在其专著《黑格尔的法权哲学》中，林喆博士将视角锁定在黑格尔究竟是怎样在客观精神领域内确定国家理念至上原则、构建权利与国家学说，从而改写了古代、近代自然法哲学的权利观念，使"Recht"概念包含了权利与权力的双重含义。林喆博士找到了贯穿黑格尔法权哲学的三大原则：普遍性原则、绝对同一原则、中介原则，并将论题置于西方法哲学思想演变中加以考量，揭示了黑格尔法权哲学形成的历史渊源，且对其地位作出了全新的评价。对于黑格尔的法权哲学，林喆博士提出了个人见解：以意志的自在自为为经，以个人与国家的关系为纬。也许是受篇幅与研究精力的影响，林喆博士对黑格尔法权哲学的诠释不够完整，对黑格尔法权哲学的当代价值未能阐发。南开大学的李淑梅教授重点研究了黑格尔法哲学的一个维度——立法权思想，揭示了黑格尔试图在封建王权和资本主义法治之间妥协，从而对国家制度和立法权关系的把握上陷入了二律背反。❶西南政法大学陈金全教授在《黑格尔法哲学思想探究》论文中，针对黑格尔法哲学的三个重要论断"法学是哲学的一个部门""国家是伦理理念的现实""法是自由意志的定在"提出了个人见解，有批判、有认同，对如何恰当看待黑格尔法哲学提供了新思路。复旦大学哲学学院的汪行福教授在《个人权利与公共自由的和解——现代性视域中的黑格尔法哲学》一文中，对把黑格尔法哲学视为保守主义思想的集中体现的观点进行了驳斥，并从现代性视域对黑格尔法哲学的核心范畴"自由"进行了诠释：黑格尔的自由观不仅是对主观自由引发的生存论和社会学困境的诊断，同时也是对个人自由与公共自由的张力与复杂性的系统思考，不仅看到了个人主义自由观及其制度化的局限性，而且阐释了从私人自由向公共自由过渡的必要性。黑格尔的阱见在于没有将伦理概念中阐发的交往自由原则贯彻到理性国家概念之中，错过

---

❶ 李淑梅.黑格尔的立法权思想研究［J］.哲学动态，2013（4）：51.

了从民主方向解释公共自由的机会。❶ 汪行福教授的研究恰恰表明了黑格尔法哲学的当代价值，尤其是在当前我国构建民主法治国家中具有重要的价值。在市场经济的发展中，个人自由的张扬是必然的，但是如何处理个人自由与公共自由、个人与国家的关系、法律与道德的关系等是现代社会中复杂而深刻的议题。

基于回应市场经济体制构建及依法治国目标确立的理论诉求，20世纪90年代初国内掀起了研究马克思法哲学的热潮。法哲学著名学者公丕祥教授的专著《马克思法哲学思想述论》，旨在再现马克思如何面对之前或同时代的各种法哲学思潮的诘难与批判，以及阐发与重建崭新的法哲学理论系统的艰巨思维过程，进而揭示这一伟大过程的划时代的创新意义。该专著从本体论、价值论、方法论三个维度显现马克思法哲学思想的全貌。尤为值得关注的是，公丕祥教授从研究方法与叙述方法的不同向度，对马克思法哲学的方法论进行了探究。不足的是，本体论、价值论、方法论的维度既缺乏新意，也不够完整，尤其是对价值论的述论略显单薄。武步云教授通过对马克思法哲学的系统研究，在其专著《马克思主义法哲学引论》中，就马克思法哲学的本体论、本质论、价值论进行了深入探讨。在法的本质的探究中，武步云教授从法是调整社会关系的规范入手，敏锐地抓住了社会关系最原初的范畴——占有，分析了法律以行为为调整对象，而行为背后隐藏的是利益或权利；在法的本质论中，就马克思法哲学关于法的阶级本质、社会本质以及二者的关系进行了阐释；在价值论中，分析了法最重要的价值——自由的本质，提出了民主与法治是实现自由的社会形式。武步云教授从文化的维度分析法的价值问题颇有见地。但是，专著中涉及了一些法律的基础理论知识，划归到法哲学的范畴不太恰当。

学者的研究不可避免地受到个人学科背景的影响，公丕祥教授与武步云教授的著作显露出法学论著的痕迹。部分具有深厚哲学学科背景的学者们试图从某一维度对马克思法哲学进行诠释。南开大学哲学博士强乃社在《马克思法哲学的现

---

❶ 汪行福. 个人权利与公共自由的和解——现代性视域中的黑格尔法哲学 [J]. 吉林大学社会科学学报，2011（1）：54-63.

代和当代阐释》一书中，就马克思法哲学在欧洲大陆、英美国家、苏联的阐释中进行了历史与逻辑的梳理，从历史、逻辑与文化三个不同向度追溯不同的阐释者究竟是"如何"阐释马克思法哲学的。强乃社博士认为，阐释不仅表征着解读理论，而且意味着发展理论；理论的阐释不是为了阐释而阐释，更重要的是把理论付诸实践。复旦大学吴晓明教授在《近代法哲学与马克思的社会存在理论》一书中，剖析了马克思法哲学从对近代形而上学的一般批判—市民社会的经济学解剖与法的形而上学批判的深化—唯物史观的创立与法的形而上学基础的颠覆的发展历程，以马克思哲学的社会存在论作为理论工具，对近代法哲学的形而上学的共性进行深入解析，凸显了马克思法哲学的科学性。复旦大学汪家宝在其博士论文《马克思法哲学思想及其当代意义》中，从马克思法哲学思想的演变发展逻辑出发，对马克思法哲学的自由、平等、人权观进行了解读，分析了马克思法哲学对于西方法学"人本主义"传统的颠覆，从中国传统法律文化与当下法治现状出发，提出了中国法治建设的出路——马克思法哲学中国化。汪家宝博士对马克思法哲学的"以人为本"的本质把握是恰当的，但就如何实现马克思法哲学中国化的研究略显薄弱。部分学者则立足于分析马克思的某篇论著，从论著中解读马克思法哲学思想，如朱哲教授的《法权的尘世根基——马克思〈黑格尔法哲学批判〉对黑格尔法哲学体系的批判路径》、北京大学王东教授的《马克思哲学创新的重要铺垫——重新评价〈黑格尔法哲学批判〉的历史地位》等。其中，李淑梅教授通过对《黑格尔法哲学批判》的深度解读，认为马克思通过四个方面的批判，即主体和谓语关系的颠倒、从社会整体出发的研究方法、王权至上的君主立宪制和调和社会矛盾，"使政治哲学从体系化哲学的架构中摆脱出来……初步创立了新的政治哲学的基本观点和方法"[1]。

综上，国内对黑格尔法哲学思想的研究比较薄弱，对黑格尔法哲学思想的价

[1] 李淑梅. 体系化哲学的突破与政治哲学研究方法的转变——马克思的《黑格尔法哲学批判》再解读 [J]. 哲学研究，2005（9）：20-25.

值认识不足；马克思哲学作为我国的主流意识形态，对其法哲学的思想研究较为活跃，但囿于有些学者的法学学科背景，研究成果的哲学韵味不浓，与法律基础理论（法理学）未能厘清。而以比较的视野系统研究马克思与黑格尔的法哲学思想，目前尚付诸阙如。深入探究马克思法哲学思想对黑格尔法哲学思想的承继与超越，不仅有助于廓清目前理论界对于二者哲学理论关系的模糊认识，而且可以为当代中国的法治建设提供丰富的理论宝库。在依法治国的今天，我们确实需要与马克思、黑格尔进行思想对话。

第三节　研究思路与主要研究方法

一、研究思路

马克思与黑格尔的法哲学思想的学术关系可谓历久弥新的论题，两位哲人的学术理论的关联在不同学者的阐释和建构中变得更加扑朔迷离。尤其是马克思关于黑格尔辩证法的"颠倒"说成为封印在马克思与黑格尔关系上的"符咒"，历史和文本的真实状况被禁锢在这简单的标签下。揭示二者理论的真实关系，不言自明的研究路径只能是回归文本、尊重文本、审慎地诠释文本。

如果说黑格尔的法哲学思想集中体现在其撰写的《法哲学原理》一书中，那么对黑格尔法哲学思想的研究理应以《法哲学原理》为核心。黑格尔的法哲学不过是其思辨逻辑的补充、运用和验证，因此黑格尔的《小逻辑》《逻辑学》无疑是理解和把握黑格尔法哲学思想的基础和钥匙。上述文本是本书研究黑格尔法哲学思想的主要文本。

学界对马克思的思想基本形成了区分为青年时期马克思和成熟时期马克思的共识，其一般以 1845—1846 年《德意志意识形态》的发表为界限，而成熟时期的重要标志是历史唯物主义的确立。然而，一方面，马克思的法哲学思想较为分散，并没有系统阐述其法哲学思想的著作，因此引述马克思的著作必然数量较多；另一方面，也更为重要的是——如何看待青年马克思时期的法哲学思想，尤其是《黑格尔法哲学批判》《〈黑格尔法哲学批判〉导言》和《莱茵报》时期的相关论著。不可否认，随着历史唯物主义的确立，成熟时期的马克思可能修正甚至推翻青年时期马克思的某些法哲学思想，但并非完全否弃其青年时期的全部法哲学思想。换言之，青年时期马克思的法哲学思想不乏真理性认识，同时也是成熟时期马克思法哲学思想的重要基础，同样具有理论价值。例如，《莱茵报》时期马克思完全认同黑格尔关于法的最高价值是自由的观点，而事实上马克思始终坚持这一观点，并且也是其奋斗终身的目标。当然，在《黑格尔法哲学批判》中，马克思反对黑格尔把法的自由价值的实现寄希望于理念国家，甚至以普鲁士王国为典范，认为民主制国家才是自由实现的当然选择；而成熟时期的马克思认为国家只是统治阶级利益的代言人，是虚假的利益共同体，自由的实现恰恰应消灭私有制和国家，自由实现依靠民主制国家的观点显然被修正或否弃。因此，对于青年时期马克思法哲学思想的相关著作不能一律视而不见，应当审慎对待。需要说明的是，若本书中引述青年时期马克思的法哲学理论，或者是成熟时期马克思仍然认同的观点，或者是旨在展现马克思法哲学思想的跃升的轨迹。

研究马克思对黑格尔法哲学思想的承继与超越，一是需要梳理黑格尔法哲学的具体内容，这是研究马克思是否存在对黑格尔思想的承继与超越的前提和基础；二是系统查阅马克思关涉法哲学思想的论著，全面把握马克思的法哲学思想，尤其是成熟时期马克思对青年时期马克思的法哲学思想是否存在修正、推翻的情况；三是比较马克思和黑格尔的法哲学观，旨在求证是否存在承继与超越关系；四是马克思对黑格尔的法哲学思想是如何承继的，又是如何实现超越的。

二、主要研究方法

（1）历史主义方法。立足于黑格尔、马克思所处的特定历史时代，发掘其法哲学思想产生的深刻历史背景。从哲学家个人思想史发展的维度，剖析黑格尔、马克思法哲学思想的演进过程，唯有从哲学家思想演进史和其生活所处时代历史的双重维度，方能全面深刻地理解哲学家的法哲学思想。

（2）比较研究法。以比较为手段，以诠释与发展为目的。在比较的基础上，选择不同维度，研究马克思法哲学对黑格尔法哲学的承继与超越。

（3）文献法。全面认真阅读黑格尔、马克思主义的经典著作和相关文献，解读其蕴含的法哲学思想。对于黑格尔法哲学思想的研究，不能囿于其《法哲学原理》一书，特别是应当在其逻辑学的语境中进行诠释，因为黑格尔的法哲学是其逻辑学的应用。而马克思法哲学思想绝非囿于《黑格尔法哲学批判》与《〈黑格尔法哲学批判〉导言》，需要全面查阅、理解马克思的全部著作，力求系统、准确地把握其法哲学思想。

（4）反思与批判方法。研究法哲学思想，尽管可借用具体科学的实证方法，但以哲学方法作为主要方法是当然的选择。反思与批判是哲学研究的主要方法。不仅对当下中国依法治国等重大问题进行反思，而且对黑格尔乃至马克思的法哲学思想也需要反思。这并非否定马克思法哲学，恰恰是坚持与发展马克思法哲学，是马克思法哲学保持当代性的必然途径。

三、历史主义研究方法的再说明

黑格尔认为："就个人来说，每个人都是他那时代的产儿。哲学也是这样，它是被把握在思想中的它的时代。"❶ 马克思也认同哲学是时代精神的体现。法哲学作为时代精神的体现，其历史性是不言自明的。由是观之，在黑格尔与马克思法哲学

---

❶ 黑格尔.法哲学原理［M］.范扬，张企泰，译.北京：商务印书馆，1961：序言 12.

思想的比较研究中，历史主义理应是贯穿始终的重要方法论原则。需要澄清的是，黑格尔在《法哲学原理》中明确反对在哲学研究中采用历史实证研究方法，因为这只能证明其"具有一般历史的价值……因此之故，它们又是暂时性的"❶。而哲学应该"从那些形式靡定、反复无常的考察中提取恒久不变的东西"❷。但是，黑格尔恰恰忽视了哲学本身就是时代精神的产物。换言之，哲学本身也是历史的产物，作为德国集古典哲学之大成的哲学家，黑格尔的法哲学思想源自其之前时代哲学家，同时也必然受制于其自身所处的时代。黑格尔断然反对历史主义实证研究方法，显然是不妥当的。因此，笔者认为，在研究中必须始终关注到以下两个不同的历史向度。

一是哲学家个人思想本身发展的历史向度。黑格尔和马克思都是德国哲学史上举足轻重的重要哲学家，从黑格尔到马克思的法哲学思想，无疑存在承继与超越的问题，抛弃历史主义的立场必然陷入错误的研究结论。此外，即使是对一位伟大的哲学家而言，其哲学思想本身也存在一个历史发展的过程。例如，关于法哲学思想，马克思青年时期与晚年时期存在明显的差异，即马克思的法哲学思想也是动态发展的。因此，坚持历史主义的立场才能对哲学家的思想进行恰当的评价，绝不能将马克思某篇著作中曾经有过的提法奉为最高圭臬。

二是关注哲学家生活的历史背景。尽管两位哲人关于哲学究竟是"密那发的猫头鹰"还是"高卢的雄鸡"问题上存在分歧，但他们一致认同了哲学是时代精神的体现。真正的哲学家必然是其时代精神的深刻把握者。换言之，在论题研究过程中，对于哲学家的思想不能离开其所生活的特定历史背景而妄下结论，尤其是思想是否保守与反动的结论更应立足于特定的历史时代。例如，黑格尔对于理性国家的深切向往、对于国家统一的渴望，显然与黑格尔生活的时代的德国现状密切相关。黑格尔时代的德国，封建割据、诸侯专权、城邦林立，德国境内小邦国多达两三百

❶ 黑格尔.法哲学原理［M］.范扬，张企泰，译.北京：商务印书馆，1961：7.
❷ 黑格尔.法哲学原理［M］.范扬，张企泰，译.北京：商务印书馆，1961：序言3.

个，经济水平远远落后于英法，黑格尔法哲学"国家至上"的理念正是对其生活时代的哲学观照。对于黑格尔法哲学思想的评价不能忽视历史主义的维度。

第四节　研究的意义

本论题的研究，具有理论与实践双重价值。

在理论价值上，首先，本研究可以对休·科林斯、阿图尔·考夫曼、哈贝马斯等哲学家们否认马克思存在法哲学思想的观点作出积极的回应；其次，对黑格尔的法哲学思想的价值尽可能客观地重新审视，而不是基于其唯心主义立场和为普鲁士王朝辩护粗暴地全盘否定；最后，在审慎求证的基础上，展现马克思和黑格尔在法哲学领域的真实的学术思想关系。

在实践价值上，则可以为我国的依法治国战略的实施提供智识资源。市场经济必然是法治经济，依法治国不仅是党的重大决策，也是当今时代公认的治国方略，党的十八届四中全会对于全面推进依法治国进行了精心部署。就历史传统而言，由于法家的败落，儒家的主导，人治传统久远，封建社会的千年延绵，政府主导下的"依法治国"存在诸多困难。中华法系"德主刑辅"的治国理念影响深远，缺乏良好的法治传统是不争的事实。西方固然有着法治的传统，但现实已经证明了走法律移植之路会导致"水土不服"。事实上，试图复制西方资本主义国家的法治化路径本身就是行不通的，因为在资本逻辑主导下的西方社会，法治也仅具有形式意义。哲学经历了"客体中心主义"—"人类中心主义"—"生存中心主义"的发展历程，法治也应该以人的全面自由发展为根本，而这恰恰与马克思法哲学的人文观照相契合。换言之，马克思法哲学可为我国法治建设提供正确的理论指导，故本书的研究对于我国的法治建设具有现实的指导价值，即实践价值。

第五节　基本结构和主要内容的内在逻辑关系

一、基本结构

本书正文共五章。第一章绪论说明选题的依据和意义，梳理了国内外的研究现状，阐明了研究思路、研究方法和研究的意义，以及基本结构和主要内容。第二章至第五章在对马克思和黑格尔法哲学思想进行全面梳理与系统研究的基础上，发现马克思主要在四个方面对黑格尔法哲学思想存在承继与超越，即法的"客观意志"本质论；法的"具体自由"价值论；市民社会与国家、法与道德的关系；辩证法与历史主义方法。

第二章和第三章分别回答"法是什么"和"法应当怎样"的问题，这是任何法哲学流派必须研究的两个核心论题，马克思和黑格尔对此都进行了深入研究。

第四章基于第三章论证了马克思和黑格尔把自由视为法的最高价值的基础上，进一步探讨影响自由价值实现之路选择的重要理论前提，即需要厘清法的相关诸范畴的关系。

第五章从方法论的层面探究为什么马克思能够在本质观、价值论和诸范畴的关系理论等方面实现超越。

二、主要内容的内在逻辑关系

黑格尔的法哲学思想集中体现在其《法哲学原理》一书中。黑格尔在该著作中开宗明义对法哲学进行了界定："法哲学这一门科学以法的理念，即法的概念及其现实化为对象。"❶ 那么，究竟什么是法呢？"法的基地一般说来是精神的东西，它的确定的地位和出发点是意志。"❷ 由此可知，黑格尔认为法属于精神的范畴，法的本质就是"意志"。事实上，法的本质问题是回答"法是什么"的问题，是任何法哲学流派不可回避的论题，也是决定其哲学属性的重要标志。马克思并未否认法的意志性，但马克思进一步看到了国家意志形式背后的阶级意志性，又洞察了阶级意志性背后的物质制约性，最终把法的本质界定为阶级意志性与物质制约性的同一，这正表明了二者在法的本质论上的学术承继与超越关系。

如果说法的本质是解决"法是什么"的问题，那么法的价值就是进一步说明"法应当怎样"的论题。黑格尔认为，法律和自然规律有明显的区别，自然规律是纯粹客观的存在，故无所谓"合理与否"的价值评价问题，而法作为人的或精神的产物，必然存在"是否合理"的价值判断的论题。黑格尔把法的本质界定为意志，"意志而没有自由，只是一句空话；同时，自由只有作为意志，作为主体，才是现实的"❸。在黑格尔看来，意志与自由是一体两面的同一概念。"意志是自由的，所以自由就构成法的实体和规定性。"❹ 黑格尔基于对时代精神的深刻把握，把法的"实体"归结为自由，实则是把法存在的最高价值界定为自由。青年时期的马克思认同了黑格尔的法的自由价值，"法律不是压制自由的手段，正如重力定律不是阻止运动的手段一样"❺。事实上，成熟时期的马克思也并未否认法的最高价值是自由，不过在自由实现的伦理形式等方面不仅超越了黑格尔，而且实现了对青年时期的自我超越。诚如英国学者伯尔基所言："如果没有自由主义这一广阔背景，马克思主义将是不可思议也不会存在。"❻ 毋庸置疑，在法的自由价值论层面，马克思和黑格尔确实存在学术上的承继与超越关系。

❶ 黑格尔.法哲学原理［M］.范扬，张企泰，译.北京：商务印书馆，1961：导论1.
❷ 黑格尔.法哲学原理［M］.范扬，张企泰，译.北京：商务印书馆，1961：导论10.
❸ 黑格尔.法哲学原理［M］.范扬，张企泰，译.北京：商务印书馆，1961：导论12.
❹ 黑格尔.法哲学原理［M］.范扬，张企泰，译.北京：商务印书馆，1961：10.
❺ 马克思恩格斯全集：第1卷［M］.北京：人民出版社，1956：71.
❻ 伯尔基.马克思主义的起源［M］.伍庆，王文扬，译.上海：华东师范大学出版社，2007：50.

"法的理念是自由，为了得到真正的理解，必须在法的概念及其定在中来认识法。"❶ 如何实现法的自由价值呢？在黑格尔看来，唯有通过自由精神外化自身、分裂自身，又通过反思再回复自身，在其《法哲学原理》中，就出现了大量的"正—反—合"或"肯定—否定—否定之否定"的"三一"模式。作为法的环节，在最宏观的层面上就是"抽象法—道德—伦理"，显然道德对于自由价值的实现是具有重要作用的中介环节。如何处理道德与法的关系关涉自由的实现，马克思对于二者的关系也曾深入研究。在黑格尔的"伦理"环节中，又可分为"家庭—市民社会—国家"三个环节，黑格尔把自由的完满实现寄希望于"国家"。美国学者诺曼·莱文曾经指出，市民社会是马克思从黑格尔那儿获得的最重要的学术惠赠❷，马克思对于市民社会与国家的关系也极为重视，因为这决定了自由实现的路径选择。马克思认为不是国家决定市民社会，而是市民社会决定国家。因此，自由的实现就不能寄希望于国家，甚至国家作为统治阶级利益的代表，在某种意义上正是自由实现的障碍。马克思把目光投向了市民社会，市民社会表征的是经济基础，马克思的法的自由价值实现之路就是消灭私有制和国家，建立自由人的联合体。概言之，"道德与法"和"市民社会与国家"范畴的关系界定关涉法的自由价值如何实现，因此也是研究马克思与黑格尔法哲学学术理论关系的重要论题。

任何理论的构建都离不开特定的研究方法，理论的超越从根本而言首要的就是方法论的超越。方法论的超越不仅可以突破旧的理论体系，而且可以为新的理论构建提供内在逻辑的支点。黑格尔在《法哲学原理》的序言中就特别强调，"本书的前提是：从一个论题进展到另一论题以及进行科学论证的那种哲学方法，即整套思辨的认识方法，跟其他任何认识方法有本质上的区别"❸。黑格尔法哲学的核心方法正是思辨辩证法，亦即展示"概念"以"中介"为环节、以自我"否定性"为动力

---

❶ 黑格尔.法哲学原理［M］.范扬，张企泰，译.北京：商务印书馆，1961：导论 1-2.
❷ 诺曼·莱文，赵玉兰.马克思与黑格尔思想的连续性［J］.马克思主义与现实，2008（5）：48.
❸ 黑格尔.法哲学原理［M］.范扬，张企泰，译.北京：商务印书馆，1961：序言 1.

的发展过程。马克思承继了其中的否定性的发展观和异化范畴，又以"头足颠倒"的隐喻批判其神性与谬误，以"实践"为核心，实现了对黑格尔思辨辩证法的反拨。"概念"的层进、发展彰显了黑格尔法哲学厚重的"历史感"。马克思承继了黑格尔的历史主义方法，并改造了黑格尔方法论"天国"的根基，把历史主义方法奠基在"尘世"的坚实的现实基础之上，最终实现了法哲学的历史唯物主义的转向。

　　鉴于此，本书拟从四个维度研究马克思对黑格尔法哲学思想的承继与超越，即法的"客观意志"本质论；法的"具体自由"价值论；市民社会与国家、法与道德的关系；辩证法与历史主义方法。

第二章 法的"客观意志"本质论的 承继与超越

本质，按照以往哲学家的理解，或被界定为事物存在的根据，或是事物中常在不变的形体，或是事物本身所固有的根本属性。然而，无论是哪种界定，都认为本质是隐藏在表象之下、不易被人把握的深层次的东西。诚如黑格尔所言："哲学的任务或目的在于认识事物的本质，这意思只是说，不应当让事物停留在它的直接性里，而须指出它是以别的事物为中介或根据的。"● 按照黑格尔的思辨哲学理论，除了精神"概念"实体是自我认识、自我决定、自身就是自己存在的根据外，其他事物都应当在他物中寻找存在的根据，法现象也不例外。不可否认，法的本质问题不仅是任何法哲学流派无法回避的前提性论题，也是判断其哲学属性的标识。研究黑格尔与马克思的法哲学思想，法的本质问题则是我们应当探究的首要问题。

在法哲学史上，关于法的本质问题，可谓历久弥新的重要论题，法哲学家们对于"法究竟是什么、存在的根据是什么"等问题寻根式的探索似乎从未停歇过。对于法的本质问题，代表性的答案主要有：①神意说。如中世纪的经院哲学代表人物托马斯·阿奎那认为法不过是上帝的意志，人间的法律应当按照上帝的意志进行创设，否则就是恶法而无效。②人类理性说。卢梭、洛克等自然法哲学家认为是自然法构建宇宙和谐秩序，而自然法是存在于人类理性之中，能为人类所认识和把握。③民族精神说。以胡果、萨维尼为代表的历史法学派坚持认为法是民族精神的积淀和体现，从而反对把外国法律移植到本国法律体系中。④国家权力说。实证分析法

● 黑格尔.小逻辑［M］.贺麟，译.上海：上海人民出版社，2009：230.

学派的边沁、奥斯丁认为，法就是国家的命令和权力。⑤自由意志说。哲理法学派的代表人物康德认为法就是人与人之间的自由意志并行不悖。黑格尔作为德国古典哲学的集大成者，在法的本质问题上批判了同时代的德国历史法学派的观点，在康德的自由意志说的基础上，克服了康德哲学的二律背反，确立了建基于客观唯心主义的法本质观。

第一节 黑格尔的法的本质论

一、黑格尔揭示法本质的方法论路径探微

对于本质的揭示，黑格尔认为是哲学的重要任务，法哲学也应当"从那些形式靡定、反复无常的考察中提取恒久不变的东西"❶。"事物中有其永久的东西，这就是事物的本质。"❷ 对于法的本质的理解与认识，也需要从纷繁复杂的现象中去伪存真，透过现象，探寻本质，"在有时间性的瞬即消逝的假象中，去认识内在的实体和现在事物中的永久东西"❸。法哲学应该怎样才能揭示法的本质呢？在《法哲学原理》一书中，黑格尔从研究方法的向度为我们提供了有益的启示。

（一）形式与内容的统一

对于本质的研究，通俗的看法是内容比形式更加重要，或者更确切地说内容比形式更接近于事物的本质。然而，黑格尔在形式与内容的关系上彰显了哲学家的智

---

❶ 黑格尔.法哲学原理［M］.范扬，张企泰，译.北京：商务印书馆，1961：序言 3.
❷ 黑格尔.小逻辑［M］.贺麟，译.上海：上海人民出版社，2009：230.
❸ 黑格尔.法哲学原理［M］.范扬，张企泰，译.北京：商务印书馆，1961：序言 11.

慧，尤其是绽放出辩证法思维的光芒。美国学者诺曼·莱文认为："黑格尔与萨维尼之所以针锋相对，就在于二者对法的源起这一根本问题的见解不同。黑格尔把形式—内容的方法论运用到了法的起源中。"❶ 黑格尔认为，对于事物本质的把握，不能把形式与内容割裂，没有无形式的内容，也没有无内容的形式，"在科学中内容和形式在本质上是结合着的"❷。黑格尔认为，能思维的精神不仅要获取真理，而且还需要理解真理，真理只有被理解，对于精神而言，真理才是真正的真理，即有根有据的真理，真理的标准就是"本身已是合理的内容获得合理的形式"❸。譬如，法一般以国家立法为形式，以自由理性为内容，法应当是形式与内容的统一，即自由理性的内容以制定法的形式展现就是法。自由理性这一内容离开了国家立法的形式就不是法，而国家立法丧失了自由理性的内容也不是法。因此，黑格尔指出："某种法的规定从各种情况和现行法律制度看来虽然显得完全有根有据而且彼此符合，但仍然可能是绝对不法和不合理的。"❹ 显然，黑格尔认为一国制定或认可的实定法（即现行有效的法律制度）完全可能徒有法的形式，因为不符合法的内容而不是真正的"法"，真正的法是"法的概念与其定在的统一"，犹如肉体与灵魂的统一，不符合法的理念、内容的实定法就如同没有灵魂的肉体，缺乏恒久不变的本质，徒具空虚的表象。换言之，最为常见的国家制定的法律规范在黑格尔看来可能因为不符合法的本质而不是"法"，甚至是法的假象。"假象是不符合本质的定在，是本质的空虚的分离和设定。"❺

（二）关注实存与应然的分裂和斗争

"规律分为两类，即自然规律和法律。"❻ 在黑格尔看来，自然规律与法律都属

---

❶ 诺曼·莱文，赵玉兰.马克思与黑格尔思想的连续性［J］.马克思主义与现实，2008（5）：44.
❷ 黑格尔.法哲学原理［M］.范扬，张企泰，译.北京：商务印书馆，1961：序言2.
❸ 黑格尔.法哲学原理［M］.范扬，张企泰，译.北京：商务印书馆，1961：序言3.
❹ 黑格尔.法哲学原理［M］.范扬，张企泰，译.北京：商务印书馆，1961：导论5.
❺ 黑格尔.法哲学原理［M］.范扬，张企泰，译.北京：商务印书馆，1961：91.
❻ 黑格尔.法哲学原理［M］.范扬，张企泰，译.北京：商务印书馆，1961：序言14.

于广义上的法，但是二者具有显著的差异。自然规律是纯粹客观的，无所谓正确与否、合理与否，人们对于自然规律的认识，仅能增加我们的知识，但对于自然规律本身既无所增益，也无助长作用。而法律是被设定的东西，源出于人类，对于人设定的法律，人必然会存在衡量的尺度，即人所设定的法律是否合理。实定法学家死死抱住现存的法律加以分析、研究，而哲学家们则要审视现存的法律，审慎考察现存法律的合理性，"这就是我们这门科学（引者注：指法哲学）的事业"❶。黑格尔认为，现代社会的重大进步就是对于人为设定的规则不是盲目地服从，而是勇于质疑，因为今天"思想已经站在一切应认为有效的东西的头上"❷。国家颁布的法律固然有效，但是该法律是否符合合理性，需要与关于法的真实的思想一致，而真实的思想（真理）不是关于事物的意见、观点，而是"事物本身的概念"❸。按照黑格尔的哲学理论，事物的概念就是事物的本质。

黑格尔认为，存在与应然之间的分裂只有在精神的基地上才会出现，而法的基地正是精神。对于法的本质的把握，黑格尔告诫我们，不能像实定法学家那样，仅仅拘泥于现存有效的法律制度进行实证分析，而忽视其"应然"的状态，实定法学家这种死死抱住现行有效法律制度的做法只能获得关于法律的知识（即理智的范畴），无法达到对于法律的哲学把握（即理性范畴）。其实，黑格尔在此不过表明了他的一个基本的哲学观点：现存的东西不一定就是现实的，因为现存的东西可能不符合其概念、本质，从而丧失了合理性。一言以蔽之，对于法的本质的认识，应关注到实然与应然之间的鸿沟，离开了应然的审慎考察，必然无法准确把握法的本质。

（三）避免陷入历史、功能和形式逻辑分析的误区

在法的本质探究过程中，黑格尔告诫我们不能陷入历史、功能、形式逻辑分析方法的误区。

---

❶ 黑格尔.法哲学原理［M］.范扬，张企泰，译.北京：商务印书馆，1961：序言 15.
❷ 黑格尔.法哲学原理［M］.范扬，张企泰，译.北京：商务印书馆，1961：序言 15.
❸ 黑格尔.法哲学原理［M］.范扬，张企泰，译.北京：商务印书馆，1961：序言 15.

首先，在法学层面的研究中，对于法的本质揭示常常求助于历史方法，试图通过追本溯源探寻法的本质，黑格尔同时代的历史法学派就是如此。然而，黑格尔认为历史方法不过是对于法的形成过程的历史性描述，这仅仅属于事实描述与因果分析，从法学、历史学等具体科学的角度而言固然有其意义，但对于法的本质的认识毫无帮助。换言之，历史分析的方法可能帮助我们找到某种法在人类历史上曾经存在的证据，确证了某种法存在的事实，例如，我们通过历史研究，能够确证"腹诽罪"在明朝立法中是存在的，因为《大明律》中有相应的法律条文，但是，"腹诽罪"这样历史上存在的"法"因不符合法的本质而不是真正的"法"。回到黑格尔的哲学理论，存在的东西不一定是现实的，因为它可能和其概念不符，诚如一切恶法都可以在历史上寻找到根据，但不能证明恶法是符合法的本质的。因此，黑格尔认为，历史实证分析与哲学研究有着天渊之别，偶然的历史根据不能等同于必然的"概念"发展，历史实证研究不具有普遍的哲学价值。甚至黑格尔还认为人们无法对法进行追本溯源，他曾经引用了安悌果尼的话语表达自己的看法——谁也不知道法律是从什么地方来的。事实上，黑格尔把法视为横贯历史始终、永恒存在的现象，因此不仅无探究法历史的必要，而且也根本无法探究其历史。

其次，黑格尔认为试图从法的功能维度探究法的本质也是行不通的。其根本原因在于功能研究属于外在的效用性分析，而本质是事物的内在根本的揭示。任何具体的法律制度必然有一定的功能，概括地说就是维护阶级统治和实现社会管理，能够指引人们的行为、预测行为后果、制裁违法者等。而具有外在功能效用的"法"，完全可能因为背离真正的法的本质而不是"法"，例如，不符合法的本质的恶法在现实中的确也能发挥一定的功能效用，如可以快速地恢复或建立"秩序"，但功能的有效性不能证成其符合法的本质。概言之，事物的功能属于外在，而本质属于深层次的内在，故揭示本质不能南辕北辙、背道而驰。

最后，形式逻辑方法也无助于揭示法的本质。在黑格尔看来，形式逻辑属于理智的而非理性的方法，"这种理智的联贯性，同满足理性要求和哲学科学毫不相干"❶。形式逻辑的方法虽然并非一无是处，在获得对于事物的理智认识、获得具体知识方面是有益的，但是黑格尔认为形式逻辑的证明只能说明法的技术合理性，而不能揭示法的价值合理性，更无法揭示法的本质，即形式逻辑的严密性只能在法学技术层面上确证其规范合理性，但无法从法哲学层面上证明其价值合理性或与法本质的相符性。其实，黑格尔认为探究法的本质应该是法哲学的任务，而法学在此是无所作为的。

二、黑格尔的"客观意志"法本质论

对于法的本质的认识，哲人们常常体察到其以国家强制力为后盾的公权一面，抑或是其符合公意及社会公众的内心认同的另一面。然而，黑格尔认为，这些外在的权威实证与法的本质无关。诚然，法的实施当然要以国家强制力为后盾，也往往以国家强制力体现出外在的权威性，而法能否在社会生活中得到良好的遵守与运行，也确实与社会大众内心对法的认可与否紧密相连，但黑格尔认为这些仅仅是实定法偶然的、外在的属性，与法的本质无关。

英国法哲学家霍布斯曾把法的本质归结为暴力与权力。黑格尔完全不赞同霍布斯的观点，认为"暴力和暴政可能是实定法的一个要素，但这种情况对实定法说来不过是偶然的，与它的本质无关"❷。法的本质既不是以国家强制力为后盾的权威性，也不在于调整社会生活的有效性。不可否认，法律与道德等其他行为规范相比，确实具有更高的强制性，因为唯有法律的实施是以警察、监狱、法院等国家机器为保障的。法律的实施在现实中往往带来良好的秩序，但在黑格尔看来，这依然是属于事物的外在的表象，甚至只是偶然存在的现象，远没有触及事物的本质，更没有达到哲学的深刻把握。法哲学作为哲学的分支，必然试图从纷繁复杂的现象中把握到事物的本质，从流逝中把握永恒，形形色色的实定法不过是暂时的、历史的现象，

---

❶ 黑格尔.法哲学原理［M］.范扬，张企泰，译.北京：商务印书馆，1961：10.
❷ 黑格尔.法哲学原理［M］.范扬，张企泰，译.北京：商务印书馆，1961：导论4.

法哲学恰恰是要超越实定法，把握其背后的深刻的法的本质和理念。尤其值得注意的是，黑格尔认为法的价值追求是与暴力相对立的自由，暴力即使在法之中存在，也仅仅是偶然和潜在的。在黑格尔看来，人的理性能够把握法的理念，在通常情况下应该自觉自愿地遵守，仅仅在违反法律时，暴力才得以显现。而暴力的显现，其根本目的也不是为了暴力而暴力，而是旨在恢复因违法而遭受破坏的秩序与自由。

然而，法的本质、理念、灵魂究竟是什么呢？"法的基地一般说来是精神的东西，它的确定的地位和出发点是意志。意志是自由的，所以自由就构成法的实体和规定性。"❶显而易见，黑格尔认为法应该属于精神的范畴、意志的范畴。其实，黑格尔的思想受到了康德的影响，康德也认为法属于精神范畴。在黑格尔看来，意志与自由是一体两面的同一概念，"意志而没有自由，只是一句空话；同时，自由只有作为意志，作为主体，才是现实的"❷。换言之，意志即自由、自由即意志。当今各国立法，不乏自由与意志同一的影子，如我国的民法典规定有效的合同必须是当事人真实意志的表达，而真实的意志就是自由意志。因此，在胁迫、欺诈情形下达成的协议由于意志不自由，即不是当事人的真实意志的表达，从而导致了协议的相对无效。

需要特别澄清的是，黑格尔所说的意志，并不是我们通常理解的主观意志，即个人的主观意志，而是能够"扬弃形式与内容的差别，而使自己成为客观的无限的意志"❸。个人的主观意志，只是一种私见和任性，把主观任性上升为法的根本原则，这显然是黑格尔无法接受的。黑格尔所言的客观意志乃理性，在黑格尔哲学体系中，理性是世界之本，是世界的共性，理性统摄了世界的一切。但黑格尔哲学体系的理性也不是传统理解的主观理性，即人认识世界、把握事物规律的能力，黑格尔的理性是客观理性。所谓客观理性，是指被思想所把握的事物的本质。黑格尔认

---

❶ 黑格尔.法哲学原理［M］.范扬，张企泰，译.北京：商务印书馆，1961：导论10.
❷ 黑格尔.法哲学原理［M］.范扬，张企泰，译.北京：商务印书馆，1961：导论12.
❸ 黑格尔.法哲学原理［M］.范扬，张企泰，译.北京：商务印书馆，1961：导论24.

为，思想在把握事物的过程中，能够意识到自身与事物的对立，但思想作为精神，有能力通过对事物本质的把握，扬弃自身与事物之间的对立，从而把事物保持于自身之内，这种被思想所把握的事物的本质，当然不是我们自己（人）的本质，而是事物的本质，故具有客观性。正是为了避免人们通常把思想理解为主观性的东西，黑格尔把其理性，即思想所把握的事物的本质称为"思想规定"。在黑格尔看来，"客观思想"是对"真理"最为贴切的概括。如果说哲学是追求真理，那么哲学的根本任务就是实现自觉的理性与事物的理性的和解。客观思想（思想规定）是思想对事物的本质、理性的理解与把握，即达到了自觉的理性与存在于事物中的理性的和解。因此，哲学就是以获得客观思想为目的，也就是黑格尔所说的哲学的任务不是告诉我们世界应当怎么样，而是理解现实世界。其实，黑格尔极为推崇古代哲学家阿那克萨哥拉，认为他第一次将思想、心灵（奴斯）当作宇宙的本原。黑格尔的法哲学理论显然受到了阿那克萨哥拉思想是世界本原的影响。正因为如此，虽然黑格尔把法的本质归结为自由意志或理性意志，但黑格尔是客观唯心主义哲学家，而不是主观唯心主义者。他所说的理性意志体现着社会与时代的必然性，自在自为的客观理性。这种理性体现着自由、正义与公正，因此应该把理性理解为一种被思想所理解和把握的规律、客观法则。确切地说，黑格尔笃信的统摄世界的理性作为"人的自觉的理性与存在于事物中的理性的和解"，实则是人的主观理性与事物的客观理性的统一，是人对世界的把握。因此，黑格尔的理性既不是纯粹主观的，也不是纯粹客观的，理性本身就是一个充满辩证法智慧的灵动概念。

黑格尔把法的本质界定为客观理性或客观意志，显然是试图极力掩盖其主观色彩。黑格尔认为法的本质绝不是主观意志，因为背离客观性的主观意志在性质上表现为任性，法确实不是立法者为所欲为的表达，这不过是一种假象。因此，黑格尔在法的本质上需要远离纯粹主观性，把客观精神纳入其中，这个客观精神被黑格尔把握为自由的时代精神。虽然自由的时代精神不是某个具体的人的主观精神，但是精神要统摄世界，即便是通过黑格尔所说的精神自在自为的活动，这个客观精神也需要异化到自然、主观世界，毫无疑问，客观的精神终究离不开人的活动。黑格尔摒弃法本质的纯粹主观性确实反映了哲学家深刻的洞察力，但把法的本质归结为客观理性或客观意志，最终还是落入了唯心主义的窠臼。

毋庸置疑，黑格尔对法的本质的揭示恰恰是源于对现代社会的时代精神的精准把握。现代社会与前现代社会的典型区别就是把人从神中解放出来，即摆脱了对于天神上帝或人神君主的盲目崇拜，自我意识被极大唤醒，个人自由受到从未有过的珍视。如果说前现代社会人们向往的是某种共同体的生活，那么现代社会的人们无不追求个人自由至上的市民社会生活。因此，黑格尔的法本质观的确是在启蒙思想哲人的启发下对于时代精神的深刻洞见。法的本质从限制论到自由意志的跃升，正是时代本身的深刻变化。前现代的法律，对于多数人而言就是重重的限制与约束，因为义务几乎全部赋予了多数群体，而权利只是少数人的特权，法律明显具有义务本位的鲜明特点。而现代社会的法律，不仅体现了权利与义务的平衡，至少纠正了过去完全失衡的状态，而且宣告了法律面前人人平等。法律义务的设定，不是为了义务而义务，而是为了保障权利的实现，法律不再是加在人们身上的枷锁，而是个人权利保护的公器。现代法律以权利为本位，而权利对于权利主体而言是选择的自由，即"可以做，也可以不做"。例如，所有权人可以使用、处分所有物，也可以抛弃所有物，体现出极大的自由，显然与义务相反。在权利与义务的关系上，黑格尔颇有见地："权利是普遍物的定在，义务则是特殊与普遍的关系，是普遍对特殊的规定。"❶一言以蔽之，权利是原则、核心与目的，义务的存在也是为了保证权利的实现。

当然，黑格尔的法本质观并未摆脱历史上影响久远的法的二元论的藩篱，即法存在所谓的实质法与形式法之分，形式法应当受到实质法的检验。这显然与自然法学派的观点极为相似。自然法学派认为在人定法之上存在永恒不变的自然法，自然

---

❶ 黑格尔. 法哲学原理［M］. 范扬，张企泰，译. 北京：商务印书馆，1961：261.

法是"一切法律的法律",是法的本质,而自然法就是永恒的公平、正义。黑格尔则认为法的本质就是自由,形式法作为实质法的定在,不过是实质法的环节、外在表现。为什么会得出这样的见解呢?在社会大众看来,法不是表现为对自由的限制或不自由吗?虽然康德坚持法的本质是自由,但是认为法是给人与人之间行为划定的界限,自由是相对的,也是受到限制的。黑格尔认为,把法视为限制是肤浅的、形式的认识,是误把任性当作了自由,自由绝非为所欲为的任性,而是具有客观内容的主客观统一。在黑格尔看来,真正的自由是个体的主观意志与普遍的自由意志的统一,而"法"是对普遍自由意志的现实表达。因此,"法"作为对普遍自由意志的表达,不是对自由的限制,而是自由本质理解的重要组成部分。对于任性而言,法的确体现为限制,然而对于任性的限制正是对自由的追求。如果把法的本质界定为限制或惩罚,不仅没有把握法的精髓,反而是对作为法的本质的自由精神的亵渎。值得注意的是,黑格尔并没有完全否定实定法存在的价值,"法律绝非一成不变的。……这些法律既然按当时情况都有其意义和适当性,从而只具有一般历史的价值"❶。实定法的历史性恰恰表征了其暂时性、特定性。

本质的重要性是不言而喻的,是事物之间区分的关键。对法本质的准确把握不仅具有理论价值,而且为法的实践提供了可以衡量的基本标准。一切实在法,一旦离开了法的本质,即背离了自由的精神,就极易沦为纯粹的阶级压迫的工具,可谓"以法之名,行不法之实",历史上比比皆是的暴政往往就是借助所谓法的权威。"恶法"不过是法的假象,虚幻的存在,历史上法西斯不也是借助恐怖法实施暴政吗?黑格尔认为,即使是看似最严厉惩罚的"刑罚",其本质也绝不是"威吓",因为"威吓的前提是人是不自由的……如果以威吓为刑罚的根据,就好像对着狗举起杖来,这不是对人的尊严和自由予以应有的重视,而是像狗一样对待他"❷。黑格尔的不满在于他认为法的最高价值在于正义与自由,人的本质就在于自由,威吓说等

---

❶ 黑格尔.法哲学原理 [M].范扬,张企泰,译.北京:商务印书馆,1961:导论7.
❷ 黑格尔.法哲学原理 [M].范扬,张企泰,译.北京:商务印书馆,1961:102.

学说断然否定人的自由，即无视罪犯作为人而享有的自由。换言之，把罪犯不是作为人来对待，这首先有违正义，且可以进一步进行推论：如果罪犯不是人，不是自由的，则他无须承担刑事责任，正如恶犬袭人，无法对其施加刑罚。因此，在黑格尔法哲学看来，刑罚的价值根本不是法学家们常常认同的威吓、惩戒，而应该是正义与自由，它只是以强制的方式帮助罪犯履行自由的程序。

黑格尔把法的本质界定为客观理性、客观意志，而这种客观理性的完满实现却依赖于伦理共同体的至高点——国家。因此，其法本质理论的确高扬了"国家至上"的理念，虽然黑格尔哲学中的理念国家不能等同于实存的国家，但在客观上为德国纳粹的暴行提供了理论支持。相对于把法的本质归结为神的意志、自然法等，黑格尔的法本质观固然是法哲学领域的一大进步，但驻足于客观理性中，当然还远未达到他设定的目标，即把哲学（包括法哲学）提升为科学（真理）。

三、黑格尔的法本质论陋见的原因探析

从广义而言，一切事物都存在"法"，如孟德斯鸠就认为法是由事物性质产生出来的必然联系，自然界也存在"法"，即自然规律；从狭义上看，法律是人类社会的现象，其本质只能从人类社会去寻找。按照黑格尔的看法，法的本质应该从人的"伦理共同体"中去寻找，即在家庭、市民社会和国家中去寻找。黑格尔的确不愧为一位充满智慧的伟大哲人，在法的本质问题上，他已经站在了市民社会这一坚实的尘世基础的门槛上，这里已经隐现了与马克思法的本质理论的某些共似性。然而，为什么黑格尔理论研究的步伐已经迈进了人类社会的大门，却无法揭示法本质的物质制约性呢？

首先，黑格尔的法本质观止步于自由意志，我们可以从其元哲学归属上得到答案。黑格尔作为唯心主义哲学家，在事物的本原上必然以意志或精神为依归。黑格尔虽然看到了法是人类社会的特有现象，法律具有明显区别于自然规律的特性，法的本原应该立足于社会而非自然，如市民社会与国家，但是唯心主义的哲学立场必

然导致黑格尔在法与市民社会及国家的关系上陷入泥沼，精神成为事物的本原，而现实、客观的市民社会成为精神的外化与产物。因此，黑格尔虽然站在了市民社会这一坚实的客观门槛上，但是对市民社会与国家关系的错误把握，导致黑格尔忽视了法的本质的决定性力量——市民社会，最终走到了真理的边缘但停了下来。可以设想，若不是囿于客观唯心主义的错误立场，黑格尔也许能正确地发掘出法的最深刻本质。

其次，黑格尔哲学体系中法哲学与逻辑学（思辨逻辑）的关系决定了他的法本质观不可避免地陷入谬误。众所周知，黑格尔固然是唯心主义哲学家，但不是主观唯心主义者，因此他认为事物绝不是由人的主观意志决定的，个人的意志不过是主观目的和私见，是缺乏精神的，不是事物的本质和决定者。黑格尔也试图揭示意志背后的"客观"必然性，但是由于黑格尔的法哲学不过是其思辨逻辑的附属，思辨逻辑是本，法哲学是末，在黑格尔的哲学体系的大厦中，法哲学成为其思辨逻辑学的证明和运用。因此，法的意志背后的客观性自然被黑格尔解读为思辨逻辑本身的客观性，而不是社会物质力量的客观性。

最后，黑格尔在法的本质观上的阱见也与其方法论立场密切相关。的确，马克思和恩格斯曾经盛赞黑格尔哲学深沉的历史感，但是这种历史感仅仅源于黑格尔思辨哲学的辩证法思想，即精神因不断否定而处于发展之中，历史乃精神的发展史。黑格尔对法的本质的探究明确反对着眼于法的历史发展向度，甚至认为人们无法找到法的历史源头。黑格尔曾经引用了安悌果尼的话语表达自己的看法："谁也不知道法律是从什么地方来的；法律是永恒的，这就是说，法律是自在自为地存在的，它们是从事物本性中产生出来的规定。"❶ 由于黑格尔把自由意志、自由精神视为永恒的精神，从而把法作为人类社会自始至终存在的永恒现象，进而得出法是没有历史的抑或是无法找到其历史源头。如前所述，黑格尔认为历史方法是对法的形成过程

❶ 黑格尔 . 法哲学原理［M］. 范扬，张企泰，译 . 北京：商务印书馆，1961：165.

的历史性描述，这仅仅是事实描述与因果分析，从法学、历史学等具体科学的角度固然有其意义，但对于揭示法的本质毫无帮助，因为一切恶法都可以在历史上寻找到根据。历史方法可以为某种"法"在人类历史上存在与否提供依据，但与该"法"是否符合法的本质、是否属于真正的法是两个截然不同的问题，历史上的实存绝不等同于现实性。而马克思恰恰是深刻分析了法的发展历史，尤其是对于原始社会进行了深入研究，发现了法是原始社会向奴隶社会过渡的历史阶段才出现的，进而得出法是阶级社会特有的现象，是经济发展到一定阶段、利益冲突尖锐的产物。值得注意的是，马克思曾经说过法是没有历史的，但这仅是从法不是自足自洽意义上而言的，即法没有自身独立发展的历史，而是受到其他因素的制约或决定。

第二节　马克思对黑格尔法的"客观意志"本质论的承继

在探讨马克思的法本质观之前，我们需要注意的是，对于法的本质的认识，马克思也存在一个渐进的过程，即从不成熟到成熟的历程。在《黑格尔法哲学批判》写作之前的一段时间，马克思曾经尝试撰写气势恢宏的法哲学大纲，但很快就体悟到康德法哲学从"应有"推导出"现有"的不可克服的缺陷。而黑格尔的思想体系以"实有"和"现有"为出发点，恰好克服了康德、费希特从"应有"推导出"现有"造成的现实与理想不可逾越的缺陷。黑格尔的法哲学思想扫清了马克思思想中的迷雾，马克思甚至为自己是"黑格尔主义者"感到无比兴奋。因此，马克思曾不无感慨地说道："帷幕降下来了，我最神圣的东西已经毁了，必须把新的神安置进去。"❶ 虽然马克思在《黑格尔法哲学批判》及其以后的著作中对黑格尔的法哲学进

---

❶ 马克思恩格斯全集：第40卷［M］.北京：人民出版社，1982：14-15.

行了"清算",但并不意味着马克思对黑格尔法的本质观的全盘否定。在某种意义上可以说,黑格尔的法本质思想正是马克思法的本质观的重要思想源头。

一、"在私法中,现存的所有制关系是作为普遍意志的结果来表达的"

如前文所述,由于黑格尔认为法是自由意志的定在,在其法哲学中,自由和意志是不可分割的同一体,可谓同义反复,即唯有意志是真正自由的,不自由的"意志"就不是真正的意志。显然,黑格尔认为法的本质是"意志"或"自由",由于顾及人们易把意志误当作为所欲为的"任性",故把意志称为"客观意志"或"客观理性"。

马克思是否认同黑格尔法的"意志"本质观呢?

在《评普鲁士最近的书报检查令》中,通过对普鲁士书报检查令和出版法的比较,马克思论证了法的"意志"本质。按照法学(社会科学)的观点,无论是出版法还是普鲁士国家颁布的书报检查令,都属于国家法律。但是,书报检查令要求作者以严肃、谦逊的语气进行写作,甚至对文章的"思想倾向"进行审查,必然压制人们思想的自由表达,故不是自由意志的保障而是阻碍。因此,马克思认为,"检查法只具有法律的形式,出版法才是真正的法律"❶。概言之,只有符合法的自由意志本质的法才是真正的法。

众所周知,《莱茵报》时期的马克思还不是一个历史唯物主义者,其法的本质观充满了理性主义的色彩。成熟时期的马克思是否仍然认同法本质的"意志性"呢?换言之,成熟时期的马克思是否彻底否弃了法的"意志"本质观呢?

学界基本达成的共识是:《德意志意识形态》是马克思从革命民主主义者向共产主义者转变的标志,是历史唯物主义确立的标志,也是青年时期马克思向成熟时期马克思转变完成的标志。在《德意志意识形态》中,马克思是否坚持法的"意志

❶ 马克思恩格斯全集:第1卷[M].北京:人民出版社,1956:71.

性"本质呢？在任何国家中，财产所有制问题都是一个需要法律予以确认的重要问题，这是不同形态的社会划分的主要标准，也是一个社会的生产关系的核心。例如，资本主义国家无不在法律上确认私人的财产所有权，甚至在宪法中写入"私有财产神圣不可侵犯"的条文，我国的民法典也对不同财产的所有制予以确认。马克思在探讨所有制问题时，认为"在私法中，现存的所有制关系是作为普遍意志的结果来表达的"❶。其主要含义是：所有制关系是通过私法来规定的，如我国一方面规定了私人财产所有权，另一方面又把土地所有权的主体限制为国家和农村集体组织；但私法又是以"普遍意志"的形式来展现，即通过宣称代表全体国民的意志的立法机关的立法行为来完成的。不可否认的是，马克思在《德意志意识形态》中仍然坚持了法的"意志"本质观。

二、"你们的法不过是被奉为法律的你们这个阶级的意志"

在《德意志意识形态》中，马克思认为法是一种"普遍意志"，而在历史唯物主义确立之后，马克思是否仍然认同法本质的"意志性"呢？

客观地说，把法看作一种"普遍意志"，相对于把法仅仅视为一种"规则"固然更为深刻，但仅仅认识到"普遍意志"还是一种较为浅层的把握。因为国家由全体国民组成，法一般由专门的立法机关制定，而立法机关一般是通过直接或间接选举代表的方式产生、组成，如我国的最高立法机关是全国人民代表大会及其常务委员会，当然代表了选民的意志，因此法确实就是以"国家意志"这一"普遍意志"展现的。

在 1848 年的《共产党宣言》中，马克思对于资本主义国家的法有一段表述："你们的法不过是被奉为法律的你们这个阶级的意志一样。"❷马克思认为，资本主义国家的法其实并不是全体国民的"普遍意志"的表达，在"普遍意志"的背后，不

---

❶ 马克思恩格斯文集：第 1 卷［M］.北京：人民出版社，2009：585.
❷ 马克思恩格斯文集：第 2 卷［M］.北京：人民出版社，2009：48.

过是"资产阶级意志"的体现。毋庸置疑,"阶级意志"的本质观相对于"普遍意志"本质观是更加深刻的认识,如果说本质存在层次性,"阶级意志"本质观显然是更深层次的本质观。"阶级意志"本质观得益于马克思对于国家的深刻认识,即国家不是全体国民普遍利益的代表,而是虚假的普遍利益共同体,是一个阶级压迫另一个阶级的统治工具,因此国家颁布的法从根本上而言自然代表的是统治阶级的利益和意志。

无论是《德意志意识形态》中秉持的"普遍意志"本质论,还是1848年《共产党宣言》中的"阶级意志"本质观,在法的本质问题上,马克思并没有否弃关于法本质的"意志性"观点。

三、"法的关系,是一种反映着经济关系的意志关系"

马克思在承继了黑格尔法的"意志"本质观的同时,已经隐约意识到这种"意志"绝不是抽象的,即使作为"阶级意志",统治阶级也绝不可能为所欲为,"立法者……不是在制造法律,不是在发明法律,而仅仅是在表述法律,他把精神关系的内在规律表现在有意识的现行法律之中"❶。显而易见,马克思已经敏锐地觉察到法本身不是自足自洽的,不能从法自身或客观意志对法作出合理的说明。对于法律这样的社会生活现象,马克思还特别提醒不能陷入纯粹的意志论,"在研究国家生活现象时,很容易走入歧途,即忽视各种关系的客观本性,而用当事人的意志来解释一切"❷。

在1859年的《政治经济学批判》中,马克思已经通过政治经济学研究,体察到法的物质制约性,"一切宗教制度和法律制度,一切理论观点,只有理解了每一个与之相应的时代的物质生活条件,并且从这些物质条件中被引申出来的时候,才

---

❶ 马克思恩格斯全集:第1卷[M].北京:人民出版社,1956:183.
❷ 马克思恩格斯全集:第1卷[M].北京:人民出版社,1956:216.

能理解"❶。但是，成熟时期的马克思在揭示了法的"物质制约性"之后，是否就意味着否弃了法的"意志性"呢？我们看看马克思在1867年撰写的《资本论》第一卷中对于法的表述："法的关系，是一种反映着经济关系的意志关系。"❷因此，直至1867年，马克思也认同法的"意志性"，只不过认为这种意志关系反映的是经济关系，表明马克思认为决定法的最根本因素是经济关系。在后文论证马克思对于法的本质超越中，我们可以看到，马克思在实践基础上实现了法的本质认识的跃迁，把法的本质归结为"阶级意志"与"物质制约性"的同一。

第三节　马克思对黑格尔法的"客观意志"本质论的超越

对事物本质的把握并非易事，"事物的直接存在，依此说来，就好像是一个表皮或一个帷幕，在这里面或后面，还蕴藏着本质"❸。本质虽然通过现象体现，但常常被浮于表面的现象所蒙蔽，"人的思想由现象到本质，由所谓初级的本质到二级的本质，这样不断地加深下去"❹。本质的层次性愈发增加了本质的复杂性。由于对现代社会时代精神的准确把握，黑格尔看到了法的自由意志本质，相对于历史上长期存在的神意论、君主意志论无疑是巨大进步。但是，囿于其客观唯心主义的立场，黑格尔的法本质观不仅体现出抽象性，而且存在明显的谬误。紧随黑格尔之后的时代，法哲学家们对于法的本质问题进行了重新审视，基于对法的本质和存在根据问题的不同看法，主要形成了以边沁、奥斯丁为代表的功利主义（实证分析法学派），以梅因、萨维尼为代表的历史法学派和以马克思为代表的历史唯物主义法学

---

❶　马克思恩格斯文集：第2卷［M］.北京：人民出版社，2009：597.
❷　马克思恩格斯文集：第5卷［M］.北京：人民出版社，2009：103.
❸　黑格尔.小逻辑［M］.贺麟，译.北京：商务印书馆，1981：242.
❹　列宁全集：第38卷［M］.北京：人民出版社，1957：278.

派。然而，唯有马克思拨开了黑格尔唯心主义法哲学的层层迷雾，发现了法的尘世的基础，科学地揭示了法的本质。正确把握马克思的法本质观固然具有意义，但是若固守于马克思法本质的若干论断，甚至奉为绝对真理，不仅不利于理论发展，而且还可能陷入谬误。进一步探究马克思发掘法本质的理论研究进路，不仅有助于全面把握马克思的法本质观，而且能够为我们的法哲学研究提供重要的方法论指南。诚如恩格斯所言，马克思的整个世界观提供的不是现成的教条，而是进一步研究的出发点和研究方法。因此，我们可以选择马克思探究法本质的研究进路的维度，揭示马克思究竟是怎样实现对黑格尔的伟大超越。

一、对黑格尔的"客观意志"法本质论的反思与质疑

作为客观唯心主义哲学家，黑格尔认为统摄世界的是理性，法的世界也不例外。法以精神为基地，精神的范畴的本质就是自由意志，统摄世界的法的理性就是自由意志。自由价值本身就蕴含了平等的理念。自由不应该是少数人的自由或特定群体的自由，现代社会倡导的是人人自由。人人自由离不开一个重要的前提就是人人平等；否则，人人自由只能落空。换言之，人人自由的世界必然是人人平等的世界。按照黑格尔的法哲学理论，符合法的概念（本质）的实定法和国家本身就是法的不同环节的现实，因此合乎法理念的国家立法，乃至国家本身就应该确认、崇尚人人平等，保障、促进人人自由，国家立法与国家应当代表的是普遍利益。

然而，马克思在《莱茵报》时期恰逢普鲁士林木盗窃法修订，现实与理论出现了严重的偏离。在马克思看来，按照黑格尔法哲学理论中那统摄世界万物的法的理性，组成议会的等级代表在立法过程中绝不应该仅仅代表本等级的私人利益，而应代表所在省市的利益，"在发生冲突的场合下，私人利益的代表应该毫不犹豫地为全省的代表牺牲"❶。但现实并非如此。在林木占有者的利益与法的理性、原则发

---

❶ 马克思恩格斯全集：第 1 卷［M］. 北京：人民出版社，1956：180.

生冲突时,"结果利益占了法的上风"❶。代表林木占有者利益的等级代表完全不顾穷人的生存权利,主张剥夺穷人捡拾枯枝的习惯权利,把捡拾枯枝的行为视为盗窃犯罪,甚至要求法律赋予林木占有者对盗窃林木的罪犯处以罚款的权利,这样的法律修正案一旦通过,国家和法就"沦为林木占有者的工具;林木占有者的利益应该成为左右整个机构的灵魂。⋯⋯一切国家机关都应成为林木占有者的耳、目、手、足,为林木占有者的利益探听、窥视、估价、守护、逮捕和奔波"❷。

实定法与国家作为法的外化和实现的不同环节,从应然意义而言,它们当然应该合乎法的理性与本质,代表的应当是社会普遍利益,但现实没有按照理性国家的"应该"而为,反而到处是与之相反的例证。当法律和国家沦为了私人利益的工具时,表明国家和法律丧失了理性,背离了法的本质,是对理性国家和法的侮辱。议会作为立法机关,在现实中并不是代表普遍利益,在林木盗窃法的修订过程中,"为了保证自己对违反森林管理条例者的控制,省议会不仅打断了法的手脚,而且还刺穿了它的心"。此时的马克思已经发觉了国家立法的背后存在私人利益的较量,物质利益凌驾于法的原则之上,国家的立法背离了黑格尔指认的法的本质。这也恰恰是马克思曾经提及的《莱茵报》时期遭遇的"物质利益的难事"。马克思以黑格尔的法的理性意志观为理论工具,对于社会现实的批判是苍白无力的,更遑论解决马克思面临的难题与困惑,此时的马克思开始质疑黑格尔法的理性意志本质观。正是为了解决现实与理想之间鸿沟的疑问和物质利益的难事,马克思重点转向了政治经济学的研究,最终走上了科学揭示法本质的研究道路。

二、揭示法的国家意志面纱下的阶级意志性

事物本身不过是借助一定形式而包含的某些内容,是形式与内容的统一。然而,相对于事物的本质而言,形式与内容具有完全不同的意义。毫无疑义的是,事

---

❶ 马克思恩格斯全集:第1卷[M].北京:人民出版社,1956:179.
❷ 马克思恩格斯全集:第1卷[M].北京:人民出版社,1956:160.

物的内容更加接近于事物的本质。因此，要揭示法的本质，从研究的路径而言，就不能误陷于法的外在形式，而应深入法的内容。

法的意志性是不言而喻的。即便在法哲学出现的早期，哲学家们也把法的本质归结为某种意志，如神的意志、上天的意志、上帝的意志，等等。而现实社会中存在的法律制度确实与人的意志有关，最为直观的就是与立法者的意志有关，因为法律制度作为立法者有意识的思想产物，必然灌注着立法者的目的、动机与意图。"如果不谈所谓自由意志、人的责任能力、必然和自由的关系等问题，就不能很好地议论道德和法的问题。"❶ 马克思并不否认法的意志性。现代国家一般均建立了较为完善的、相对独立的立法机关，立法机关本身就是国家机构的重要组成部分，"一切共同的规章都是以国家为中介的，都获得了政治形式"❷。在外在形式上，法以国家名义颁布，体现为国家意志。诚然，对于任何一部法律，总是以国家名义颁布，如《美利坚合众国宪法》，却从来不会赤裸裸地宣布为特定阶级的意志，这在某种程度上可以减少法律实施的阻力，因为法律因事设法，宣扬法律面前人人平等，统治阶级的成员触犯法律同样要受到法律的制裁，这让被统治阶级感到一定的"公平"。马克思在《德意志意识形态》中指出，统治阶级不仅借助国家的形式组织自己的力量，而且把他们的意志以国家意志即法律的形式表现出来，即统治者既需以"国家"作为实现统治的组织形式，同时也应把阶级诉求以"法律"这种一般表现形式反映出来，将本阶级的特殊利益诉求粉饰为社会各阶级的普遍诉求，从而更好地获得阶级统治的合理依据。

西方启蒙思想法哲学家们将法的本质归结于"公共意志"，不过是对法是"国家意志"的又一次错误诠释。国家由全体公民组成，从应然意义而言，国家意志就是全体公民的"公共意志"，但从实然来看，国家不可能是全体国民利益的代表，而只不过是经济上占统治地位的阶级的代言人。因此，将法的本质界定为公共意志

---

❶　马克思恩格斯文集：第9卷［M］.北京：人民出版社，2009：119.
❷　马克思恩格斯文集：第1卷［M］.北京：人民出版社，2009：584.

无疑陷入了法的外在形式的迷雾。其实，哲学家们得出法本质的公共意志论的理论研究进路颇为简单：法是国家意志的体现，而国家是由全体国民（公民）所组成，立法机构常常由普选产生，因此法的本质是以"国家意志"为形式的"公共意志"。由此可见，若一旦囿于国家意志的外在形式，合乎逻辑的结论无疑是法的本质乃"公共意志"。

本质是隐藏在事物内部的深层要素，是决定事物生成、发展的内在依据；然而，本质也绝非孤立的单子，而是必然通过属性、特征等表现自己。毋庸置疑，相对于本质而言，形式与内容属于表象层面的因素，但进一步探究不难发现，内容无疑比形式更能体现事物的本质。从理论研究的进路而言，抛开不同国家法在形式上的共性，绕过法的形式的陷阱，深入剖析法的内容，是马克思在法的本质问题上实现一次重要超越的关键环节。马克思指出，维护阶级统治利益是法的重要内容，法产生的重要原因之一就是作为有效的阶级统治手段。法的阶级统治内容在刑法中表现得最为淋漓尽致，纵观各国刑法，无不将威胁阶级统治的行为规定为最为严重的刑事犯罪，且往往规定在刑法分则的第一章，表明其具有最为严重的社会危害性。换言之，国家意志、公共意志是形式、是表象，而阶级意志是内容、是本质。诚如马克思所言："占统治地位的个人……必须给予他们自己的由这些特定关系所决定的意志以国家意志即法律的一般表现形式。"❶ 国家意志仅仅是充满迷惑性的外在形式而已，其实质则是统治阶级的意志。

三、从法的阶级意志性到物质制约性的跃迁

（一）法的"阶级意志"本质论的局限

厘清形式与内容，从法的国家意志性表象中揭示法的阶级意志的本质，无疑是法的本质观认识的重要进步。然而，若将法的最高本质误读为阶级意志，不仅在真理性

---

❶ 马克思恩格斯全集：第 3 卷 [M]．北京：人民出版社，1960：378.

问题上大打折扣，而且容易引发法治建设误入歧途。我们需要明确的是，解决阶级利益冲突虽然是法产生的直接原因，但绝不是法产生的最深层的根本原因。

首先，若将法的本质拘泥于阶级意志，极易将法简单地沦为"阶级统治的暴力工具"，从而难以看到法对于人类文明与发展的重要意义。法作为人类社会的普遍现象，其延绵不绝的承继与发展，表征了其乃人类文明的重要组成部分，表征了人类对于自由、公平等美好事物的向往与追求。西方以手持天平蒙眼的泰美斯女神作为法的象征，中国则以独角神兽獬豸作为法的化身，其深刻的寓意无疑是相通的。我国"法"以"氵"为偏旁，代表了法的"平之如水"寓意，西方"法"单词中的"jus"亦是承载着"公平、正义"之义，无不表明法是人类追求公平、正义的重要文明现象。当今各国之间法律的借鉴与移植，法律人才的职业化现实也再次证明了法这一人类文明的共通性。申言之，法不仅是阶级统治的工具，而且是具有独立价值的人类文明形态。

其次，把阶级意志性作为法的最高本质具有肤浅性。众所周知，现象是外露的、浅层的，通过经验、感性的认识就能把握；而本质是内在的、深层的，需要借助复杂的抽象思维才可能认识。马克思认为，阶级意志性绝非法的深层本质。"如果说在野蛮人中间……不大能够区别权利和义务，那么文明时代却使这两者之间的区别和对立连最愚蠢的人都能看得出来。"❶ 在资本主义社会以前的阶级社会，法律主要发挥的是维护阶级统治的职能，因此法是以国家意志为形式的统治阶级意志，只是现代资本主义国家的立法具有了更大的迷惑性而已。因此，阶级意志性绝非法的最高本质，只不过是法的浅层本质而已。

再次，片面地将法本质归结为阶级意志，往往给法律实践带来重大危害。片面解读马克思法的阶级意志论，在法律实践中必然把法视为且仅仅视为暴力工具。把法纯粹视为阶级统治的工具，必然忽视法所承载的人们对于自由等价值的追求，当

❶ 马克思恩格斯文集：第4卷 [M]. 北京：人民出版社，2009：197.

有利于阶级统治时，法就被视为珍宝；当不能服务于阶级统治时，法则被弃如敝屣。中华人民共和国成立后相当长的一段时期曾深受苏联学者的影响，把法单纯地视为阶级镇压的工具，以法律的名义破坏了法治国家的建设。

最后，若把法的本质止步于统治阶级意志，"由此便产生了一种错觉，好像法律是以意志为基础的，而且是以脱离其现实基础的意志即自由意志为基础的"❶。这种错觉会导致无法体察到法的更深层本质——物质制约性。从哲学的根本属性而言，若将阶级意志性界定为法的最高本质，仍然属于唯心主义法哲学观。

（二）坚持历史唯物主义立场

诚如前文所述，马克思没有否认法律的阶级意志性，但在物质与意识的第一性问题上，马克思当然秉持物质第一性的基本立场。众所周知，前马克思时代的唯物主义哲学家，唯物主义的立场止步于社会历史领域，沦为"半截子"的唯物论者，面对人类历史的重要现象之一的法现象，根本无法正确把握其深层本质。而马克思的历史性超越正是对社会生活的深刻洞察，把唯物主义的根本立场贯穿于人类社会生活，从而揭示了决定法的本原性因素——物质生活条件。在《论离婚法草案》中，马克思批判了法学家们"社会是以法律为基础的"幻想。虽然资本主义法是资产阶级意志的体现，但是归根到底，"这种意志的内容是由你们这个阶级的物质生活条件来决定的"❷。

（三）从阶级意志性到物质制约性的法本质论深化

除了在社会历史领域唯物主义立场的确立与坚持外，马克思对于法的本质从阶级意志性到物质制约性的超越还依赖于其抽丝剥茧、层层深入的缜密分析。

首先，马克思在批判黑格尔法哲学中，看到了黑格尔把"意志、理念"作为主体、实体、本原的神秘性与荒谬性。意志、理念固然在人们的行动中具有重要作

---

❶ 马克思恩格斯文集：第 1 卷 [M].北京：人民出版社，2009：584.
❷ 马克思恩格斯文集：第 2 卷 [M].北京：人民出版社，2009：48.

用，但它们绝不是自我决定、自我运动的实体；相反，应该是被决定的对象。因此，"黑格尔陷入幻觉，把实在理解为自我综合、自我深化和自我运动的思维的结果，其实，从抽象上升到具体的方法，只是思维用来掌握具体……但决不是具体本身的产生过程"❶。事实上，黑格尔法哲学观与一切唯心主义哲学流派的观点并无二致，在认识事物时，"不是从对象本身去认识某一对象的特性，而是从对象的概念中逻辑地推导出这些特性。……这时，不是概念应当和对象相适应，而是对象应当和概念相适应了"❷。

其次，马克思认为黑格尔法哲学神秘性与谬误性的关键在于"头足倒置"，倒因为果，倒果为因，从而在《黑格尔法哲学批判》中推翻了黑格尔"国家决定市民社会"的理论，得出了"市民社会决定国家"的重要结论。正是在确立了市民社会相对国家的基础性、主导性地位后，马克思由对国家的分析与批判转向了对市民社会的研究与分析。马克思在借助政治经济学的视角对市民社会进行分析的过程中，结论越发明晰：法作为上层建筑的组成部分，不能在上层建筑本身寻找存在的根据，而应当由经济基础即社会物质生活条件所决定。

最后，既然法是统治阶级意志的体现，抑或说阶级意志性是法的初级本质，那么法的更深层次的本质又是什么呢？合乎逻辑的分析就是——阶级究竟又是由什么决定的呢？"这些阶级又是由于什么而产生和存在的呢？是由于当时存在的基本的物质条件。"❸类似地，在《哥达纲领批判》中，马克思也曾反问道："难道经济关系是由法的概念来调节，而不是相反，从经济关系中产生出法的关系吗？"❹显而易见，合理的结论就是法的更深层次的本质就应该是物质制约性。

值得思考的是，为什么哲学家们在法的本质问题研究上看不到决定法产生、发展、变化的内在原因呢？仅仅是其唯心主义哲学立场吗？恐怕也不尽然。其实，一

---

❶ 马克思恩格斯文集：第8卷［M］. 北京：人民出版社，2009：25.
❷ 马克思恩格斯文集：第9卷［M］. 北京：人民出版社，2009：101.
❸ 马克思恩格斯文集：第3卷［M］. 北京：人民出版社，2009：458.
❹ 马克思恩格斯文集：第3卷［M］. 北京：人民出版社，2009：432.

方面，这与法现象的复杂性有关。如上所述，法本身直接表现为人类的上层建筑范畴，尤其是法律制度则体现为精神产品，离不开人类复杂的思维意识，故极易将法的本质归结于意志、止步于意志。另一方面，由于法的充分发展，在客观上形成了较为完整的体系，从而造成了法自足自洽的"独立性"错觉，似乎法是属于自我决定的范畴。恩格斯在致弗朗茨·梅林的信中指出："正是国家制度、法的体系、各个不同领域的意识形态观念的独立历史这种外观，首先迷惑了大多数人。"❶ 的确，由于法的发展导致法的复杂化，职业化群体的出现和法的体系的相对封闭性，足以迷惑大多数哲人。

其实，黑格尔的法哲学思想曾深深影响甚至误导了马克思，马克思曾经自豪地自称为"黑格尔主义者"，早期马克思受到黑格尔理性主义观点的影响，把法视为"人民自由的圣经"。在《莱茵报》工作时期，由于普鲁士黑暗的现实与黑格尔理性法的处处冲突，马克思遇到了对"物质利益"发表看法的"苦恼"，通过对黑格尔法哲学的研究，察觉到黑格尔"国家决定市民社会"结论的荒谬性。基于对市民社会的界定不够明晰，马克思随即转向了经济学的研究，通过政治经济学分析进一步剖析市民社会，撰写了《1844年经济学哲学手稿》和《神圣家族》，而紧随其后写成的《德意志意识形态》标志着马克思新世界观的形成，也昭示着其全新法哲学观的确立。由此可见，马克思发掘法的本质并非一蹴而就，而是经历了曲折、艰苦和漫长的研究过程。

需要注意的是，马克思揭示的法本质的物质生活条件的制约性被西方法哲学家们（如社会法学派的奠基人庞德）错误地诠释为"经济决定论"，似乎经济基础（物质生活条件）是决定法的唯一因素，这显然是对马克思法哲学理论的误读。例如，英国、德国均为发达的资本主义国家，从经济基础的角度而言都是资本主义私有制经济，但两国的法律相去甚远。英国以判例法为主，而德国则是成文法、法

---

❶ 马克思恩格斯文集：第10卷［M］.北京：人民出版社，2009：658.

典为主；英国的诉讼程序强调法官中立主义（当事人对抗制），而德国则坚持法官中心主义，这表明物质生活条件并非决定法的唯一要素。法作为一种复杂的社会现象，还要受到民族文化传统、历史渊源，甚至地理因素的影响。概言之，法本质的物质制约性也仅是从终极或根本意义上而言的。恩格斯曾对此表明过明确的态度："如果有人在这里加以歪曲，说经济因素是唯一决定性的因素，那么他就是把这个命题变成毫无内容的、抽象的、荒诞无稽的空话。" ❶

四、实践基础上法本质论的最终跃迁

目前国内关于马克思法本质观的研究，大都认同物质制约性是法的最高本质，并作为马克思法哲学的最重要成就之一。但是，作为人类社会生活的重要组成部分的法，必然具有社会生活的双重性——主观性与客观性、目的性与规律性，而这正是法的浅层和深层两级本质的生动再现。如果以物质制约性作为法的最高本质，那么物质制约性能否消融法的双重性矛盾，即主体性与客体性、主观性与客观性、目的性与规律性的对立呢？物质制约性是否法的产生、发展的内在根本动力呢？

（一）从旧唯物主义立场出发的法本质论的局限

唯物主义立场的确立，为法本质观的最终超越仅提供了某种可能。在法的本质观问题上，马克思不仅超越了国家意志性，揭示了国家意志性背后的阶级意志性，而且从阶级意志性出发，立足于阶级划分的核心因素——经济地位，发掘了法的物质制约性。但是，若囿于传统的唯物主义哲学，法本质必然止步于物质制约性，造成阶级意志性和物质制约性的分裂与抽象对立。如果说黑格尔在精神实体的自我运动、自我实现的基础上消解了法的本质的僵硬对立，并在理念国家这一最高伦理实体中取得了和解，那么马克思也必然要为阶级意志性和物质制约性找到和解与统一的中介和出路。

❶ 马克思恩格斯文集：第 10 卷［M］. 北京：人民出版社，2009：591.

　　传统的唯物主义哲学是物本主义哲学，关注的是客观世界、自然的logos（逻各斯），不仅把自在世界作为研究的视域，而且把人也视为自在世界的组成部分，甚至视人为物，导致了"人"在哲学论域的"缺位"，在一定意义上是"天道"或"不人道"的哲学，朴素唯物主义、机械唯物主义就是典型的"自然主义、物本主义"哲学。即使是费尔巴哈的人本主义的唯物论，虽然看到了人的主观能动性，但费尔巴哈视域中的人是"抽象的"人，把感性理解为直观的感性，其本体论也只能是"理论"的而非现实的人道主义。因此，马克思指出，"从前的一切唯物主义——包括费尔巴哈的唯物主义——的主要缺点是：对对象、现实、感性，只是从客体的或者直观的形式去理解，而不是把它们当作人的感性活动，当作实践去理解，不是从主体方面去理解"❶。从本体论意义而言，马克思哲学明确反对物质本体论，因为物质本体论关注的是与人无涉的客观世界，而在马克思看来，纯粹的自在世界是"虚无"，自然的logos应当是具体科学的研究旨趣。马克思哲学关注的世界是属人的世界，即人化自然、人类社会、社会化的人，属人的世界显然不能归结为"客观实在性"，而是"主观能动性与客观实在性""目的性与规律性"的对立统一。对于马克思法哲学理论的把握"就不能仅仅停留在理论层面上马克思对黑格尔的形而上超越，而在于把握马克思哲学在实践本体论意义上对现实问题的关注，即围绕法权这一主题的全部现代性思考，包括现代法权的本质与历史"❷。

　　本体是探究世界存在的根本原因与动力。即使将"物质"理解为"客观实在性"，也仅仅是对于感性世界属性的抽象概括，即客观实在性是感性世界的属性，而属性本身是有待于进一步说明与解释的。例如，我们往往错误地把语言、制造工具、理性、思维等作为人的最高本质，但事实上，它们并不能从总体上、根本意义上体现人的本质，仅仅作为人的某一方面的属性，带有描述与外在的性质，属性与特征本身有待于被解释、界定，本体作为哲学的范畴，应该是超越描述性，追求批

---

❶　马克思恩格斯文集：第1卷［M］.北京：人民出版社，2009：499.
❷　冯炬，徐毅君.马克思法哲学方法论中人与历史的双重维度［J］.山东社会科学，2013（10）：46.

判性与反思性的。当我们把世界理解为属人的世界,"客观实在性"本体观无疑是错误的,因为属人的世界不仅是物质的、客观的,而且具有主观性、主体目的性。需要进一步探究的是,究竟是什么导致了世界的主观与客观、目的性与规律性的分化,又是什么才能消融二者的对立、实现二者的统一呢?科学的结论只能是实践。物质本体论根本无法解决主动性与客观制约性的对立,而马克思哲学的实践本体论不仅在理论上回答了属人世界的困惑,而且在实践上指明了路径。

(二)基于实践马克思对旧唯物主义的超越和对世界的新诠释

在法的本质问题上,马克思超越性地体悟到实践消解物质与意识抽象对立的重要地位,从而揭示出法的真正本质。马克思首先批判了黑格尔的市民社会与国家关系观,并通过政治经济学的深入研究,察觉到物质生活条件的本原性地位。法的产生与发展,甚至消亡,都是由物质生产实践决定的。在原始社会,生产力水平低下,没有剩余产品,谈不上私人利益,更不存在私人利益之间、私人利益与公共利益的剧烈冲突,因此法尚未产生。正是由于物质生产实践的发展,导致了剩余产品出现,贫富分化加剧,国家这一虚幻共同体得以产生。为了维持必要的秩序,以国家意志为名的法开始出现。随着物质生产实践的发展,生产力高度发达,私人利益与私人利益和解、私人利益与公共利益同一,以国家强制力为后盾的法将消失。正是实践唯物主义的确立,马克思发现了法的本质的物质制约性(客观性),也正是实践唯物主义的确立,马克思揭示了法的本质是主观性与客观性、目的性与规律性的对立统一。毋庸置疑,若马克思没有超越物本唯物主义,固然能够揭示客观规律的制约性,但必然忽视人的目的性与主观能动性。法固然受到物质生活条件的制约,但同时离不开立法者丰富的实践,也体现了立法者的目的、动机。概言之,马克思正是立足于科学的实践观,从而实现了对法本质的深刻洞察。

实践唯物主义尤其是实践历史观的确立,预示着科学的历史观得以形成。法这一人类社会的历史现象,是广大人民群众的实践推动形成、发展的。从实践出发看待历史和世界，意味着哲学功能的转变，即从解释世界向改造世界的转变。"哲学家们只是用不同的方式解释世界，问题在于改变世界。"❶ 法作为调整利益关系的重要行为规范，一方面它是由经济基础决定的；另一方面它对经济基础具有强大的反作用。例如，发达资本主义国家完备的法制，无疑是维护、保障、促进其经济快速发展的要素。换言之，法作为精神文明的体现，必然为人所认知、创造、改良，从而成为改造世界的重要力量。在当代社会，如果缺失了法的约束与引导，我们难以想象人类社会如何延续与发展。

旧哲学只是作为认识世界的工具，但马克思哲学兼具了认识世界和改造世界的双重功能。马克思"将黑格尔困囿于纯思领域的问题放置于实践基础之上加以解决……开创了现代实践哲学的路径，实现了哲学观的'实践转向'"❷。马克思的哲学革命蕴含了两个范式的根本转换：哲学范式从思辨哲学转向实践哲学；思维范式而言，从预成论转向生成论。在马克思看来，人固然要认识世界，但更为重要的是在认识基础上改造世界，因为客观的物质世界并不能当然地满足人的需求。人现实生活的世界，本身就是人的实践的产物，并且在人类永不停止的实践中不断生成。脱离了实践，人类将无法认识世界，更遑论人类的生存与发展。概言之，实践是哲学把握人的本质的唯一可能的视野和途径，实践性也是"马克思哲学区别于其他一切哲学的本质属性所在"❸。

实践哲学的确立昭示着马克思哲学在思维方式、思维逻辑上的超越。旧哲学经历了朴素辩证思维方式—形而上学思维方式—思辨思维方式，上述思维方式或存在猜测性，或拒斥矛盾，或以唯心主义为根基，不能正确地把握、评价、思考相关哲学问题。马克思实践哲学的确立，意味着一种全新的思维方式，即实践思维方式的确立。实践思维方式以主体的实践为思维的出发点和归宿，以主体实践的内在规

❶ 马克思恩格斯文集：第1卷［M］．北京：人民出版社，2009：502．
❷ 王新生，齐艳红．"重建历史唯物主义"的一种方法论尝试——分析马克思主义方法论的意义及其局限［J］．社会科学辑刊，2010（5）：23．
❸ 吴育林，李慧芳．论科学实践观在马克思哲学中的基础性地位［J］．贵州社会科学，2015（5）：4．

律作为理解哲学问题的路径，实践的内在本性就是主观性与客观性的统一、主体性
与客体性的统一、本然与应然的统一、合目的性与合规律性的统一、理想与现实的
统一、真善美的统一。实践思维方式的科学性在于实践的内在本性与属人世界属性
的一致性。从思维逻辑的角度而言，旧哲学经历了存在逻辑—形式逻辑—思辨逻辑
的演进，哲学家们或执着于自然的 logos，或沉迷于形式而无视其内容的形式逻辑，
或消融存在于理念的唯心主义性质的思辨逻辑，由于它们不符合属人世界本身内在
的道和理，必然无法科学地解释世界。马克思哲学的实践思维逻辑，是实践思维与
实践存在相统一的逻辑，是逻辑的真与实践存在的真同一的逻辑，是真善美相统一
的逻辑。

（三）法作为人类实践活动的产物

法不是与生俱来的自然现象，而是人类社会发展到一定阶段的产物，一言以
蔽之，是人类实践的产物。首先，法的出现与生产实践密不可分。生产实践是人类
生存与发展的重要前提和基础，离开了生产实践，人的生命维持与繁衍生息都无法
想象。法作为利益的调整器，必然是在利益冲突尖锐的时代才得以出现。在生产力
低下的原始社会，人们的利益具有高度的一致性，缺乏法产生的必要性。随着生产
实践的不断发展，生产力水平不断提高，剩余产品出现，贫富差距不断加大，人们
之间的利益冲突加剧，处于不同经济地位的群体具有不同的利益诉求，阶级得以出
现，为了避免社会在剧烈的利益冲突中走向混乱甚至毁灭，法的产生成为必然。其
次，人的社会交往实践促进了法的产生与发展。人是社会性动物，人的生存与发展
离不开与他人的广泛交往。在人与人的交往过程中，必然会产生也必然需要一定的
规则，这些规则能保障、促进人们的社会交往。毫无疑问，这些规则中的某些部分
则可能被立法者确认为法。例如，在频繁的商品交易中，交易者会形成一定的交易
规则，而这些交易规则本身有利于保障与促进商品交易的发展，为了达到此目的，
立法者顺理成章地把人们在社会交往中形成的这些规则上升为法，尤其是在商法领

域最为突出。最后，法还是人类文化实践的产物。虽然法律制度作为上层建筑的意识形态范畴，但其绝非纯粹意识活动的结果；相反，法是人类实践的产物。科学的立法需要充分的前期调研与论证，也必须遵守一定的程序，并借助文字加以表达，由此可见，立法与科学实践是高度相似的人类实践。当然，执法与司法活动本身就是活生生的实践。

事物的本质是事物产生与发展的内在根据和根本动力，而事物的内在矛盾决定着事物的生成与发展，这正是辩证法的基本原理。法本质的揭示同样需要寻找法产生与发展的内在根据和矛盾。法的外部最主要的矛盾就是法作为上层建筑与经济基础的矛盾。按照马克思哲学的历史观，上层建筑是由经济基础所决定的，经济基础的内在核心矛盾就是生产力与生产关系的对立，生产力是人的改造世界的实践能力，而生产关系则是人类生产实践的组织形式。随着生产力的发展，生产关系无法容纳、适应生产力的需要，经济基础必然发生变化，从而从属于经济基础的上层建筑随之改变，法作为上层建筑的组成部分当然得以转变。法的内部矛盾则是由法是人类实践的产物决定的。换言之，法的内部矛盾就是实践具有的内在本性，即主观性与客观性、主体性与客体性、本然与应然、合目的性与合规律性的矛盾。然而，矛盾消解的利器是什么？唯有实践。

诚如马克思所言："全部社会生活在本质上是实践的，凡是把理论引向神秘主义的神秘东西，都能在人的实践中以及对这种实践的理解中得到合理的解决。"❶ 实践对于人的存在是具有决定性意义的范畴。事实上，实践是贯穿马克思哲学整个理论体系的一根红线。在唯物论中，马克思哲学正是立足于实践，以实践的思维方式、思维逻辑实现了对旧哲学的超越，包括对旧唯物主义"物本主义、自然主义"物质本体论的超越；在辩证法中，虽然不乏对黑格尔辩证法的继承，如对立统一规律、否定性的发展观等，但实践的引入，以及实践与辩证法本身的内在统一，实

---

❶ 马克思恩格斯文集：第 1 卷 [M]．北京：人民出版社，2009：501．

现了对黑格尔思辨辩证法的超越；在历史观中，正是因为看到了人民群众伟大实践的决定性作用，将唯心主义逐出了社会历史这一最后的避难所，形成了科学的唯物史观。

　　综上所述，法的初级本质是阶级意志性，更深层次的本质是物质制约性，而物质制约性其实也就是目的性与规律性的统一。物质制约性（规律性）固然对阶级意志性（目的性）具有决定性意义，即阶级是由经济地位所决定的，目的的实现受制于客观规律，但哲学终究是以追求某种和解与统一为目标的，因此值得进一步思考的是——什么是解决法的阶级意志性与物质制约性、目的性与规律性等矛盾的决定性力量？马克思的回答是——实践。因为阶级意志（目的）的实现，需要遵守客观规律（物质制约性），而客观规律的揭示离不开实践。即使在法的阶级意志性合乎物质制约性的前提下，统治阶级意志的实现还依赖于法的实践，即执法与司法等法律实践。因此，正是实践主线的贯穿，马克思以实践基础上的阶级意志性与物质制约性的统一的科学结论，完成了法的本质观的最终跃迁。

第三章 法的"具体自由"价值论的承继与超越

实证研究在科学研究中具有重要的地位，尤其是自然科学高度发达的当今社会，在法哲学领域，以分析法学为代表的实证法学也曾经名噪一时。不可否认，实证研究方法在法哲学研究中有其必要性和现实意义，但是法哲学的研究如果拘泥于现实生活中具体的法律制度，局限于刻板的条文制度分析，必然忽视法所追求的价值目标和未来的发展方向。尤其是法哲学的哲学属性，即超越性，决定了法的研究应当着眼于更加高远的法的价值论题。因此，法的价值问题是法哲学流派不可回避的重要论题。如果说法的本质问题回答了法究竟"是什么"的问题，那么法的价值问题就是探究法"应当怎样"的问题。如果说"法是什么"可以从现象的观察与描述出发寻找答案，那么"法应当怎样"应立足于批判与反思。

第一节 价值含义的界定

在展开法的价值问题研究之前，为了在价值问题上进行有效的对话，当然有必要先界定何谓"价值"。从哲学视野系统研究价值问题不过是 19 世纪才开始的事情。而对于价值问题，在各法哲学流派中，甚至不乏明确反对研究法的价值者，如分析法学派坚持以实证研究方法研究法律，不认可法律蕴含价值判断。

"价值"一词虽然在日常生活中并不陌生，通常蕴含"美、好、善、有用、有意义"等含义，但学界对于其含义的界定可谓大相径庭，最具代表性的是"需求—属性"论和"意义—关系"论，黑格尔和马克思对于价值范畴也作出了自己的界定。

一、"需求—属性"论

"需求—属性"论本质上就是效用价值论。20世纪80年代该理论是我国哲学界的主流观点，通常引证的依据则是马克思关于商品"使用价值"的相关论述。当然，效用价值论和社会公众的通常理解较为接近，从而影响深远。然而，"需求—属性"论也存在诸多的缺陷。首先，马克思政治经济学认为商品具有使用价值和价值二重性。使用价值是指商品对人的有用性，即商品的某种属性能满足人的需要，如服装能满足人的御寒、个性等需要，食品能满足人的生存需要，使用价值由人的具体劳动创造。价值则是凝聚在商品中的无差别的人的一般劳动，通过交换价值体现，源于人的抽象劳动。若可以从马克思商品的二重性理论推出一般哲学意义的价值范畴，合乎逻辑的路径也是从商品的"价值"而不是"使用价值"展开推演。马克思在《评阿·瓦格纳的"政治经济学教科书"》一文中，明确批判了阿·瓦格纳对"价值"与"使用价值"概念的混淆："这就使他（引者注：指阿·瓦格纳）同样有可能像德国教授们那样传统地把'使用价值'和'价值'混淆在一起，因为它们两者都有'价值'这一共同的词。"❶ 其次，"需求—属性"论缺乏哲学意义上的理论认知深度。事物的属性属于浅层的范畴，往往具有流逝易变性和多样性，哲学乃执着于事物的本质；而主体的需求可谓千人千面，不一而足，如果说价值代表的

❶ 马克思恩格斯全集：第19卷［M］.北京：人民出版社，1974：400.

是肯定、正面的意义，则必然需要我们反思主体需求的"正当性"问题。例如，海洛因固然能满足瘾君子的需求，难道能由此导出海洛因具有价值的结论吗？恶法通常也能带来一定的秩序，可否得出恶法也有价值的结论呢？答案当然是否定的。其实，"需求—属性"论看到的是事物的浅表，而价值则立足于事物的内在本质。最后，"需求—属性"论采用的是"主体—客体"的认识论思维方式，认为价值就是主体对于客体对自身有用性的认知。事实上，持该理论者潜在地把价值问题归结为认识论的研究范畴，而马克思哲学认为价值问题并不是认识论问题，故应从人的实践与生存的维度重新审视价值问题。如果从实践的思维方式出发，价值则是一个主体与客体之间的双向关系：一方面，主体按照自己的价值理想对客体进行改造的过程，就是主体赋予客体价值的过程；另一方面，主体在改造客体的过程中，客体也作用于主体，带来主体能力与价值的提升。

二、"意义—关系"论

"意义—关系"论者看到了"需求—属性"论的某个或某些方面的缺陷，认为价值既不能以客体的属性为立足点，也不可拘泥于主体的需要，而应把价值把握为主体与客体之间的关系、一种积极的意义。20世纪90年代，我国马克思主义哲学学界基于对"需求—属性"论的反思与批判，提出了"意义—关系"论。该理论出自马克思《资本论》第一卷第二版的一个注："当加利阿尼说价值是人和人之间的一种关系时，他还应当补充一句：这是被物的外壳掩盖着的关系。"❶ 如果说"需求—属性"论者立足于商品的使用价值得出了价值的"效用论"，那么"意义—关系"论者则从商品的价值推出了价值的"关系论"。其实，按照马克思政治经济学商品理论，使用价值是商品的属性与人的关系，即自然性关系；而价值以交换价值为表现形式，反映的是交换者之间的关系，即人与人之间的社会性关系。因此，

---

❶ 马克思恩格斯文集：第5卷［M］．北京：人民出版社，2009：91．

"需求—属性"论者虽然立足于商品的使用价值,但也完全可以推导出价值的"关系论",只不过是自然性关系而已。一个值得思索的问题是:能否从马克思政治经济学商品的"价值"范畴推导出马克思主义哲学的"价值"概念?何萍教授认为,虽然不能把马克思政治经济学的商品的"价值"与马克思主义哲学的"价值"混为一谈,但是可以把马克思政治经济学的商品的"价值"提升为马克思主义哲学的"价值"。❶笔者赞同何萍教授的观点。值得注意的是,"意义—关系"论的关系是指人与人之间的社会性关系,而不是物的属性与人的自然需要(如吃喝)的自然性关系,否则必然会沦为价值的"需求—属性"论。众所周知,马克思哲学关注的是人的实践创造的自然与社会,与人无涉的自然在马克思哲学的视野里是"无"。纯粹的自然之物固然也能满足人的需求,如空气能满足人呼吸的需要,水能满足人补充水分的需要,但在马克思主义哲学看来,这种关系不属于价值关系的范畴。"意义—关系"论在西方影响深远,如价值哲学代表人物文德尔班认为,价值不是现实的,不是存在着,只是意义。李凯尔特也认为,哲学的目标是建立一种世界观,以便帮助我们理解我们生活的含义及"自我"在"世界"中的意义。然而,无法回避的是,"意义—关系"论者对何谓客体对于主体的"意义"难以言说。一方面,"意义"一词拥有非常丰富的内容,包含了含义、作用、价值等意蕴,尤其是其"作用"的含义,极易导致"意义—关系"论滑向"需求—属性"论;另一方面,"意义"具有相对的抽象性,容易使价值概念落入完全不着边际的任意抽象。

三、黑格尔的"价值"论

黑格尔的"价值"论首先源于对"使用中之物"的分析。黑格尔认为,使用中之物作为单一物与特种需要有关,即能满足人的某种需要,这似乎也可以看到"需

---

❶ 何萍.马克思的实践——价值解说[J].学术月刊,2003(5):97-102.

求—属性"价值论的影子。毋庸讳言，不同的事物当然能满足人的不同需要，那么不同的事物为什么可以进行比较呢？因为特种需要同时也是一般的需要，从而此物可以与能满足不同需要的他物进行比较，"物的这种普遍性——它的简单规定性，来自物的特异性，因之它同时是从这一特种的质中抽象出来的，——就是物的价值"[1]。"在财产方面，由质的规定性所产生的量的规定性，便是价值。"[2] 如果说物的某种有用性体现为特殊性，那么物的价值则体现为普遍性；如果说物的某种有用性反映出事物之间的差异性，那么物的价值则体现出事物之间的共同性。因此，黑格尔认为，价值就是物的"质是在量的形式中消失了"[3]。在进行价值概念考察时，不应该把物当作它自身，而应当把物作为价值的符号。颇有意思的是，黑格尔特别提及采邑、信托的所有权问题，他认为采邑、信托形式下，享有采邑者、受托人"一般地是物的所有人，而同时却不是物的价值所有人"[4]。其意指享有采邑者、信托受托人可以对物进行管理、使用，但不能对物进行实质性处分。如诸侯接受的土地分封可以使用，但不能转让出售；信托受托人可以对信托财产进行管理、保值增值，但不能享有所有最终收益。在黑格尔看来，这是因为享有采邑者、信托受托人对财产没有完整的所有权，即对于物的价值不享有所有权。"享有采邑者的所有权则不同，因为他本来仅仅是物的使用的所有者，而不是价值的所有者。"[5] 由此可以看出，马克思的商品价值的二重性理论无疑是受到了黑格尔物的价值理论的影响，因为黑格尔也认识到，一方面物具有特种有用性（使用价值），另一方面物具有普遍性（价值），正是由于具有可以进行比较的普遍性——价值，物与物之间才能进行交易。

在犯罪与刑罚关系的论述中，黑格尔再次阐明了其对价值的观点。对于犯罪

❶ 黑格尔.法哲学原理［M］.范扬，张企泰，译.北京：商务印书馆，1961：70.
❷ 黑格尔.法哲学原理［M］.范扬，张企泰，译.北京：商务印书馆，1961：71.
❸ 黑格尔.法哲学原理［M］.范扬，张企泰，译.北京：商务印书馆，1961：71.
❹ 黑格尔.法哲学原理［M］.范扬，张企泰，译.北京：商务印书馆，1961：71.
❺ 黑格尔.法哲学原理［M］.范扬，张企泰，译.北京：商务印书馆，1961：70.

行为,文明社会放弃了同态复仇,即不是以眼还眼、以牙还牙,罪犯砍伤了受害人的胳膊,刑罚的要求不是对等地砍伤罪犯的胳膊,罪犯弄瞎了受害人的眼睛,刑罚也不是授权弄瞎罪犯的眼睛。黑格尔认为,同态复仇只是抽象地停留在种的等同性上,而忽视了犯罪与刑罚之间应当追求的内在等同性,即价值的等同性。的确,任何一种犯罪行为在质和量上具有一定的范围,刑罚作为对犯罪行为的否定,也应当在一定的质和量界限内。换言之,刑罚的确定应当与犯罪行为侵害的"价值"量相当,否则会带来新的侵害和非正义。正因为如此,黑格尔明确不认同对犯罪采取私人复仇的形式,其中重要的理由之一就是私人的复仇属于主观意志的范畴,具有相当的偶然性,尤其是难以把握合适的"度",即"价值",社会容易陷入无休止的复仇之中。"价值这一范畴,作为在实存中和在种上完全不同的物的内在等同性。"❶ 如果说使用价值是物的表象、外在性,那么价值则是物的本质、内在性。

在《小逻辑》中,黑格尔以"卡尤斯是一个人"为例阐明了其对价值概念的观点。价值是指事物与其实体性、类本质的相符,因此对于"卡尤斯"而言,不管他的其他各方面的具体情况如何,最为关键的是他必须符合人的类本质、实体性要求,用黑格尔的话来说就是要符合其概念,否则我们就认为卡尤斯是没有意义和价值的。对于人而言,其概念和最高的价值在于"自由",奴隶由于丧失了人的"自由"这一最根本的价值,与"人"的概念、实体性规定不符,所以奴隶不是"人"。又如,一件具体的"艺术品"是否具有价值,在于该件"艺术品"是否符合艺术品的概念与实体性规定,而艺术品的真正价值就是"美",一件不符合"美"的要求的"艺术品"就不是真正的艺术品。黑格尔认为,任何事物都是存在限制的,事物的质就是事物的界限,但是事物的否定性力量却要突破这种限制,走向新事物,"这种自在之有,作为对与它有区别的界限的否定关系,作为对自身的限制的否定

---

❶ 黑格尔.法哲学原理[M].范扬,张企泰,译.北京:商务印书馆,1961:105.

关系，就是应当"❶。换言之，事物突破自身，走向的"应当"就是事物的"价值"。值得注意的是，日常生活中当我们谈论"应当"的时候，通常表征的是主体的主观认识、个人意识，黑格尔特别强调"应当"不是主体所认为的应当，而是一种"客观"的应当，即事物本身合乎规律的发展。因此，黑格尔在《法哲学原理》中反复声明，他的法哲学不是对国家"应当"如何构建的探寻，而是对现实的国家进行解释——解释其合乎理念。从黑格尔反对把价值的"应当"归结为主观意识而言应该是颇有见地的，因为不同的主体立足点、出发点不同，对相同的事物必然有不同的认识，若把价值的"应当"诠释为主观意识，事物的价值将捉摸不定，难以把握，这也恰恰是黑格尔所担心的。价值的把握固然与人的意识、认知、情欲等有关，但价值本身不是由主体决定的，而是取决于事物本身。对于价值问题的探究，应当避免陷入主观的价值判断，而应探寻客观的价值关系。

总之，黑格尔的"价值"观不乏睿智的火花。一方面，黑格尔至少没有陷入"效用价值"观的泥沼，而学界把价值归结为有用性是影响最为广泛的谬见。黑格尔明确反对把价值界定为事物的"特种有用性"。另一方面，黑格尔看到了价值是事物的内在本质和实体性规定，这是较为深刻的洞见。令人遗憾的是，囿于黑格尔的客观唯心主义立场，黑格尔没有看到人的实践是价值的根本源泉，价值是由人所创造和赋予的。

四、马克思的"价值"论

马克思是明确反对效用价值观的。马克思在《评阿·瓦格纳的"政治经济学教科书"》一文中，批判了阿·瓦格纳和当时很多德国教授一样混淆了使用价值与价值，错误地得出了效用价值观。当然，马克思关于商品的使用价值与价值的区分无疑是政治经济学领域的理论，把政治经济学的价值范畴直接等同于哲学领域的价值

---

❶ 黑格尔.逻辑学（上卷）[M].杨一之，译.北京：商务印书馆，1982：128.

范畴显然很不恰当。但令人遗憾的是,马克思并没有专门从哲学的维度对"价值"范畴进行界说,因此能否从政治经济学领域的价值范畴出发,提炼、跃升为哲学意义上的价值范畴值得思索,若此路可行,如何提炼、跃升则更值得深究。

诚如何萍教授所言,"如果返回到马克思的《1844年经济学哲学手稿》和《资本论》的文本,我们就会看到,马克思探讨人的价值时,不仅没有放弃经济学的价值理论,反而是以对经济学价值理论的分析来完成他的价值哲学建构的"❶。因此,从政治经济学领域的价值范畴出发,提炼、跃升为哲学意义上的价值范畴的研究路径是可行的。

怎样从政治经济学领域的价值范畴出发,提炼、跃升为哲学意义上的价值范畴呢?

首先,应该实现哲学思维方式、研究方式的根本转变。旧唯物主义哲学关注的是所谓的客观世界,坚持世界的物质性,在本质上是物本哲学。而马克思主义哲学关注的是"人",属人的自然、属人的社会,在本质上是人本哲学。毋庸置疑,商品当然属于物的范畴,但从商品的价值范畴提升为哲学的价值范畴时,应当从商品这一物的背后看到人与人之间的关系,即从商品这一物的价值提升为人的价值。按照马克思政治经济学原理,商品的价值是人的抽象劳动的凝结。换言之,商品的价值不是源于商品这一"物"本身,而是源于人的劳动、人的生产实践,人的实践创造了商品的价值。商品的价值正是人的价值的"投影"。人与动物的重要区别之一就是人的实践是自觉自由的活动,即人是在意志自由的情形下,对自己的实践活动有着清醒的自觉认识——有自己的目的意图、价值理想。我们暂时撇开资本主义社会导致的劳动异化特性,人在生产商品的过程中必然把自身的价值理想灌注其中并予以实现,人的价值在商品的价值中得以体现。试想,艺术家创作的艺术品给我们带来了美的享受,这艺术品不正是艺术家价值的体现吗?正因为如此,当艺术家创作完成一件艺术作品时，一方面固然创造了艺术品本身这一"物"的价值；另一方面也是更加重要的一面，创作的过程也是艺术家实现其生命价值的过程。从政治经济学领域的价值范畴出发，提炼、跃升为哲学意义上的价值范畴，在思维方式上要实现从物本到人本的转变。

其次，从政治经济学领域的价值范畴出发，提炼、跃升为哲学意义上的价值范畴，要注意二者"价值"之异。众所周知，马克思从哲学转向政治经济学研究的重要动因是马克思遇到了"物质利益"的难题，理性主义哲学无法解释社会现实。马克思对于商品价值的剖析，其根本原因在于揭示资本主义剥削的秘密。在商品流通的环节，等价交换掩盖了资本家对工人的剥削，甚至在劳动力的市场上，似乎也是平等自由的交易。但是，当马克思深入到生产环节研究，正是对商品价值形成的研究，发现了资本主义经济规律和资本家剥削的秘密：工人的劳动不仅创造了商品的价值，而且创造了商品的剩余价值。资本家"致富"的秘密就是对工人创造的剩余价值的无偿占有。马克思通过商品价值的剖析，发现了资本主义剥削的秘密——剩余价值，驳斥了私有制永恒的论调，确证了资本主义在快速发展的同时也把自身推向了灭亡。马克思哲学研究"价值"的着眼点当然不是在于事物（如商品）本身的价值，而是试图通过剖析工人生产商品、赋予商品价值的过程，看到人的生命存在的价值。从马克思哲学的视野来看，一切事物的价值都是人所创造的价值，离开了人的实践、与人无涉的自在之物是没有价值的，至少是没有哲学意义上的价值的。自在之物固然也可能满足人的某种需要，但没有人的价值理想的灌注、没有经过人的实践的改造，其满足人的需要的属性不属于价值范畴。

最后，从政治经济学领域的价值范畴出发，提炼、跃升为哲学意义上的价值范畴，应当从中找到二者的桥梁。马克思从资本主义社会最常见的现象——商品出发，发现了商品的二重性，即具体劳动创造的商品使用价值，抽象劳动创造的商品价值。商品生产当然属于物质资料生产的范畴，物质资料的生产恰恰是人最初始、最基本的实践，因此如果抛开资本主义社会形态的局限，物质生产作为人的自由自觉的实践活动，既是人的本质，又是人的价值的本质。然而，由于资本主义私有制的弊端，对于工人而言，商品生产活动不再是其自由自觉的实践活动，不是其生命存在的目的和价值，而是沦为其谋生的手段，工人在商品生产中感到的是受压迫和不自由。尤其是，工人生产的商品价值越高，工人自身的生存价值却越低。换言之，商品这一"物"的价值与工人这一"人"的价值出现了背离。当然，这种背离并不意味着马克思在资本主义社会的框架下从政治经济学的视角研究商品的"价值"，对于构建其哲学意义上的"价值"范畴没有意义；相反，我们可以把马克思在资本主义社会的框架下从政治经济学的视角研究商品的"价值"作为发掘其哲学"价值"范畴的桥梁。从应然意义上而言，"物"（人所创造之物）的价值与"人"的价值应具有同一性。之所以出现二者的背离，恰恰是资本主义私有制造成的。在资本主义私有制下，工人的劳动不再是一种自由自觉的活动，不再是人实现自己本质、体现自己本质的活动；相反，成为一种在外力强制下的非自愿的劳动。工人的劳动仅仅是一种谋生的手段，是为了获得工资从而解决自身吃喝等生物性本能需要。物质生产实践这一重要活动从目的贬抑为手段。马克思在资本主义社会商品价值形成的过程中，发现了商品价值与人的价值背离的罪魁祸首——资本主义私有制，也批判了资本主义国民经济学理论把资本主义私有制视为不容置疑的前提的荒谬性。马克思的结论就是：要全面实现人的价值、哲学意义上的价值，其必由之路就是扬弃资本主义制度，建立共产主义社会，因为共产主义社会克服了物的价值与人的价值的分离，也是"个人发展是其他一切人发展的条件的社会"，是所有人获得全面自由发展的社会。自由是马克思哲学确认的人的最高价值。当然，马克思哲学对资本主义商品生产对于人的价值实现的意义并非全盘否定。资本主义商品生产带来社会财富的巨大积累，在客观上也为人的价值充分实现创造了重要条件。

总之，马克思哲学是"人学"，即关注人的生存与发展的哲学。因此，马克思通过对资本主义商品价值的分析，发现了资本主义社会物的价值与人的价值的对立和分离，从而指出只有扬弃资本主义制度，人的价值才能真正得以实现，而这也正是马克思哲学的关注点所在。

第二节　黑格尔法的"具体自由"价值论

由于文艺复兴和启蒙思想运动的影响，主体性原则被确立为现代性的基本原则，笛卡尔从自我意识出发，把主体性原则诠释为"我思"，即指主体以自由、独立思维的形式存在。自由被视为人的本质，个人自由得到了从未有过的张扬。个人自由主义在客观上契合了资本主义社会经济发展的需要，反映在法律上就是资本主义法律对私有财产权的绝对保护。

然而，主体性原则把主体自由视为现代世界的根基，一切事物只有还原为第一原理的主体才能找到存在的根据，这必然导致无视事物的多样性和自身价值。黑格尔敏锐地觉察了现代性自由观的个人主体性原则的缺陷，哈贝马斯在其《现代性的哲学话语》中评价说，"黑格尔是近代哲学史上第一位意识到现代性问题的哲学家"。在黑格尔看来，现代性自由观的个人主体性原则是一种知性原则，而知性原则的错误在于把有限的东西当作无限的东西，自由终将无法实现。

黑格尔认为，现代性自由观的主体性原则把个人自身作为目的和中心，必然导致对"他者"的漠视，把"他者"视为实现自身目的的工具。由于主体是世界的"第一原理"，自我实现成为有价值的唯一目标，社会的约束失去了合法性，导致社会道德、伦理共同体的普遍性失去了存在的基础。而事实上离开了伦理共同体的个人自由必然是抽象的、虚无的自由，因为任何个人的存在必然是在伦理共同体中的存在，现实中根本不存在离开家庭、市民社会和国家的个人存在。黑格尔意识到了现代性语境下的自由观的重大缺陷，他的法哲学关于法的自由价值的立场，首先就是对个人自由主义的反思与批判，力图确立以伦理实体为语境、特殊性与普遍性相统一的现实的自由观。

一、黑格尔法的"具体自由"价值论概述

对于法的认识，常常被人视为一种维护阶级统治的工具而不是保障自由的利器。黑格尔认为："暴力和暴政可能是实定法的一个要素，但这种情况对实定法说来不过是偶然的，与它的本质无关。"[1] 类似地，黑格尔也驳斥了对于司法的粗鲁的错误看法："把司法看作像在强权即是公理那种时代的一种不适当的暴力行为，对自由的压迫和专制制度。"[2]

（一）自由作为法的价值

实定法学学者们普遍认为，法的价值包括秩序、平等、公平、正义、自由等，公平正义成为法律的代名词，因此公平正义也成为法的最高价值。然而，在黑格尔看来，法的唯一价值或最高价值就是——自由，"法的基地一般说来是精神的东西，它的确定的地位和出发点是意志。意志是自由的，所以自由就构成法的实体和规定性"[3]。黑格尔作为唯心主义哲学家，把法的基地视为"精神"，而精神的出发点是意志，意志则等同于自由，也就是意志即自由、自由即意志，二者的关系恰如物质与重量的关系，"其实物质就是重量本身。重量构成物体，而且就是物体。说到自由和意志也是一样，因为自由的东西就是意志。意志而没有自由，只是一句空话；同时，自由只有作为意志，作为主体，才是现实的"[4]。

在《法哲学原理》一书中，黑格尔对于法的自由价值进行了详细的阐明。值得一提的是，黑格尔并没有按照通常的思路去论证"法的价值为什么是自由"的问

---

[1] 黑格尔.法哲学原理［M］.范扬，张企泰，译.北京：商务印书馆，1961：导论4.
[2] 黑格尔.法哲学原理［M］.范扬，张企泰，译.北京：商务印书馆，1961：230.
[3] 黑格尔.法哲学原理［M］.范扬，张企泰，译.北京：商务印书馆，1961：导论10.
[4] 黑格尔.法哲学原理［M］.范扬，张企泰，译.北京：商务印书馆，1961：导论11-12.

题，因为在黑格尔看来这是一个根本无须证明的论题：自由是法的"实体"，"实体"就是事物的"灵魂""本质"。换言之，离开了自由，"法"就不是现实的法，只不过是徒有法之名，而无法之实的假象。现实的事物应该是灵魂与肉体的统一。"实体即主体"，而"主体"则具有自我实现的倾向与动力，"自由"必然要表现自己。自由首先借助外物表现自己，体现为法的第一环节——抽象法，如所有权，黑格尔认为所有权在法律上的确认，其重要的意义并不在于满足人的需要（这仅仅是人们一般的生活观念），而在于它是自由意志的定在，即自由意志需要灌注在外物之中，借助所有权而实现自身。然而，抽象法具有抽象性，容易受到侵害和干扰，且借助于外物表现自身具有极大的偶然性。更为重要的是，抽象法作为自由意志通过外在物获得自己的定在的一种表达，只是自由意志的一个方面的表现，不法以对抽象法的否定表明了抽象法的局限性，即对法或自由意志的理解仅仅停留在外在物的领域是不够的，法与自由意志还必须回归到意志自身之中，因此法需要进入第二环节——道德。相对于抽象法，道德表明自由进入内心的反思，不会受到外物的干扰，故道德是法的更高环节。如果说抽象法具有客观性而缺失了主观性，那么道德则拥有了主观性而缺失了客观性。因此，自由必然需要迈向更高的环节实现自己，从而进入法的第三环节——伦理。伦理达到了抽象与具体的统一、主观与客观的统一，是自由的现实。伦理环节又包括了家庭—市民社会—国家三个阶段。在黑格尔看来，家庭是人一出生就自然面对的第一个伦理关系，维系家庭的是爱，这是朴素自然的情感。家庭中只有"成员"，没有"个人"，从而不存在个人自由。而市民社会则是个人利益的角力场，是具有充分个人自由的伦理实体。在市民社会中，每个人追逐个人的最大利益与自由，必然导致剧烈的冲突，在人与人的相互对立与冲突之中，自由并不能真正地得以实现，故需要迈进伦理的最高阶段——国家。在黑格尔的心中，国家是伦理理念的现实，也是黑格尔法权自由概念的最高形式。黑格尔认为国家不是社会契约的产物，国家有自己的目的与本质——自由概念的实现，它虽然要维护个体的自由与利益，但它并不以此为根本目的，因而黑格尔认为国家不是个体实现自身自由与利益的工具。国家以伦理的普遍自由意志与个体的特殊意志的统一为依归，所以在黑格尔看来，国家高于市民社会，它以普遍的自由和公共善为目的，个体的自由与利益可以在市民社会中得到充分发挥与实现，但只有在国家中个体的自由才能被提升到与他人、普遍自由、公共善的统一，才能克服市民社会中由于私人利益的膨胀而导致的冲突，才能实现整个社会的伦理复归。因此，黑格尔称国家是地上的神，是自由的真正实现。虽然黑格尔把国家利益置于个人利益之上体现出某种保守性，但是黑格尔看到了离开国家与法律谈论自由是毫无意义的，在任何一个社会，离开了国家与法律的保障，个人自由不过是空中楼阁。个人自由必然是在伦理社会实现的自由。我们应当承认，黑格尔的观点是睿智而深刻的。不过，黑格尔"误把家鸡当凤凰，错把落后的普鲁士君主国家视作现代性的最终实现"❶，即自由的实现。

从方法论层面而言，黑格尔对于法的自由价值的论证依然采用了思辨辩证法，法哲学不过是其逻辑学的证明。按照黑格尔的思辨辩证法，事物的发展遵循"肯定—否定—否定之否定"或"正—反—合"的历程，否定并不是完全摒弃，而是扬弃，是保留了实体性、肯定性因素的否定，因此事物的进程必然是一种发展，是向更高阶段、更加成熟的环节的跃升。在黑格尔看来，自由就是自己能够证明自己、自己能够实现自己的实体。自由既是起点，也是终点，从而形成了一个自我证明的圆圈。自由以抽象的自由（抽象法权）为起点，但是自由必须有所自觉，走出抽象性，在具体的事物中体现自己，从而具有了具体性。自由也不能寄居于具体的事物而偏安一隅，倘若如此，受限于某个具体的事物本身就表征为不自由。自由继续前行，达到了抽象性与具体性的统一——单一性，也是特殊性与普遍性的统一，从而自由得以实现。从论证的路径来看，显然黑格尔并不是为了探索人在生活中如何实现自由，而是论证自由乃真理，旨在树立人们对于自由的坚定信念。诚如有学者所

❶ 汪行福.自由主义与现代性命运——从黑格尔到马克思［J］.中共浙江省委党校学报，2004（6）：26.

言，黑格尔对于法的自由价值的证明不是自下而上的实现路径的经验式探索，而是自上而下的本体论证明。❶

（二）法的价值观之辩：限制还是自由

法作为人类文明之一，其存在的价值究竟是"限制"还是"自由"呢？在法哲学史上，把法的价值视为"限制"的不乏其人，如康德认为，法就是"限制我的自由或任性，使它能够依据一种普遍规律而与任何一个人的任性并行不悖"。把法理解为一种"限制"似乎更加符合人们的生活观念，法律当然离不开义务性的规定，要求法律主体"应当或禁止"为某种行为，若不遵守这类规定，则带来法律的否定评价，需要承担相应的法律责任，而法律责任作为第二性的法律义务，当然也体现为一种限制或负担。其实，作为一个理性的人应该能够意识到，社会是由人所组成，人们的行为之间可能存在冲突，正如马克思所言："人们所预期的东西很少如愿以偿，许多预期的目的在大多数场合都互相干扰，彼此冲突。"❷ 因此，法的出现也是社会发展的必然产物。尤其是在阶级利益严重对立的社会，权利义务的分配明显失衡，对于被统治阶级而言，对法律的感受更多的只是一种"限制"。黑格尔不仅认为法的价值体现为自由，而且充满睿智地体悟了义务对于法的自由价值的重要意义："义务所限制的并不是自由，而只是自由的抽象，即不自由。义务就是达到本质、获得肯定的自由。"❸ 义务并非"限制"；恰恰相反，义务就是"自由"。黑格尔认为，把法、义务视为"限制""不自由"，其根本的原因在于对"自由"内涵的错误认识。黑格尔认为康德把法视为"人与人之间自由的界线"是荒谬的。例如，黑社会帮派之间划定势力范围，彼此河水不犯井水，但这样的界线无论如何也不能改变其不法的性质。

的确，人们常常把自由等同于"随心所欲、为所欲为、任性"，甚至康德也把

---

❶ 王天成，程宇驰.黑格尔自由观的基本路径［J］.社会科学战线，2012（9）：1.
❷ 马克思恩格斯文集：第 4 卷［M］.北京：人民出版社，2009：302.
❸ 黑格尔.法哲学原理［M］.范扬，张企泰，译.北京：商务印书馆，1961：168.

自由与任性画上了等号。在一个存在法律文明的社会，对于人们为所欲为的行为必然加以限制，这是不言而喻的。黑格尔严厉批判了把"自由"等同于"任性"的看法，"当我们听说，自由就是指可以为所欲为，我们只能把这种看法认为完全缺乏思想教养"❶。的确，人是类存在物，是群居的高级动物，如果每个人完全按照自己的任性行事，其结局必然是社会陷入混乱无序的局面，甚至连生命财产的安全都无法保障，自由只能是一种奢望。任性意味着行为纯粹受到自然冲动的驱使，换言之，受到自然冲动的限制本身就是一种不自由的表现，自由意指除了受到自我约束、自我决定之外，不受其他任何因素的决定和限制。在黑格尔看来，如果人的行为受制于自然冲动，则表明这样的人未经教化，对自由的认识是肤浅和错误的。由此可见，对自由的正确认识并非与生俱来的，"'自由'要靠知识和意志无穷的训练，才可以找出和获得"❷。"人作为精神是一种自由的本质，他具有不受自然冲动所规定的地位。"❸

正是由于把法视为"限制"的错误观点，从而有人认为没有法的原始社会是最自由的社会，而在黑格尔看来，原始社会却是最不自由的社会。一方面，在无"法"的原始状态，表面上看似乎人的确可以为所欲为，但是由于人的行为之间必然存在冲突，没有法的协调与规制，必然导致社会的无序与混乱，人的自由根本无法实现。例如，在没有法的社会，若某人遭受他人的人身侵害，则只能依赖于私力救济，即血亲复仇，而复仇带来的并不是矛盾与冲突的解决，不能带来安宁与自由，往往导致复仇的恶性循环。另一方面，黑格尔理解的人的自由绝非随心所欲、顺其自然。然而，自由与自然究竟是怎样的关系呢？"自由则仅存在于精神在自己内部的反思中，存在于精神同自然的差别中，以及存在于精神对自然的反射中。"❹因此，自由与自然不是同一关系，而是差别与对立的关系，自由是对于自然

❶ 黑格尔. 法哲学原理［M］. 范扬，张企泰，译. 北京：商务印书馆，1961：25-26.
❷ 黑格尔. 历史哲学［M］. 王造时，译. 上海：上海书店出版社，2006：41.
❸ 黑格尔. 法哲学原理［M］. 范扬，张企泰，译. 北京：商务印书馆，1961：29.
❹ 黑格尔. 法哲学原理［M］. 范扬，张企泰，译. 北京：商务印书馆，1961：208.

状态的驯服。在原始的自然状态下，由于生产力水平极其低下，私人财产权并不存在，必然导致"自我意识"的缺失，而"自我意识"是自由理念产生的重要前提。自然状态的驯服过程正是人的精神走向丰富的过程，即克服自然冲动、克服动物性的属性、唤醒自我意识、回归人的精神状态。动物外在看来似乎是无忧无虑、无拘无束的，自由自在，饿了吃、困了睡，实际上却完全受到动物性本能的限制与驱使，当然也谈不上精神上的反思即自我反思，没有自我意识。因此，这种原始的状态"不外乎是无法的和凶暴的状态、没有驯服的天然冲动的状态、不人道的行为和情感的状态"❶。鉴于此，黑格尔特别批判"自然即自由"的错误观念："这种观念没有考虑到劳动所包含的解放的环节……因为自然需要本身及其直接满足只是潜伏在自然中的精神性的状态，从而是粗野的和不自由的状态。"❷

（三）小结

通过上述分析我们发现，对于法的自由价值，黑格尔既不满于片面坚持抽象普遍性的康德式的空洞形式主义原则，也明确反对高扬主观特殊性的弗里斯式的智术师原则，概言之，反对"抽象自由观"。黑格尔敏锐地看到了"抽象自由观"或"否定自由观"的谬误与危害。自由固然往往是从精神中抽象出来的，但是自由价值作为实体、作为主体，绝非拒绝一切具体因素进入其中，否则自由必然沦为纯粹抽象的自由，纯粹抽象的自由并非真正的自由，而是走向了自由的对立面，是对于自由的完全否定。黑格尔虽然对法国大革命感到欣欣鼓舞，但也对雅各宾派的恐怖统治进行了深刻的反思。黑格尔认为，雅各宾派的措施在本质上就是拒绝一切秩序的抽象的、否定的自由，是法国人根据自己头脑中的抽象物，推翻一切现成的制度，蔑视一切秩序，凭借抽象的自由观重新构建国家制度，这种自由从根本上背离了其精神实质，事实上沦为了"单个人的意志"或为所欲为。"否定的自由所想望

❶ 黑格尔.历史哲学 [M].王造时，译.上海：上海书店出版社，2006：38.
❷ 黑格尔.法哲学原理 [M].范扬，张企泰，译.北京：商务印书馆，1961：208.

的其本身不外是抽象的观念，至于使这种观念实现的只能是破坏性的怒涛。"❶ 雅各宾派秉承不受任何约束的、抽象的或否定的自由观，其不仅不能实现国家的繁荣与人民的自由，反而带来的是与自由背道而驰的血雨腥风的恐怖统治。黑格尔对这种抽象的自由观深恶痛绝。黑格尔《法哲学原理》所建构的国家形式把个体性归入团体和社会等级中。个体性必须与团体的普遍性结合在一起。美国学者诺曼·莱文认为："黑格尔反对极端的主体性，他把伊壁鸠鲁对'智者'——退出公共事务的私人——的伦理上的信奉，判定为极端个人主义的典型，而这正是希腊城邦衰落的原因之一。"❷

二、黑格尔关于自由与必然的辩证关系

诚如恩格斯所言，黑格尔法的自由观的一大贡献是解决了先前哲学关于自由与必然关系的二元对立，消融了二者之间的矛盾。

必然表征的是规律性、因果关系，而自由意指自我决定、自我规定。康德把必然等同于自然因果关系、自然规律，自然规律存在于人之外，人只能认识但无法改变它，自然规律作为"他律"，对于人而言似乎是一种无法突破的约束、限制。故在自然规律面前，人表现为不自由，必然与自由成为一对对立的范畴。康德理解的自由是"自律"，是人的自我决定，自由就是人的价值目的本身，自由不存在任何其他的外在目的；否则，自由也就沦为了手段。黑格尔认为，"康德以前的形而上学家，却大都采取这种固执孤立的观点……把自由和必然认作彼此抽象地对立着……这种不包含必然性的自由，或者一种没有自由的单纯必然性，只是一些抽象而不真实的观点"❸。黑格尔认为，康德等哲学家的错误在于坚持自由与必然的抽象知性观，割裂了自由与必然的联系，看不到自由与必然二者之间的辩证关系。企图

───────────────

❶　黑格尔.法哲学原理［M］.范扬，张企泰，译.北京：商务印书馆，1961：14–15.
❷　诺曼·莱文，赵玉兰.马克思与黑格尔思想的连续性［J］.马克思主义与现实，2008（5）：45.
❸　黑格尔.法哲学原理［M］.范扬，张企泰，译.北京：商务印书馆，1961：105.

摆脱必然性而寻求"绝对自由"和"意志自然",只能是幻想的自由。外在的必然性孤立于人的精神之外时,当然不是自由;但是,精神不是抽象地固守于自身,而是走出自身表现自己、实现自己,从而把外在的必然性加以把握,成为自身内在的组成部分。而内在必然性就是自由,因为内在必然性表征的是自我抉择、自我决定。"自由本质上是具体的,它永远自己决定自己,因此同时又是必然的。一说到必然性,一般人总认为只是从外面决定的意思……但这只是一种外在的必然性,而非真正内在的必然性,因为内在的必然性就是自由。"❶事实上,对于自由与必然的关系,谢林与黑格尔的观点颇为相似:自由不仅受到必然性制约,而且以必然性为条件,自由其实是必然的"摹本或摹仿",如果没有必然性带来的基本秩序,自由根本是无法想象的。

社会必然性,亦即社会历史规律,与人的自由当然是密不可分的。社会规律(包括法)与自然规律的根本区别在于,社会规律在本质上是人的活动规律。如果说人通常只能认识而不能改变自然规律,那么社会规律恰恰是人所创造的。社会规律固然具有客观性,但是人在社会规律面前不是无所作为,否则对于社会历史的发展,要么陷入悲观论,认为人只能顺应社会规律而无可奈何;要么陷入盲目乐观论,认为一切必然会实现,人只需消极等待。需要注意的是,社会规律的客观性与主体的自由并非水火不容;相反,正是人的自由选择、自由活动造就了历史规律,因此社会的发展历史其实不过是人的自由发展史。纵观人类的发展历史,谁也无法否认,正是人不断走向更加自由的过程。黑格尔把社会规律及法作为人的内在必然性,从而表现为自由并不令人费解。但自然规律或自然必然性与自由的关系又如何呢?

的确,人往往只能认识自然规律,通常不能改变之。在康德看来,自然必然性表现为他律,正因为是他律而非自律,受到自身之外因素的制约,从而表现为自由的对立面。即便在我国今天的学界,也有学者认为自然必然性与自由无关,否则就

---

❶ 黑格尔.法哲学原理[M].范扬,张企泰,译.北京:商务印书馆,1961:323.

会得出自然科学家最自由的结论。不可否认,人类面对着人与自然、人与人(即社会)、人与自身的关系。人与社会、人与自身当然存在自由问题,因为二者都面临着自我选择与自我决定。在人与自然的关系上,即自然必然性问题上,黑格尔认为当然也存在自由。黑格尔认为自然必然性虽然表现为与人似乎无关的外在必然性,但是精神能够把外在必然性纳入自身,从而转变为内在必然性,即自由。黑格尔的诠释过程固然含混晦涩,但结论本身是明确的。其实,康德把自然必然性与自由对立,关键在于错误地把自然与社会对立,认为二者存在泾渭分明、不可逾越的鸿沟。然而,自然必然性固然具有客观性,不以人的意志而改变,但是就人类探索自然必然性的活动而言,当然具有社会性,因为人是社会存在物,科学研究不是一个人的孤立行为,而是依赖于人与人的合作来完成的。更为关键的是,将何种自然必然性纳入研究的视域,明显与人的目的、价值取舍有关,故与人的自由密切相关。在黑格尔看来,若对于自然必然性缺乏认识,则会导致行为的盲目性,盲目性则表明不自由。客观地说,黑格尔的观点不无道理。例如,水会淹死人,不会游泳的自然科学家和不会游泳的普通人跳进水里的后果固然都是相同的,即都可能淹死,但是认识到水会淹死人的自然科学家至少不会盲目地跳进水里,而一个根本不知道水会淹死人的普通人则可能盲目地跳进水里。由此可知,对于自然必然性的明确认识,与人的行为自由具有密切联系。又如,正是由于认识到滚动摩擦比滑动摩擦的阻力更小,所以人在制造轮胎时选择了圆形而不是方形,如果人对这一自然必然性缺乏认识,则可能在制造轮胎时陷入盲目中,完全有可能造出方形的轮胎。仅仅因为人往往不能直接改变自然必然性而得出自然必然性与自由无关的结论,确实未免有些唐突。

总之,在黑格尔看来,"认自由与必然为彼此互相排斥的看法,是如何地错误了"❶。真正的自由就是内在必然性,因为内在必然性是自我推动、自我选择和自我

---

❶ 黑格尔. 小逻辑 [M]. 贺麟, 译. 上海: 上海人民出版社, 2009: 299.

决定，就是自由的实现。动物与人的重要区别之一，就是动物依赖本能而活动，无法认识、把握必然性，而人正是在对必然王国有了一定的认识后才逐步实现与动物界的分离，迈向更高的自由。当然，在黑格尔的心中，自由精神这样的实体，如同上帝一般自我决定，从而才能获得真正的自由。这样的结论也是由其客观唯心主义立场决定的。

三、黑格尔法的自由价值论的缘由探析

值得进一步追问的是，为什么黑格尔把自由视为法的最高价值或唯一价值呢？

首先，黑格尔的法的自由价值观恰恰是对于时代精神的深刻把握。诚如黑格尔所言："就个人来说，每个人都是他那时代的产儿。哲学也是这样，它是被把握在思想中的它的时代。"❶黑格尔处在一个特殊的时代，19 岁时恰逢法国大革命爆发。资本主义社会与资本主义社会以前时代的本质差别就在于自由精神的高扬，摆脱了奴隶制、封建制的人身依赖关系，废除了宗法等级和专制统治制度，人的自由获得了前所未有的解放。从法的层面而言，义务本位的法已经被权利本位的法所取代。如果说资本主义社会以前的法旨在为人设定更多的义务，从而体现为限制乃至压迫，那么资本主义社会的法则更多是为了对人的权利的保障和促进，由此让人感受到自由。人格权的法律确认昭示着人与人平等时代的到来，而平等本身表明人身依附关系的解除，人身依附关系的解除为人成为自我决定的主体提供了重要前提。私人财产所有权的保护为自由的实现提供了现实的物质基础。人作为具有理性的万物之灵，能够在理性的指导下安排自己的生活和行为，从而成为真正自由的人。自由正是启蒙运动为时代确立的最重要的价值精神。

其次，把自由视为法的最高价值与黑格尔关于人的本质的把握密切相关。人与

---

❶ 黑格尔.法哲学原理［M］.范扬，张企泰，译.北京：商务印书馆，1961：序言 19.

动物的区别究竟是什么呢？是意识，是灵性，还是实践？黑格尔认为"人之异于动物就因为他有思维"❶。"动物按本能而行动……但动物不具有意志。"❷更确切地说就是精神，因为按照黑格尔的观点，精神可以分为思维和意志，思维是指理论态度，意志则是实践态度、指向行动的决意。人的本质规定性在于精神，人是精神性的存在。如前所述，精神乃至意志的本质就是自由。黑格尔曾分析了自然规律与法律的区别，自然规律是自在的存在，而"法律是被设定的东西，源出于人类。在被设定的东西和内心呼声之间必然会发生冲突，或者彼此符合一致"❸。换言之，自然规律不存在是否合理的问题，它自在地发生作用，而法律则是人的观念的产物，因此就存在是否合理的问题。既然法是人所设定的产物，应该服务于人，与人的本质即自由相一致。因此，判断法的合理性的标准就是自由，即是否有助于保障和促进人的自由。

最后，法的自由价值观与黑格尔的法的本质观不无关系。需要指出的是，黑格尔法哲学意义上的法与我们通常理解的法律存在较大的区别，所有权、道德、家庭、市民社会、国家等都是"法"。通常含义中的"法律"不过是法的一种定在、一个环节、一种表现形式。黑格尔认为，法律作为形式法，究竟是不是法，取决于其是否符合实质法，即是否符合法的实质。倘若法律不符合法的本质，则其不过是法的虚假的表现、法的假象，徒有法之名，不具法之实。现实的事物必须是灵与肉的统一、形式与实质的统一，法也不例外。在《法哲学原理》中，黑格尔明确地指出："自由就构成法的实体和规定性。"❹显然，自由就是法的最重要的规定性，也就是法与其他事物的本质区别之所在。哲学就是从形式靡定、反复无常的现象中提取恒久不变的东西，亦即把握现象背后的本质。由此可见，黑格尔既然把自由视为法的实体与本质，也合乎逻辑地把自由当作法的价值。在《法哲学原理》中，黑格

❶　黑格尔. 法哲学原理［M］. 范扬，张企泰，译. 北京：商务印书馆，1961：导论 12.
❷　黑格尔. 法哲学原理［M］. 范扬，张企泰，译. 北京：商务印书馆，1961：导论 13.
❸　黑格尔. 法哲学原理［M］. 范扬，张企泰，译. 北京：商务印书馆，1961：序言 15.
❹　黑格尔. 法哲学原理［M］. 范扬，张企泰，译. 北京：商务印书馆，1961：导论 10.

尔认为法的基地是精神，而按照其哲学观，精神就是自我认识、自我决定、自我实现的实体，这种"自我决定"性正是自由的表征。

四、黑格尔关于资本主义社会法的自由价值实现困境探析

不可否认，黑格尔把自由视为法的最高价值或唯一价值，与他对资本主义的时代精神的深刻把握密不可分。黑格尔曾经指出，东方的君主社会只有君主一个人的自由，而君主的自由表现为为所欲为，实则是一种不自由；古希腊的城邦民主制是少数人的自由，在奴隶、自由民和公民三种人中，只有公民才享有真正的自由；而资本主义社会，也正是黑格尔所处的时代，人们认识到一切人应当是自由的，尽管还没有完全成为现实。显然，黑格尔通过三个不同时代的划分，认同了资本主义社会关于法的自由价值上的巨大进步。

众所周知，资本主义社会确认了法律面前人人平等。在黑格尔看来，这就是法的第一环节——抽象法的人格确认。人格意指把人在法的层面上承认为人。按照生活的经验，任何一个"自然人"是"人"似乎是理所当然的。然而，按照黑格尔法哲学的观点，"自然人"未必是"人"，因为有些"自然人"是没有人格的。例如，奴隶在法的意义上看就不是"人"，因为奴隶不具有法律承认的人格。人格就是能够享有法律权利、承担法律义务的资格，显然奴隶不仅不享有法律权利，甚至连承担法律责任的资格都不具备，若奴隶侵害了他人的利益，只能由奴隶主承担责任，这与某人的牛羊损坏了他人的庄稼的法律后果无异。更为重要的是，奴隶缺乏的是自由精神，不能自我决定、自我抉择，也许这才是奴隶最可悲的地方。"在人格中认识是以它本身为对象的认识。"[1]人要具备人格，应当以自身即抽象的而且自由的自我为对象和目的，自我意识是关键环节。当这个"我"是抽象的时候，表明"我"恰恰是普遍的，所有和我一样的人都是"我"，自我意识不仅表明我明确

---

❶ 黑格尔.法哲学原理［M］.范扬，张企泰，译.北京：商务印书馆，1961：45.

意识到"我"与"他"的区别，而且也说明我承认"他"是和"我"一样的平等主体，黑格尔用简明的语言概括为，"法的命令就是：'成为一个人，并尊敬他人为人'"❶。因此，人格权的确认，表征人与人之间的平等，而不是某些人凌驾在某些人之上，某些人有权对他人进行限制、压迫，从而人就是自由的。

自由不是纯粹的抽象，因为纯粹的抽象就是"无"，尽管纯粹的抽象具有最大的包容性。黑格尔明确指出自由精神应当走向具体、走向现实，从法哲学的维度而言，自由精神的定在首先就体现为所有权，"黑格尔是第一个言说自由的物质层面的思想家"❷。所有权的重要意义不在于满足人的需要，而在于人的自由意志的体现。所有权表征的是我把我的自由意志灌注其中。私有财产神圣不可侵犯是资本主义社会的一项基本法律原则，对于私人财产所有权的保护是自由实现的重要条件。因此，黑格尔认为："在市民社会中，正义是一件大事。好的法律可以使国家昌盛，而自由所有制是国家繁荣的基本条件。"❸作为一个客观唯心主义者，黑格尔虽然认为精神自由是至关重要的，但是如果精神仅仅停留在头脑中，对于世界的改变没有任何意义。为此，黑格尔还专门批判了德国存在的现象："在德国，同一个自由原则占据了意识的兴趣；但只是在理论方面得到了发挥。我们在头脑里面和头脑上面发生了各式各样的骚动；但是德国人的头脑，却仍然可以很安静地戴着睡帽，坐在那里，让思维自由地在内部进行活动。"❹资本主义社会对私有财产的保护对于自由价值的实现至关重要。众所周知，从奴隶社会、封建社会发展到资本主义社会，社会由人身依赖关系过渡到物的依赖关系，相对于人身依赖关系，物的依赖关系无疑体现出更大的自由。无产者与资本家摆脱了人身依赖关系，至少无产者具有选择为这个资本家或那个资本家劳动的自由，具有选择在这个城市或者那个城市劳动的自由。

❶ 黑格尔.法哲学原理［M］.范扬，张企泰，译.北京：商务印书馆，1961：46.
❷ 张双利，倪逸偲.今天为什么要重读黑格尔的法哲学——意大利哲学家多米尼克·洛苏尔多访谈录［J］.探索与争鸣，2017（5）：73.
❸ 黑格尔.法哲学原理［M］.范扬，张企泰，译.北京：商务印书馆，1961：237.
❹ 黑格尔.哲学史讲演录［M］.贺麟，译.上海：上海人民出版社，2013：257.

资本家与无产者联系的纽带就是"物"——财产，对于财产所有权予以确认和保护是实现从人身依赖跃升为物的依赖的重要条件，从而也是实现更大社会自由的要件。

需要注意的是，黑格尔对于资本主义社会的法的自由保持了足够的清醒，并深刻剖析了市民社会（即资本主义社会）。资本主义社会似乎个人获得了极大的自由，但黑格尔对于市民社会的个人自由表达了深深的忧虑，甚至体察到资本主义社会只是保护和实现了有产者的自由，而所谓无产者的自由不过是虚假的幻象。黑格尔认为市民社会就是一个需要的体系，或者说是需要与需要的满足（方式、手段）的体系。但是，由于资本逐利的本性，"需要并不是直接从具有需要的人那里产生出来的，它倒是那些企图从中获得利润的人所制造出来的"[1]，从而需要甚至已完全脱离了自然需要，衣服根本不是为了保暖、蔽体，食物不是为了果腹，而是基于利润最大化的考量。例如，当下有些人过于频繁地更换手机，显然不是为了满足通信的需要，从某种意义上说，不过是受到了生产商的蛊惑。"社会状况趋向于需要、手段和享受的无穷尽的殊多化和细致化。这一过程如同自然需要与高尚需要之间的差别一样，是没有质的界限的。这就产生了奢侈。在同一过程中，依赖性和贫困也无限增长。"[2]黑格尔看到了资本主义社会在总财富不断增加的同时，贫富差距却越来越大。私人所有制固然激活了社会生产发展的活力，带来了社会总财富的增加，但是无法解决社会公平问题。黑格尔甚至引用了犬儒派第欧根尼采取极端生活方式的例子，指出市民社会同样是"一方面，穷奢极侈，另一方面，贫病交迫，道德败坏"[3]。贫富分化不仅是财富分配不公引发的社会公平问题，而且将导致"这一阶级（引者注：指无产阶级）就没有能力感受和享受更广泛的自由，特别是市民社会的精神利益"[4]。由此，黑格尔揭露了资本主义社会无产阶级必然处于不自由的惨状。

---

[1] 黑格尔.法哲学原理［M］.范扬，张企泰，译.北京：商务印书馆，1961：207.
[2] 黑格尔.法哲学原理［M］.范扬，张企泰，译.北京：商务印书馆，1961：208.
[3] 黑格尔.法哲学原理［M］.范扬，张企泰，译.北京：商务印书馆，1961：209.
[4] 黑格尔.法哲学原理［M］.范扬，张企泰，译.北京：商务印书馆，1961：244.

　　不过，需要特别指出的是，黑格尔把无产阶级愈发贫病交加从而无法享受自由的原因归结于劳动分工的细化，"特殊劳动的细分和局限性，从而束缚于这种劳动的阶级的依赖性和匮乏，也愈益增长"❶。随着社会的发展，分工的细化本身有助于生产力的提高，也是不可避免的趋势，无产者一旦离开早已熟悉的工作岗位后确实容易无所适从，从而形成了对有产者的依赖性。但是，黑格尔并没有进一步深入分析造成无产阶级对于资产阶级依赖的深层次原因是什么，这恐怕与黑格尔把私有制作为不证自明的合法前提有关。马克思则明确指出造成无产阶级愈发贫病交加从而无法享受自由的根本原因是私有制。资本主义社会私有制的高度发展，导致了无产阶级一无所有，只能出卖劳动力维持生存，如果说存在自由，不过是选择向这个资本家或者另一个资本家出卖劳动力的自由。资本逐利的本性必然追求剩余价值的最大化，除了提高劳动生产率外，其他可行的办法就是加大对工人的压榨，由此必然造成社会财富固然增加，但贫富差距的鸿沟越来越大。按照黑格尔的法哲学观点，自由与所有权是密切相关的，因为自由精神需要寻求现实世界的定在，而财产所有权则是自由定在的体现。一无所有的无产阶级丧失了自由精神的寄居所，自由只能是一种不切实际的幻象。

　　如上所述，市民社会作为个人利益的战场，人人试图追求个人自由最大化的目标根本无法实现，必然导致无产者不自由的问题。换言之，市民社会并不能真正实现自由。黑格尔没有像大多数资产阶级学者那样，对资本主义社会的个人自由主义狂热地盲目吹捧，他敏锐地体悟了个人自由主义的弊端。人作为类存在物，如果仅追求个人自由的最大化，无视他人的自由，其结局必然是自身自由也无法实现。社会不应该是"原子式"个人的集合体，个人自由主义在某种意义上是历史的倒退，因为它恰恰反映了人们根本缺乏理解和把握自身生活的"社会性"。因此，黑格尔明确反对"原子式"的个人自由。黑格尔认为市民社会无法真正解决自由问题，他

---

❶　黑格尔.法哲学原理［M］.范扬，张企泰，译.北京：商务印书馆，1961：244.

把希望寄托于"国家"这一更高层次的伦理形式。当然，由于资本主义国家只是"虚假的利益共同体"，因此黑格尔的期望最终只能落空。

第三节 马克思对黑格尔法的"具体自由"价值论的承继

马克思出生在律师家庭，其出生地莱茵省曾经被法国军队占领，并实施了民主、自由色彩较为浓厚的《拿破仑法典》。正是由于受到家庭氛围的熏陶和社会大环境的影响，马克思从小就崇尚自由，其博士论文关于伊壁鸠鲁自由观的诠释就是明证。事实上，马克思终其一生都在探究人类自由实现如何可能的问题。诚如英国学者伯尔基所言："马克思主义确实发源于自由主义……如果没有自由主义这一广阔背景，马克思主义将是不可思议也不会存在。"[1] 黑格尔的法的自由价值观对马克思有很大的影响，马克思也正是在吸收与继承黑格尔的法的自由价值观的基础上完成了超越。对此，我们可以从以下四个方面来理解马克思对黑格尔法的自由价值观的继承与吸收。

一、法律作为实现自由的保障

马克思早期作为"黑格尔派"，其法的价值观深受黑格尔的法的理性自由观的影响。马克思指出："法律不是压制自由的手段，正如重力定律不是阻止运动的手段一样。"[2] 在马克思看来，法律不应是限制自由的。依照人们的生活经验，法律似乎对人的行为表现为一种限制，从而似乎是压制了人的自由。其实，法律限制的

---

❶ 伯尔基.马克思主义的起源［M］.伍庆，王文扬，译.上海：华东师范大学出版社，2007：50.
❷ 马克思恩格斯全集：第1卷［M］.北京：人民出版社，1956：71.

并不是人的自由，因为"法律在人的生活即自由的生活面前是退缩的"❶。法律限制的是人的为所欲为的任性，任性根本就不是自由，而是自由的对立面。在黑格尔看来，把任性等同于自由是缺乏教养的表现。在人与人组成的群体社会中，如果每个人都为所欲为，那么必然导致彼此行为冲突不断，每个人的自由终将无法实现。因此，更确切的说法应当是：法律通过对人的任性的限制从而保障人的自由。法律分为权利性规范和义务性规范两种，权利本身就表征为自由，因为法律赋予的权利可以行使，也可以不行使。而法律义务的规定，其存在的价值恰恰是为了保障他人自由（权利）的实现。例如，当法律确认某人的所有权时，同时也意味着宣告了其他人均负有不得侵害该所有权的义务，若有人违反，则需要承担恢复原状、赔偿损失等法律责任。换言之，法律规定义务，不是为了义务自身，而是为了自由（权利）。"法典就是人民自由的圣经"❷，法的存在价值就是保障人民的自由。尽管成熟时期的马克思对于法的认识明显存在理性主义向历史唯物主义的转向，但是对法的最高价值是自由的观点始终未变。

　　法律保障与促进的自由价值固然与哲学认识论意义上的自由存在关联，但是也具有独有的特征。"法律是肯定的、明确的、普遍的规范，在这些规范中自由的存在具有普遍的、理论的、不取决于个别人的任性的性质。"❸由于法律是肯定、明确、普遍的规范，法律中的自由具有普遍性、理论性和法定性。首先，就普遍性而言，文明社会的法律都是因事设法，而非因人设法，其规范的行为模式具有概括性。既然是因事设法，表明人人应当遵守，如果说法律是保障人的自由，那么就应当保护每一个人的自由。其次，理论性是指自由的确认离不开立法者的理论认识，离不开对于社会规律的把握，同时借助明确的书面文字，法律对于自由的确认乃至某种自由的选择保护绝非任意。例如，资本主义社会确认财产自由、契

---

❶　马克思恩格斯全集：第 1 卷［M］. 北京：人民出版社，1956：72.
❷　马克思恩格斯全集：第 1 卷［M］. 北京：人民出版社，1956：71.
❸　马克思恩格斯全集：第 1 卷［M］. 北京：人民出版社，1956：71.

约自由明显是由资本主义社会的运行规律决定的，立法者正是对于社会现实的把握从而在法律上确认与保护这些自由。最后，法定性乃指法律自由是由法律所确认、保障的，具有相对的稳定性。任何人损害了他人的法律自由（权利），法律将对其行为作出否定评价，对行为人施加法律责任，从而恢复、保护受到损害的自由。法律不能朝令夕改，需要保持一定的稳定性，即便需要修改，也不能顺从于某个人或某些人的任性；否则，国家必然走向人治、专制，而不是法治、自由。

二、自由——形式法与实质法的界限

马克思对黑格尔法的自由价值观的承继还突出体现在关于"形式法"与"真正的法"之间的区分上。黑格尔认为，"某种法的规定从各种情况和现行法律制度看来虽然显得完全有根有据而且彼此符合，但仍然可能是绝对不法和不合理的"❶。显然，黑格尔认为实定法完全可能徒有法的表象，却因为不符合法的概念而不是真正的"法"，真正的法是"法的概念与其定在的统一"，实定法若不符合法的本质不过是法的假象。"假象是不符合本质的定在，是本质的空虚的分离和设定。"❷黑格尔认为法的概念就是"自由"，不符合自由的实定法就不是真正的"法"。在《评普鲁士最近的书报检查令》中，马克思明显承继了黑格尔关于"实定法"与"真正的法"二分的观点，如认为普鲁士"书报检查法只具有法律的形式。……新闻出版法才是真正的法律"❸。既然检查法和出版法都是国家颁布的法律，为什么马克思认为出版法是"法"，而检查法却不是"法"呢？因为"在出版法中，自由是惩罚者。在检查法中，自由却是被惩罚者"❹。检查法虽然具备了国家颁布、具有法律约束力等外在形式，但是背离了其应有的灵魂——自由，故无助于促进和保障自由，从而徒具

---

❶ 黑格尔.法哲学原理［M］.范扬，张企泰，译.北京：商务印书馆，1961：导论5.
❷ 黑格尔.法哲学原理［M］.范扬，张企泰，译.北京：商务印书馆，1961：91.
❸ 马克思恩格斯全集：第1卷［M］.北京：人民出版社，1956：71.
❹ 马克思恩格斯全集：第1卷［M］.北京：人民出版社，1956：71.

法的外壳，不具法的灵魂，是灵与肉分离，检查法只是法的假象。相反，出版法则有利于自由这一人人珍视的价值的实现，故是"真正的法"。

三、自由与必然的辩证关系

在法的自由价值观方面，马克思还承继了黑格尔关于自由与必然的论点。的确，在前黑格尔时代的哲学家，往往把自由和必然割裂开来，只见对立，不见同一，由此导致的结果是：或把自由视为与必然无涉的"自由"，而这样的自由其实是为所欲为的任性，当然不是真正的自由；或脱离自由谈必然，否认人对必然性的认识和把握，认为人在必然面前无所作为，陷入宿命论。而黑格尔把必然性分为外在必然性与内在必然性两种，内在必然性是自我意识之内，为人所自觉的必然性，这就是自由，把自由和必然的关系把握为辩证关系无疑是深刻的。

马克思认同黑格尔关于自由绝不是与必然无涉的自由。在《德意志意识形态》中，马克思明确指出："人们每次都不是在他们关于人的理想所决定和所容许的范围之内，而是在现有的生产力所决定和所容许的范围之内取得自由的。"❶ 显然，马克思认为，人的自由不是由人的思维或愿望来决定的，而是要受到必然的影响，对于人们的社会活动的自由而言，这个最主要的必然性就是生产力的发展水平。正因为如此，作为自由人联合体的共产主义社会的建立不可避免地是一个漫长的过程，资本主义发展带来生产力的提高恰恰是自由的共产主义社会成为现实的重要条件，因此资本主义社会的发展对于自由同样具有积极的意义。

马克思还承继了黑格尔自由是内在必然性的观点。必然性在为人们把握之前，确实是与人无涉的纯粹外在的必然性，表现为一种与人对立的异己的力量，此时人们的行为自由其实只是"盲目"地行动而已，缺乏对于必然性的把握，所谓的行为选择的自由只是在无知状态下的鲁莽抉择。正如对于不知道水会淹死人的必然性的

---

❶　马克思恩格斯全集：第 3 卷［M］. 北京：人民出版社，1960：507.

人而言，选择涉水还是过桥通过河流纯粹是任性的盲目选择，故根本谈不上自由。但是，一旦外在的必然性为人们所认识和把握，它就转化为内在必然性，"这些一直作为异己的、支配着人们的自然规律而同人们相对立的规律，那时就将被人们熟练地运用，因而将听从人们的支配"❶。"必然"不仅不再是与人对立的异己力量，而且是与人和谐同一的、能为人所用的积极能量，从"支配人"变为了"为人所支配"。马克思在批判资产阶级经济学家亚当·斯密的劳动与自由理论时指出，当外在必然性成为内在必然性，那么"诚然，劳动尺度本身在这里是由外面提供的，是由必须达到的目的和为达到这个目的而必须由劳动来克服的那些障碍所提供的。但是克服这种障碍本身，就是自由的实现，而且进一步说，外在目的失掉了单纯外在自然必然性的外观，被看作个人自己提出的目的，因而被看作自我实现，主体的对象化，也就是实在的自由"❷。概言之，自由与必然是对立统一的辩证关系，离开了必然，自由只能成为空中楼阁。

四、法的自由价值的历史性

如前所述，黑格尔在法的自由价值观上绝不认同原始的、自然的社会存在真正的自由，这种原始的状态"不外乎是无法的和凶暴的状态、没有驯服的天然冲动的状态、不人道的行为和情感的状态"❸。因为法就是自由，在没有法的原始社会，自由是没有任何保障的。倘若人屈从于本能的冲动，则成为本能的奴隶，行为不是出于自我意识前提下的自我决定、自我抉择，则本身就是不自由的状态。马克思在批判资本主义社会的个人自由主义狂热者的典型代表"德意志狂"时说道："（他们）却到我们史前的条顿原始森林中去寻找我们的自由历史。但是，如果我们的自由历史只能到森林中去找，那么我们的自由历史和野猪的自由历史又有什

---

❶ 马克思恩格斯文集：第 3 卷［M］.北京：人民出版社，2009：564.
❷ 马克思恩格斯全集：第 46 卷［M］.北京：人民出版社，1980：112.
❸ 黑格尔.历史哲学［M］.王造时，译.上海：上海书店出版社，2006：38.

么区别呢？"❶马克思认为，在生产力水平极其低下的原始社会，吃饱穿暖等动物性本能若要得到满足已属不易，又何谈对于自由的追求。虽然马克思曾经赞美原始社会为原始的共产主义社会，但那仅仅是基于对资本主义社会私有制的批判而颂扬原始社会的财产公有制，绝非向往原始社会无法和凶暴的状态，因为原始社会不是自由的社会。另外，马克思也承继了黑格尔的观点：人若受制于动物性的本能，绝不是真正的自由。真正的自由应该是对于本能冲动的"驯服""反思"和"抉择"。

黑格尔承认了在法的自由价值层面资本主义社会的进步性。人格权的法律确认，昭示着法律面前人人平等的可能。人人平等则表明人身依附关系时代的终结，人们自我决定、自我抉择时代的到来，财产所有权的确认与保护为自由走向现实提供了重要条件，自由的精神不能是居无定所的孤魂，而是需要寻求定在的居所。但是，黑格尔敏锐地发现了资本主义社会的劳动者注定是不自由的，在分工日益细化、生产服从于资本逐利的社会，奢侈与贫困并存，贫富差距加大，工人对于资本家的依赖性越来越强，"这一阶级（引者注：指无产阶级）就没有能力感受和享受史广泛的自由"❷。马克思不仅对于无产阶级报以深深的同情与关怀，而且也深刻体察到无产阶级不自由的状态，"在自由竞争情况下，自由的并不是个人，而是资本"❸。由于资本主义社会剩余价值规律的作用及资本逻辑的强大力量，虽然社会财富不断增加，但是无产阶级却不能分享社会财富不断扩大的这个蛋糕，无产阶级成为"上帝之宴"的多余者。马克思认为，在资本主义制度下，无产阶级注定是不自由的，实现自由和解放的唯一道路就是推翻资产阶级统治，摒弃资本主义私有制，建立共产主义社会。

---

❶ 马克思恩格斯选集：第 1 卷 [M]．北京：人民出版社，1995：3-4.
❷ 黑格尔．法哲学原理 [M]．范扬，张企泰，译．北京：商务印书馆，1961：244.
❸ 马克思恩格斯全集：第 46 卷（下）[M]．北京：人民出版社，1980：219.

第四节　马克思对黑格尔法的"具体自由"价值论的超越

需要指出的是，虽然马克思对黑格尔法的自由价值观的承继主要体现在马克思早期的著作上，但对法的最高价值是自由的观点始终未变，甚至可以说，马克思的最高理想——建立自由人联合体社会，就是法的价值的最终实现和法的终结。但是，黑格尔的绝对理念自由观弘扬的毕竟只是虚幻的"天国"自由，因此并没有从根本上突破近代哲学自由观的藩篱。马克思作为历史唯物主义者，必然改造黑格尔的客观唯心主义立场和观点，把法的自由价值观奠基于现实的"尘世"的坚实基础上，从而实现实质性的超越。

伴随着社会的进步，人类已经意识到对神和自然崇拜的荒诞性。但令人遗憾的是，在以私有财产权为基础的个体自由观主导的社会，人类的目光离开神之后却没有转向人自身，而是转向了外在的物质财富，因此人仍然处于对金钱的崇拜之中，并没有实现真正的自由。

一、自由的主体超越——从个人虚无到个人关注

不可否认，现代启蒙思想的确唤醒了人的自我意识，自由精神成为时代的主旋律。但是，启蒙思想在高扬自由精神的同时，却导致了个人自由主义的盛行，个人自由至上成为现代社会的痼疾。黑格尔洞察了现代社会自由的悖论——每个人追求自身的最大自由并不能真正实现自由；相反，可能导致社会伦理共同体的崩溃。受到古希腊伦理思想和"城邦国家"的启示，黑格尔把自由精神的实现寄希望于国家。但是，自由终究应当是人的自由，黑格尔在看到现代社会个人自由主义的隐忧的同时，其法哲学思想却走向了另一个极端：个人的虚无。黑格尔把国家视为"神自身在地上的行进"，在这个地上的神的面前，人民不过是一种"无定形"的东西。

因此，当个人自由与国家产生冲突时，黑格尔毫不犹豫地选择了国家而放弃了个人："个人对这些力量（引者注：指国家等伦理形式）的关系乃是偶性对实体的关系。……个人存在与否，对客观伦理说来是无所谓的。"❶ 值得进一步思索的是，为什么黑格尔的法哲学自由价值论会走向个人虚无呢？

首先，黑格尔和大多数西方古典哲学家一样，在建构其法哲学理论时同样预设了一个超验性的前提——"绝对精神"，作为其理论的逻辑起点。这种不能通过纯粹经验方法确证的悬设，在形而上学的话语模式中必然走向人的虚无化。客观的绝对精神成了"本"，现实的人却沦为抽象的"末"。现实的人乃至其行为都不过是自由精神表现自己、实现自身的一个环节或外化。在黑格尔的眼中，人们不过是碌碌无为的蝼蚁，时代精神才是世界之根本。显然，黑格尔看似严谨的思辨辩证法的圆圈式证明，并没有确证绝对精神的合法性，事实上仍把绝对精神视为不证自明的真理。

其次，黑格尔看到了市民社会的弊端，尤其是个人绝对自由主义思潮带来的巨大隐患，试图寻找解决这一痼疾的良方。相对于前资本主义社会，黑格尔并不否认资本主义社会自由的进步性，从人的依赖性过渡到物的依赖性确实是人类自由的一次重大跃升。但是，市民社会仅仅追求个人自身自由的最大化，无视他人的自由，视他人为手段，人与人之间的自由也不可避免地出现冲突，而这样的冲突却是市民社会自身无力解决的。黑格尔认为，市民社会并不是自由实现的完满伦理形式，解决这一难题的办法只能是迈进更高层次的伦理形式，这就是国家理念。黑格尔还洞察了启蒙思想家的"社会契约"理论导致国家理念的旁落，必然得出个人凌驾于国家之上的错误结论。虽然黑格尔的理念国家并没有彻底否弃个人的福利和自由，但是当国家与个人出现冲突时，黑格尔明确指出："单个人是次要的，他必须献身于伦理整体。"❷

---

❶　黑格尔.法哲学原理［M］.范扬，张企泰，译.北京：商务印书馆，1961：91.
❷　黑格尔.法哲学原理［M］.范扬，张企泰，译.北京：商务印书馆，1961：79.

　　最后，黑格尔的客观唯心主义哲学的禀性决定了其法自由价值观中个人地位的虚化。黑格尔的法哲学固然是政治哲学的范畴，但同时也是其精神哲学的组成部分，因为在其庞杂的哲学体系中，法哲学是其精神哲学的客观精神环节。作为客观唯心主义哲学，必然把世界的本原归结于客观精神，基于黑格尔把现代社会的精神解读为自由，自由精神就是世界的本体。换言之，黑格尔对于世界的把握只能是从客观精神——自由精神出发，且以自由精神为依归，而不可能从现实的人出发把握世界，更不可能把现实的人作为其哲学的旨趣。在黑格尔的法哲学中，即使出现了现实的人、人格，其意义也不过在于他们是自由精神的定在与外化。其实，黑格尔在其《法哲学原理》一书中，明确表达了对于人民的不屑，如宣称"人民就是一群无定形的东西"❶"人民就是不知道自己需要什么的那一部分人"❷。

　　与之相反，马克思的法自由价值观则充满了人文关怀，其自由价值理论以现实的个人自由为依归，实现了对黑格尔自由价值观个人地位虚化的超越。在马克思看来，社会当然是由现实的个人所组成的，人类社会的历史就是人们通过实践实现自身目的的过程而已。因此，马克思认为法哲学研究的切入点不应该是抽象的客观精神，而应该是现实的个人。诚如英国学者伯尔基所言，马克思毫无保留并满怀热情地把个人自由作为最高目标和价值。❸虽然马克思认同黑格尔把自由作为现代社会的时代精神的观点，但并不认同黑格尔关于自由精神是能动的主体和世界的实体的看法。黑格尔把自由精神作为实体，而实体即主体，自由精神成为自在自为的意志，也即能够自我实现的意志，现实的人俨然可有可无的附属。马克思认为，自由精神当然不能自我实现，而必须依靠现实的人的实践，"现实生活就成为马克思阐述自由的逻辑起点"❹。马克思同时指出，社会的发展在某种意义上就是现实的人通过不断地实践，从不自由到自由、从比较自由向更高自由的发展过程。马克思从自

❶　黑格尔.法哲学原理［M］.范扬，张企泰，译.北京：商务印书馆，1961：298.
❷　黑格尔.法哲学原理［M］.范扬，张企泰，译.北京：商务印书馆，1961：319.
❸　伯尔基.马克思主义的起源［M］.伍庆，王文扬，译.上海：华东师范大学出版社，2007.
❹　谢永康.自由观念：从康德、黑格尔到马克思［J］.学海，2009（6）：34.

由的维度分析了人类社会发展的三个阶段：以人身依附关系为基础的极不自由的阶段、以物的依赖关系为基础的相对自由的阶段和以个人自由个性全面实现的最高自由的阶段。在存在人身依附关系的前资本主义社会，由于生产力发展水平所限，个人一旦离开了自己所属的群体往往难以生存；在资本主义社会人的自由获得了一定的发展，工人出卖劳动力时具有了一定的选择的自由，尤其是拥有资本的资本家获得了很大的自由；而共产主义社会则是每个人的自由都是他人自由实现的重要条件，换言之，就是一个人人自由的社会，个人自由个性全面实现的社会。我们需要思考的是：人类自由一步步地跃升究竟是如何实现的呢？难道真如黑格尔所说，是自由精神自在自为地自我实现的吗？这样的论调显然是荒谬的。自由精神固然是现代社会的时代精神，但谁也不能否认，它只能是人的精神。其实，人类自由的层层递进式的发展，恰恰是人类认识自然、征服自然能力的发展，生产力的发展以及与之相适应的生产关系的构建，而生产力本质上是现实的人的能力，生产关系也是现实的人与人之间的关系。由此可见，自由精神就是人的自由精神，也唯有借助于现实的人的实践而成为现实的。

关于马克思法自由价值观的主体问题，我们有必要对于西方学者的指责作出积极的回应。西方有些学者认为马克思的自由价值观是漠视个人自由价值、重视群体自由的集体主义价值论，有的学者甚至认为马克思的共产主义理论对于纳粹主义引发的第二次世界大战负有不可推卸的责任。在这些学者看来，马克思的自由价值观与黑格尔的自由价值论大同小异，至少都是个人虚无的集体自由价值观。其实，这是对马克思自由价值哲学的严重误读。不可否认，马克思确实在自由价值论中强调了"共同体"的重要性，但这绝不包含轻个人重集体的哲学旨趣。共同体对于个人自由的实现是十分重要的条件，孤立的个人往往难有作为，因为人是类存在物，"不仅是一种合群的动物，而且是只有在社会中才能独立的动物"❶。因此，马克思

---

❶ 马克思恩格斯文集：第 8 卷［M］．北京：人民出版社，2009：6．

并非高扬集体自由而否弃个人自由，就自由的实现而言，集体不过是实现个人自由的条件和路径，集体服从于个人，以个人为本。仅以马克思构想的人类社会的理想状态为例，共产主义社会作为理想的、真实的共同体，根本原因在于这个完满的社会共同体是每个人的自由是其他人自由实现的重要条件，就是一个每一个人都实现自由的社会。换言之，这个社会之所以是完满的，就是因为每一个个人的自由得到了实现。因此，马克思显然不是"扬集体轻个人"的集体主义者，其自由价值论更不是德国纳粹横行的理论渊源。

二、自由的"历史"的超越——从精神的漫游史到人类的实践发展史

对于法的自由价值，黑格尔以前的哲学家总是把自由视为人类永恒的理性，甚至认为自由是与生俱来的上天的恩赐。其实，这种永恒不变的观点恰是缺乏历史感的。黑格尔则超越了"超历史"的立场，并且"第一次——这是他的伟大功绩——把整个自然的、历史的和精神的世界描写为一个过程"。

一方面，辩证法思想赋予了黑格尔哲学历史感，因为辩证法认为事物是世界发展的过程和环节。在黑格尔看来，处于抽象的自由精神因为绝对的抽象而表现为"无"。"无"尽管蕴含着无所不包的可能性，但毕竟表征的是空虚，因此抽象的自由精神必然要为了体现自己而走向外化与定在，具有普遍性的抽象变成了具体，而具体又继续演变为抽象与具体的统一。这一系列的演变过程不是一种单纯的完全否定，而是保留了上一阶段或环节的积极因素的发展、跃升，即扬弃。正是由于这些演进不是周而复始的简单循环，从而彰显出黑格尔的思维方式："黑格尔的思维方式不同于所有其他哲学家的地方，就是他的思维方式有巨大的历史感作基础。" ❶
另一方面，黑格尔的历史感源于其对人类历史尤其是哲学史的深入研究和深刻把握。仅以对于自由精神的历史研究为例，黑格尔认为自由精神的发展经历了"东方

---

❶ 马克思恩格斯选集：第 2 卷［M］．北京：人民出版社，1995：42.

社会的个别人（君主）的自由—古希腊古罗马社会部分人（公民）的自由—日耳曼民族社会的高度自由"。尽管黑格尔对于自由发展进程的划分有些牵强附会，但毕竟把自由精神的演进视为不断提升的历史过程蕴含了一定的真理。恩格斯甚至盛赞黑格尔的历史观具有划时代的意义，"这个划时代的历史观是新的唯物主义观点的直接的理论前提"❶。换言之，没有黑格尔的历史观，就没有马克思主义的历史唯物论。

　　然而，囿于其客观唯心主义的根本立足点，黑格尔却把人类历史错误地归结为精神的发展史，基于把现代社会的时代精神把握为自由，人类历史不过是"自由精神"的漫游史。因此，黑格尔认为，社会发展的根本动力就在于自由精神，正是自由精神的自在自为的运动，推动着人类社会不断地向前发展。马克思在承继了黑格尔的历史感的同时，从实践唯物主义的立场出发，实现了对黑格尔历史观的超越，人类历史绝非自由精神的漫游史，而是人类改造世界的实践史。其实，马克思早年接受了黑格尔关于"自由乃是自我决定"的观点，但纯粹的"自我决定"可能会导致自由没有历史，因为把自由等同于自我决定极易把自由限制在人的大脑活动之中，而忽视社会的发展。马克思正是把自由的实现从意识活动向实践活动的转向，实现了向科学的"历史"的自由观跃升。虽然两人的哲学均有强烈的历史感，也不可否认马克思的历史感受到黑格尔哲学思想的启迪，但是二者的"历史"具有本质的区别。黑格尔认为，人类自由的历史（其实在一定意义上也是人类历史）本质上是精神、意志的自在自为的发展史，而马克思则认为是人类实践的发展史。正是二者"历史性"内涵的本质区别，马克思实现了对黑格尔的成功超越。

　　人类自由究竟是如何逐步实现的呢？马克思认为，唯有实践，不断地实践，人类的自由才能成为现实。甚至有学者认为马克思的实践"首先是一个价值概念"，可称为"价值本体"。❷实践的本质是自由自觉的活动。首先，以人与自然的关系维

---

❶　马克思恩格斯选集：第 2 卷［M］. 北京：人民出版社，1995：42.
❷　徐长福. 马克思的实践首先是一个价值本体概念［J］. 哲学动态，2003（6）：10.

度看待自由的层进发展史，自由就是对自然的必然性的认识和利用，在认识必然性的前提下，按照人的目的、意图进行有意识的改造，改造自然当然就是实践本身。对自然的认识，发掘其中的必然性，不是依靠天马行空的思维活动，而是依赖生产实践和科学实践。其次，从人与人（即社会）的关系维度看待自由发展史，同样离不开实践。人与人的关系主要是在实践活动中建立起来的，人与人关系的调整仅从法律层面而言也离不开立法、执法、司法实践，人与人关系的如何达到自由也唯有通过实践。在马克思看来，社会财富的不断增长是自由实现的重要物质条件，而社会财富的增长当然有赖于生产实践。最后，从人与自身的维度看待自由的发展史，自由就是人对于自身的认识不断深化并不断地提升自我，不仅在生产活动中体会、确证自由，而且在艺术创造中享受自由。因此，马克思的实践不是亚里士多德的"伦理—行为范式"，也不是培根的"技术—功利范式"，而是"生产—技术范式"。❶ 毋庸置疑，离开了实践活动，人不仅无法正确地认识自己，而且更不可能提升自己。实践是人与自然、社会双向能量交流的过程。一方面，人通过自身的能力改造自然或社会客体；另一方面，在改造客体的同时人也得到了提升，即所谓主体客体化与客体主体化。

黑格尔把人类历史归结为精神的发展史，仿佛精神具有无穷的力量，创造了人类世界，精神事实上成了"上帝"。仅仅依靠精神的自在自为的运动，人类自由的实现缺乏坚实的现实基础，终究只能是幻想。虽然黑格尔隐隐约约看到了实践的力量，但他心中的实践主要是指精神活动，而仅仅通过精神活动是无法改变世界的。马克思的"历史"则是人类的实践史，人类自由的实现奠基于坚实的尘世基础，"建立在一个更为根本的即社会生产方式的基础上，并通过社会生产方式的转变来最终实现自由"❷。中国台湾学者洪镰德认为，马克思的自由观充满了浪漫主义的色彩，具有较强烈的乌托邦特点。事实上，马克思设想的自由人联合体的共产主义社

❶ 王南湜，谢永康.论实践作为哲学概念的理论意蕴 [J].学术月刊，2005（12）：17.
❷ 吴克峰.论马克思主义与自由主义对人类基本价值的理解 [J].理论学刊，2011（12）：10.

会绝不是关于自由女神的现代神话，而是人类必将实现的伟大目标。自由不是大脑的主观想象，也不是与生俱来的上天的赋予，而是在认识、改造世界的实践中获得的，也是必然能够实现的。

三、自由实现的伦理形式超越——从国家到自由人联合体

如前文所述，黑格尔看到了个人绝对自由主义的市民社会存在的诸多弊端，也敏锐地发觉了资本主义社会穷奢极侈与贫病交加并存的现象，甚至看到了无产阶级根本无法享受自由的严重问题，资本主义社会不是人人自由的社会，或者说只是实现了形式自由而非实质自由的社会。黑格尔的解决方案是市民社会应当迈向更加高级的伦理实体——国家。

在《法哲学原理》一书的伦理篇中，黑格尔分析了家庭—市民社会—国家的层层演进，家庭中只有"成员"，没有个人，只有普遍性，没有特殊性；而市民社会则只有特殊性，没有普遍性，其他人只是实现自己目的的手段。唯有国家包含了特殊性的普遍性，"国家的力量在于它的普遍的最终目的和个人的特殊利益的统一"❶。黑格尔认为："国家是绝对自在自为的理性的东西。"❷国家应该是保障与促进人人自由的伦理实体，是个人目的与普遍目的的统一；否则，这样的国家就不是真正的国家，只是国家理念的虚假的表象，也必然是不稳定的。因为对个人而言，"个人目的与普遍目的这双方面的同一则构成国家的稳定性……如果一切对他们说来不妙，他们的主观目的得不到满足，又如果他们看不到国家本身是这种满足的中介，那末国家就会站不住脚的"❸。虽然理念国家不能等同于现实社会中的具体国家，但是黑格尔依然高度颂扬了普鲁士王国，认为它正是现代社会国家理念的真正实现。其实，黑格尔的国家理念，并没有超出古典政治经济学的理论旨趣，仍然是

---

❶ 黑格尔.法哲学原理［M］.范扬，张企泰，译.北京：商务印书馆，1961：261.
❷ 黑格尔.法哲学原理［M］.范扬，张企泰，译.北京：商务印书馆，1961：253.
❸ 黑格尔.法哲学原理［M］.范扬，张企泰，译.北京：商务印书馆，1961：266.

"站在现代国民经济学家的立场上"❶，其核心目标仍是求助于某种社会共识和公共力量，维护资本主义既定秩序。虽然黑格尔认同抽象法权确立了人格平等这一自由的重要前提，但是抽象法权只是抽象的自在存在，缺乏国家这样的具体的伦理语境，这样的自由缺乏有效的制度性安排和保障，从而只能是空虚的权利宣示。唯有把自由奠基于国家这一现实的伦理实体，自由才能走向现实。

然而，国家能否成为每个人自由实现的条件与保障呢？马克思给出了否定的答案。其根本原因在于国家不过是虚假的共同体，其维护的是统治阶级的利益与自由，对于被统治阶级而言，国家却是压制其自由实现的暴力工具。仅以资本主义国家为例，其维护的实质上是资本的自由，从而也就是有产者资本家的自由，而无产阶级能够体会的不过是虚假的形式自由。依赖国家这个虚假共同体实现人人自由只能是不切实际的幻想。其实，启蒙思想的传播带来了人的自我意识的觉醒，人们不再崇拜自然和"神"，但是高扬私有财产权的资本主义社会，导致人们又迷失在财富的追逐之中。因此，在马克思看来，资本主义社会虽然实现了政治解放，政教分离，却受到商品拜物教的统治，连资本家也受到商品的统治，完全受制于剩余价值规律的束缚。因此，从根本上而言，资本家也是不自由的。在国家这个虚假共同体中，不仅被统治阶级无法享受自由，而且统治阶级也是不自由的。正因为如此，马克思致力于探寻维护每一个人利益与自由的真实共同体。在某种意义上，关于自由，"马克思与黑格尔的分道扬镳是在国家中立性上"❷。马克思认为，国家的阶级性决定了其必然站在统治阶级的立场，自由的完满实现不能寄希望于国家。

值得思考的是，为什么唯有在共同体中才能实现真正的自由呢？一方面，自由当然是人的自由，而动物是无所谓自由的，因为人与动物的重要区别之一就是有无自由。动物完全服从于本能，束缚于本能，故是不自由的。人作为类存在物，只能

---

❶ 马克思.1844年经济学哲学手稿 [M].北京：人民出版社，2000：101.
❷ 汪行福.自由主义与现代性命运——从黑格尔到马克思 [J].中共浙江省委党校学报，2004 (6)：30.

生活在共同体中。诚如马克思所言，人其实是一切社会关系的总和，人与动物不同的地方在于人是社会关系中的存在，人会在既有的条件下自主地选择并建构自己周围的社会关系，人只有在这种社会关系中通过与他人的互动、交流才能够生存与发展。离开了社会共同体，人就不是真正意义上的人。自由既然是指称人的自由，而共同体是人存在的必要的、现实的条件，因此人的自由的实现也必然是在共同体中才能实现。另一方面，自由在某种意义上当然是关系范畴，自由是针对人与自然、人与社会以及人与自身的关系而言的，这些关系的处理同样离不开共同体。孤立的个人，即不是生存于共同体的个人，从人与社会（或者说人与人）的关系向度而言是无所谓自由的，只能是抽象意义上的个人，不具有现实性。在社会存在意义上探讨自由，某种程度上就是要解决人与人之间的关系。自由意味着一个人的意志和行为不应当受到其他人的意志、行为的束缚、压制，而是出于自我决定；同时，自由绝非个人在社会中为所欲为，无视他人的利益与存在，而是自觉意识到彼此之间的关系并保持协调。由于是自觉意识到自身与他人的行为理应和谐相处，这种主动自觉的自我约束就不是一种外在的束缚，而是自由。人与自然关系维度的自由，是指人对于自然必然性的认识和利用，在现实中人对于自然必然性的认识与利用也是在共同体中进行和实现的，孤立的个人难以达到对自然必然性的认识和利用。因此，离开了共同体，不仅自由成为空中楼阁，而且自由也成为一个伪问题，"只有在共同体中才可能有个人自由"❶。

马克思重点对资本主义国家这一虚假的共同体进行了深入分析，旨在揭示其虚假共同体的面目，从而证明自由在其中的非现实性。首先，对黑格尔盛赞的私有财产所有权这一自由意志定在的形式，马克思进行了批判。黑格尔认为，对于私人财产所有权的确认，其重要的意义不在于满足人的需要，而是体现了人的自由意志，即我的财产所有权的重要性在于灌注了我的自由意志在其中。资本主义国家也无一

---

❶ 马克思恩格斯文集：第 1 卷［M］．北京：人民出版社，2009：571．

例外地宣告私有财产神圣不可侵犯。马克思则认为，私有财产所有权的确认与保护并无助于自由的实现。一方面，在资本主义国家必然出现社会财富急剧增加，而无产阶级越来越贫困的现象，如果说财产能在某种意义上表征自由，对于饥寒交迫的无产阶级而言首先就是不自由的；另一方面，资本主义社会是以物的依赖关系为基础的社会，尤其是资本家的生产不是基于满足人的需要，而是以资本增值为根本目标，即便是资本家也并没有因为财富的增长而感到自由，而是沦为了财富的奴隶。在商品拜物教的统治下，自由无从谈起。工人阶级本应是自由自觉的劳动也沦为了异化劳动，在劳动过程中，感受到的不是自由的快乐，而是压迫和强制的不幸。其次，就自由而言，资本主义国家相对于前资本主义形态的国家的确存在显著的进步，如废除身份等级制度、宣告法律面前人人平等，但是资本主义国家作为国家，依然存在统治阶级与被统治阶级的尖锐矛盾，被统治阶级必然处于被压迫的状态，尤其是被统治阶级触及统治阶级的根本利益时，国家只能是维护统治阶级利益的国家，而不可能是黑格尔设想的代表公共福利的国家理念、理性国家。马克思认为，如果不能撼动资本主义国家的经济基础，所谓的人人平等、人人自由不过是对社会大众的普遍欺骗。最后，马克思认为，黑格尔鼓吹的市民社会中交换价值这一重要的中介并不能创造真实的共同体。的确，在资本主义社会，资本不过是追求不断增值，社会生产的目的在于交换，交换价值也确实是让商品与商品之间具有了可比较性与可交易性。某个生产者生产商品追求自身利益的同时也满足了其他人的某种需要，但是市民社会终究是人人对立的社会，更重要的是作为市民社会与国家之间的中介——等级会议，作为唯一的市民参与国家事务的机构与途径，黑格尔给予的权力很小、机会也很少，立法的权力实际上是为行政官员与专业法律人士所把持。所以，市民社会中的普通民众，特别是作为无产者的工人很难将自己的意志与利益诉求在国家中得到表达，建立于其上的国家也绝不可能是维护所有社会公众利益的真实共同体。当然，马克思对于资本主义社会并非彻底否弃，因为资本主义的发展带来社会财富的积累，对于自由的实现创造了重要的条件。

马克思摒弃了国家这一虚假的共同体，笃信国家的存在正是自由实现的阻碍。在虚假的共同体国家之中，个人的身份必然是阶级成员，而统治阶级与被统治阶级即便存在着某些共同利益，如对于美好环境、良好秩序的向往，但是在根本利益上是必然对立的。在马克思看来，阶级划分的根本标准是经济地位，经济利益上的根本对立是统治阶级与被统治阶级关系的主要特征，国家的终结才是自由实现的彼岸。因此，马克思设想的共产主义社会，个人的身份不再是具有阶级归属性的成员。在共产主义社会这一真实共同体中，每一个人的自由恰恰是其他人自由实现的条件，共产主义社会方为人人自由完满实现的社会。

第四章　法的诸范畴关系理论的
承继与超越

　　法是人类文明的重要现象，按照辩证法的普遍联系的原理，事物的存在不可能是孤立的，而是以其他事物为中介的存在。因此，唯有在事物的联系中，方能真正把握事物，联系性正是事物的重要本性。如果说第三章旨在论证法的价值是自由，以及马克思在法的自由价值观上是如何承继和超越了黑格尔的，那么本章则试图厘清法的诸范畴的关系，进而诠释为什么马克思和黑格尔对于自由价值实现选择了不同的路径。

　　按照马克思法哲学理论，法是阶级社会特有的现象，并以国家意志为表现形式，也是和国家相伴相随而呈现在人类的社会生活之中。美国学者诺曼·莱文曾经指出，市民社会是马克思从黑格尔那儿获得的最重要的学术惠赠❶，马克思承继了黑格尔的市民社会理论，并将市民社会进一步发掘为经济基础，而国家在一定意义上就是上层建筑的代名词。因此，如何看待市民社会与国家的关系，不仅对于深刻把握法现象具有重要价值，而且影响了法的自由价值实现的路径选择。黑格尔把国家视为法的最高环节，故以理念国家作为自由的完满实现；而马克思认为市民社会决定国家，自由的实现之路在于市民社会或经济基础，自由的实现不在于国家，而是消灭国家和私有制，建立自由人的联合体。

　　道德和法律是社会治理的重要方式，当下的中国仍主张德法兼治。在我们今天看来，法律与道德似乎是泾渭分明的不同范畴，但从历史发展的维度来看，二者的

---

❶ 诺曼·莱文，赵玉兰. 马克思与黑格尔思想的连续性 [J]. 马克思主义与现实，2008（5）：48.

关系却如影随形。黑格尔对于二者关系的认识不乏哲学智慧之深刻洞见，马克思的超越更是理论的重大跃升，廓清法与道德的关系既是法哲学的重要论题，对于依法治国战略的实施也不乏实践价值。

第一节　市民社会与国家的关系

一、黑格尔的市民社会与国家关系观

（一）市民社会概述

市民社会，在古代西方社会，尤其是古希腊、古罗马，是指市民共同体；而在当时的社会，所谓市民的利益与城邦国家的利益是混为一体的，因此市民社会实质就是国家共同体。马克思曾指出："旧的市民社会（引者注：指前资本主义社会的市民社会）直接具有政治性质，就是说，市民生活的要素，如财产、家庭、劳动方式，已经以领主权、等级和同业公会的形式升为国家生活的要素。"❶欧洲中世纪末期，则出现了专门从事商品经济活动的市民阶层，随着市民阶层经济实力的不断增强，在一定程度上形成了可以对抗封建贵族封建国家的特殊群体，这个群体以追逐私人经济利益为目标，崇尚自由精神，在经济生活与公共政治生活之间划定了清晰的界限。在18世纪，市民社会作为专门术语，特指独立于国家政治生活之外的经济领域，表征的是从中世纪封建社会的政治支配下获得解放的近代市民阶层之间的私人利益关系。

---

❶ 马克思恩格斯全集：第3卷［M］.北京：人民出版社，1980：186.

近代西方社会关于市民社会的界定存在两个截然不同的谱系：一个是以霍布斯、洛克为代表，以社会契约论为立论基础，极力鼓吹个人自由的政治意义，强调市民社会的政治属性的谱系；另一个则是以亚当·斯密为代表，以国民经济学为理论根基，强调市民社会的经济属性，主张个人经济自由的谱系。黑格尔受到亚当·斯密理论的深刻影响，其市民社会理论处处可以看到亚当·斯密理论的影子。黑格尔的市民社会侧重于个人经济领域的生活，而国家则立足于公共政治生活。

虽然启蒙哲学家孟德斯鸠、洛克等人关注到市民社会与国家分离的趋势，并把市民社会的成员追逐私人利益归结为抽象的人性，但黑格尔才是全面论述现代市民社会的第一人，也是明确区分人的经济生活与政治生活领域的哲学家，其市民社会与国家的相关理论在法哲学发展史中具有不容忽视的重要地位。马克思正是在扬弃黑格尔市民社会与国家关系的理论基础上，把法哲学奠基于历史唯物主义的坚实基础之上，从而使法哲学成为科学。

（二）黑格尔的市民社会观

1. 市民社会的概念与原则

黑格尔认为，法分为"抽象法—道德—伦理"三个层层递进的层次，抽象法仅仅确认人格平等，因其抽象性、客观性而缺乏现实性；道德具有了主观性，但依靠主体的内心坚守，缺乏有效的制度性安排，自由的实现具有偶然性。因此，黑格尔认为，道德必然要跃升到伦理环节，伦理意味着稳定的制度性安排，是主观与客观的统一、特殊性与普遍性的统一，是法即自由的现实。在伦理环节中，"市民社会是处在家庭和国家之间的差别的阶段"❶。所谓"差别"的阶段，是指市民社会区别于家庭这一伦理实体，在家庭实体中，只存在家庭"成员"，而不存在"个人"，只有家庭的整体利益，不承认个人的独立利益，如家庭成员获取的财富都属于家庭的整体财富。按照黑格尔思辨辩证法的肯定—否定—否定之否定或普遍—特殊—普遍

❶ 黑格尔.法哲学原理［M］.范扬，张企泰，译.北京：商务印书馆，1961：197.

的模式，家庭属于肯定或普遍的环节，而市民社会则属于否定或特殊的环节，因为"在市民社会中，每个人都以自身为目的，其他一切在他看来都是虚无"❶。显然，市民社会承认个人的独立利益，以个人利益为依归，相对于家庭的整体性、普遍性和肯定性，市民社会则是个体性、特殊性和否定性。此外，市民社会也不同于国家，市民社会以个人利益为特征，国家则扬弃了个人利益，旨在优先维护公共利益和国家利益，尤其是当个人利益与国家利益相冲突时，就应当牺牲个人利益。黑格尔认为，个人甚至应当为了国家而献出自己的生命。如果说市民社会表征的是经济生活，那么国家表征的就是公共政治生活；如果说市民社会是自为的自由精神，那么国家则是自在自为的自由精神的完满实现。因此，市民社会和国家确实是不同的伦理实体，市民社会终将扬弃自身，走向法的最高环节——国家。

黑格尔认为，宰制市民社会的有两大原则。一个是"具体的人作为特殊的人本身就是目的"❷，即特殊性原则，这一原则也就是个人主体性原则。众所周知，现代意义上的市民社会确实是启蒙运动的产物，启蒙运动唤醒了人的自我意识，人不仅从神的庇护下解放出来，而且从人的类存在中认识到个人的独特价值。市民社会不仅不以追求个人利益为耻，而且尊重个性、崇尚个人自由，"在这一基地上，一切癖性、一切秉赋、一切有关出生和幸运的偶然性都自由地活跃着；又在这一基地上一切激情的巨浪，汹涌澎湃，它们仅仅受到向它们放射光芒的理性的节制"❸。市民社会是充满活力、张扬个性的伦理实体，毋庸置疑，没有市民社会这一彰显个人自由的中间环节，国家这一现实的自由是根本无法达致的。因此，虽然市民社会不是自由精神的完满实现的最高环节，却是不可或缺的重要中介。在黑格尔的思辨辩证法看来，没有中介，就没有否定性，就没有发展。概言之，市民社会与国家的分离，是人类社会进步的重要体现。

---

❶　黑格尔. 法哲学原理［M］. 范扬，张企泰，译. 北京：商务印书馆，1961：197.
❷　黑格尔. 法哲学原理［M］. 范扬，张企泰，译. 北京：商务印书馆，1961：197.
❸　黑格尔. 法哲学原理［M］. 范扬，张企泰，译. 北京：商务印书馆，1961：198.

市民社会追求私利固然存在损害公共利益和国家利益的可能，但是相对于前资本主义社会仍然是巨大的社会进步，因为支配市民社会的还有另一个原则，即普遍性形式的原则。在市民社会中，"特殊的人在本质上是同另一些这种特殊性相关的，所以每一个特殊的人都是通过他人的中介，同时也无条件地通过普遍性的形式的中介，而肯定自己并得到满足"❶。市民社会虽然是为了追求个人私利的"一切人反对一切人的战场"❷，但是市民社会毕竟大大超越了奴隶社会、封建社会，因为市民社会的私利追逐不是依赖身份的差别而巧取豪夺，而是以他人为中介、以普遍性的形式为中介。以他人为中介，表明市民社会的个人不仅意识到自己的特殊性，而且把他人视为与自己平等的、特殊的个人。毫无疑问，自由的实现当然要以人格平等为条件，自由与平等本身就是密不可分的。在市民社会中，个人虽然把他人视为达到自身目的的手段，甚至把自己视为唯一的目的，但是个人并没有把他人视为与自己绝对对立的关系，"利己"不代表"无他"；恰恰相反，"利己"是"有他"，没有"他"为中介，"利己"就无法实现。以普遍性的形式为中介，则是指在市民社会中，在存在普遍的社会分工与市场交换的条件下，个人私利的实现采用平等互惠的交换形式。人当然是有着丰富需要的特殊主体，从物质需要到精神需要，从自然需要到社会需要，市民社会在某种意义上就是一个充满了各种需要的体系。❸个人需要的满足绝不可能是自给自足的，尤其是精神层面需要的实现更是如此。因此，"特殊目的通过同他人的关系就取得了普遍性的形式，并且在满足他人福利的同时，满足自己"❹。平等交换就是市民社会的普遍形式。市民社会的个人在主观为己的同时，客观上实现了为他，因此市民社会的个人是相互依赖的，而不是启蒙哲学家认为的原子式的。在黑格尔看来，人出生就不可选择地生活在一定的伦理实体中，如作为家庭成员、国家公民，在伦理实体中，人与人之间存在复杂的联系中，"这种

❶ 黑格尔.法哲学原理［M］.范扬，张企泰，译.北京：商务印书馆，1961：309.
❷ 黑格尔.法哲学原理［M］.范扬，张企泰，译.北京：商务印书馆，1961：309.
❸ 黑格尔.法哲学原理［M］.范扬，张企泰，译.北京：商务印书馆，1961：204.
❹ 黑格尔.法哲学原理［M］.范扬，张企泰，译.北京：商务印书馆，1961：197.

原子式的抽象的观点在家庭和市民社会中就已经消逝了"❶。其实，这种平等交换的普遍形式在实定法学看来就是"契约"形式，在市民社会中，最为丰富的法律关系就是契约关系，合同法律制度是市民社会最重要的法律制度之一。

黑格尔盛赞了个人需要的追求与满足为市民社会带来的蓬勃生机，但是这位哲人认为市场这只"看不见的手"不是万能的，因此黑格尔法哲学建构的市民社会就不是由"需要的体系"单独组成的，而是遵循思辨逻辑的运动轨迹，由"三一"模式组成的体系。

2. 市民社会的组成

黑格尔的市民社会不是单薄的经济生活领域，而是内容丰富、充满律动的伦理实体。在市民社会中，黑格尔确实浓墨重彩地透视了需要的体系，但是他也非常警醒地觉察到个人追逐自身需要的盲目性、任意性，甚至不择手段带来的破坏性。因此，市民社会不仅是单一的需要体系，而是"需要的体系—司法—警察与同业工会"组成的有机体。在黑格尔看来，需要的体系下是普遍的交换交易，交换的主体固然应当认识到他人也是具有平等人格的主体，但是把伦理秩序建立在主体的自觉之上显然是不可靠的。面对违反了自由平等交换原则、破坏市民社会伦理秩序的行为需要有法律的定在，也需要有法律的实践——司法。法作为自由精神、"概念"，"首先以实定法的形式而达到定在，然后作为适用而在内容方面也成为定在"❷。在市民社会中，所有权和契约关系纷繁复杂，以信任为基础的伦理秩序至关重要，从而需要相应的立法。颇有意思的是，黑格尔曾引用中国古代的法律，以说明人的内心生活不能成为法律的规制对象，中国古代法律规定丈夫对于原配的爱应胜过对其他妻妾的爱，否则要科以笞刑。❸黑格尔认为这样的法律规定不符合法律的本性，法律只能规制具有外在性的行为。仅仅有实定法当然是不够的，因为实定法不过是在

❶　黑格尔.法哲学原理［M］.范扬，张企泰，译.北京：商务印书馆，1961：323.
❷　黑格尔.法哲学原理［M］.范扬，张企泰，译.北京：商务印书馆，1961：222.
❸　黑格尔.法哲学原理［M］.范扬，张企泰，译.北京：商务印书馆，1961：222.

形式层面上达到了法的定在，"徒法不足以自行"，若要上升到内容层面的定在，则离不开法律的实践——司法。司法实则是对于侵害市民社会伦理秩序的行为进行矫正，从而恢复自由精神。

黑格尔认为，"在市民社会中，正义是一件大事……我的福利、我的特殊性应该被考虑到，而这是通过警察和同业公会做到的"❶。在黑格尔看来，警察（注：原文为 Polizei，是指除军事外交以外的广义的内务行政）需要维护社会治安，提供路灯、桥梁、教育、贫困救济等公共产品。黑格尔特别重视政府提供公共教育的职责，因为教育不仅是学习知识和技术，从而具有获得生活资料的技能，避免陷入贫困，因为极度贫困本身就是不自由的，更为重要的是，"教育的绝对规定就是解放以及达到更高解放的工作"❷。解放在一定意义上当然是自由的同义语。教育的根本目的是让人走向自由，而黑格尔理解的人的自由就是消除人的自然质朴性、培养人的自我意识，自由是需要通过教育而习得的。黑格尔认为教育的主要目的不是传授技能而是培养人性的认识是非常深刻的。同时，行政部门还需要承担救济贫困的职责。黑格尔理性地看到，市民社会的平等不是结果的平等，在财富方面也是如此，这种平等只是指人人可以通过劳动这一中介满足需要和获得财富的方式是平等的。他甚至认为，承认人的天赋、出生不平等正是平等的体现。由于"偶然的、自然界的和外部关系中的各种情况（第 200 节）（引者注：指个人的资本和技能的不平等），都可以使个人陷于贫困"❸，因此贫困在市民社会是不可避免的。一方面，财富状况会受到各种因素的影响，而且市民社会的个人丧失了从大自然中先占取得等自然的谋生手段，以及离散的家庭状况等❹，均增加了陷入贫困的可能；另一方面，市民社会固然激发了个人创造财富的激情，也在客观上促进了社会财富总量的增长，但是市民社会本身无法解决财富的合理分配问题，甚至随着社会财富的不断

❶ 黑格尔.法哲学原理［M］.范扬，张企泰，译.北京：商务印书馆，1961：237.
❷ 黑格尔.法哲学原理［M］.范扬，张企泰，译.北京：商务印书馆，1961：202.
❸ 黑格尔.法哲学原理［M］.范扬，张企泰，译.北京：商务印书馆，1961：243.
❹ 黑格尔.法哲学原理［M］.范扬，张企泰，译.北京：商务印书馆，1961：243.

增加，贫困的标准也在不断变化，虽然实现了财富的绝对增加，但陷入了相对贫困的境地。扶贫济困固然也可以通过私人捐赠解决，但私人捐赠与否纯属个人道德领域，从而具有极大的偶然性，而缺乏有效的客观的制度安排是不可靠的，所以黑格尔寄希望于内务行政。在黑格尔看来，贫困绝不仅仅是物质匮乏带来的生活困难问题，更为重要的是贫困可能产生贱民，贱民就是习惯于接受救济或乞讨、不愿自食其力，从而丧失了人格尊严的"人"。黑格尔认为，动物受本能的控制，是不自由的，只有人才是自由的，贱民由于丧失了做人的资格，所以就丧失了自由。

黑格尔认为同业公会也是市民社会不可或缺的组织。其主要原因如下：其一，基于产业等级的特殊性。黑格尔把市民社会的成员划分为三个等级，即农业等级、产业等级和普遍等级。农业等级由于生活的实体性"在其本身中直接具有它的具体普遍物"❶，普遍等级（如公务人员）本身就代表社会公众的利益而具有普遍物，唯有产业等级"本质上集中于特殊物"❷。根据黑格尔哲学，特殊物固然有存在的价值，但其有限性表明特殊物必须跃升至普遍物，同业公会就是为了扬弃产业等级的特殊性，从而达到普遍物的重要途径。其二，同业公会可以消除或减轻市民社会个人的偶然性与任性，把个人的创造财富的劳动"又被提升为对一个共同目的的自觉活动"❸。的确，在市民社会中，由于私人利益是两大重要原则之一，个人在追求个人利益最大化的过程中充满了任性与偶然性。例如，个人决定大量生产某种货物，纯粹是基于生产者个人对于市场的判断，虽然市民社会的每个生产者似乎都是精明的"经济人"，但是个人对于市场的判断未必是准确的，当大批生产者都大量生产同一种货物时，生产者创造财富的目的就将落空。而同业公会通过发挥其组织、协调成员的职能，通过对不同生产者之间生产与利益的有计划的相互协调，可以消除或减少生产活动的盲目性，避免社会财富的浪费。其三，同业公会有助于市民社会

❶ 黑格尔.法哲学原理［M］.范扬，张企泰，译.北京：商务印书馆，1961：248.
❷ 黑格尔.法哲学原理［M］.范扬，张企泰，译.北京：商务印书馆，1961：248.
❸ 黑格尔.法哲学原理［M］.范扬，张企泰，译.北京：商务印书馆，1961：251.

的个人获得等级尊严，避免陷入奢侈浪费。黑格尔认为，个人成为同业公会的成员本身就意味着获得了某种地位，作为同业公会的成员，"毋须用其他外部表示来证明他的技巧以及他的经常收入和生活，即证明他是某种人物……他在他的等级中具有他应有的尊严"❶。在黑格尔看来，个人的价值与尊严的获得，一方面，可以通过外在的财富的形式得到认可，但黑格尔认为通过这一方式获得肯定的要求是无限的，只有在财富获得的那一刻个人有满足感，但是随后又陷入对新的满足感的追求之中；另一方面，黑格尔认为人的价值与尊严的稳定的认可来自其生活于其中的一个共同体，只有在共同体中，个体的价值与尊严才能得到来自他人的稳定的承认与维持。在市民社会中，黑格尔认为同业公会就担当了这样一个角色。同业公会成员的特定身份就赋予了产业等级的个人某种身份和尊严。换言之，个人至少在同业公会这个群体组织的成员中获得承认，包括对其技能、财富等的承认，因此个人就无须借助奢侈浪费等外在方式来证明自己的经济实力。在黑格尔的法哲学中，市民社会的极度奢侈与极度贫困的两极分化是需要极力克服的。黑格尔甚至认为通过同业公会对陷入贫困的成员进行救济不仅可以消除赈济的偶然性，而且"也不会使人感到不当的耻辱"❷，从而维护了个人的人格尊严，大概是同业公会体系内的贫困救济更具有互帮互助的性质吧。其四，同业公会对于市民社会跃升到最高伦理实体——国家具有重要的过渡作用。同业公会是市民社会重要的自治组织，而"国家的真正力量有赖于这些自治团体"❸。在《法哲学原理》中，黑格尔曾经把群众视为"无定形的东西"和"群氓"。之所以提出这样的看法，源于黑格尔对市民社会中的个人可能陷于原子式个人的担忧，市民社会的个人不应该是原子式的。而且，应该把个人组织起来，成立相应的组织，"因为只有这样，它才成为力量，成为权力"❹。同业公会不仅可以把分散的、群龙无首的个人力量集中起来，成为有利于国家和社会的

❶ 黑格尔.法哲学原理［M］.范扬，张企泰，译.北京：商务印书馆，1961：250-251.
❷ 黑格尔.法哲学原理［M］.范扬，张企泰，译.北京：商务印书馆，1961：251.
❸ 黑格尔.法哲学原理［M］.范扬，张企泰，译.北京：商务印书馆，1961：311.
❹ 黑格尔.法哲学原理［M］.范扬，张企泰，译.北京：商务印书馆，1961：311.

真正力量，而且"除家庭以外，同业公会是构成国家的基于市民社会的第二个伦理根源"❶。显然，黑格尔对于近代废除了的行会制度情有独钟，认为同业公会和家庭是国家稳定的重要基础与伦理根基。市民社会普遍性的原则毕竟只是在"形式"层面达到了普遍性，远未达致实质的普遍性，所以黑格尔寄希望于同业公会这一自治组织。毋庸置疑，现代社会每个人都参加国家普遍事务是不可能的，但是"人作为伦理性的实体……有必要让其参加普遍活动"❷。参与到同业公会就是一种普遍性的活动，在一定程度上弥补了无法普遍参与国家事务的缺陷。市民社会的劳动固然具有主观为己、客观为他的特征，但是这种普遍必然性是缺乏自觉的，"只有在同业公会中，这种必然性才达到了自觉的和能思考的伦理"❸。

值得注意的是，黑格尔在市民社会的需要体系下，以"需要及其满足的方式—劳动的方式—财富"的思辨逻辑递进的模式，对劳动这一介于需要与财富之间的中介，站在法哲学的高度，有着极为深刻的认识。劳动作为市民社会个人获得自身需要的满足和财富积累的手段，相对于前资本主义社会无疑是巨大的社会进步，毕竟相对于巧取豪夺，社会成员之间至少在形式上是平等、自由的。同时，劳动是人的解放的重要环节。黑格尔认为，劳动不仅是加工自然界的物资以满足人的需要，更为重要的是有助于促进人的解放。因为劳动实践不仅可以养成勤劳习惯，而且可限制人的任性，使人的劳动适应物质的性质，即把握其必然性，最终产生"客观活动的习惯和普遍有效的技能的习惯"❹。主观任性并不是自由，唯有在把握了必然性的基础上，人的活动方能扬弃纯粹主观性，达致主观与客观的统一，即由主观行为跃升为客观活动；人的技能也唯有在认识必然性的基础上，才能扬弃其特殊性，成为普遍有效的技能，人的自由才能成为现实。在黑格尔看来，原始的野蛮人是极不自

❶　黑格尔. 法哲学原理［M］. 范扬，张企泰，译. 北京：商务印书馆，1961：251.
❷　黑格尔. 法哲学原理［M］. 范扬，张企泰，译. 北京：商务印书馆，1961：251.
❸　黑格尔. 法哲学原理［M］. 范扬，张企泰，译. 北京：商务印书馆，1961：251.
❹　黑格尔. 法哲学原理［M］. 范扬，张企泰，译. 北京：商务印书馆，1961：209.

由的，他"只对着面前的事物发呆"❶，因为他们不能把握事物的必然性，从而不能把自己的自由意志灌注其中，所以表面上原始的野蛮人似乎为所欲为，但实则是不自由的。

当然，劳动并不是必然导致人的自由的实现。一方面，劳动可能对人而言并不是解放，而是奴役。例如，在奴隶社会中，奴隶的劳动不是自觉自愿的劳动，从而背离了劳动的自由自觉的本质，在劳动过程中，奴隶感觉到的不是自由，而是自由的对立面——奴役，这如同马克思所说的资本主义社会工人的劳动异化。因此，当劳动方式是所有社会成员满足自身需要和获得个人财富的手段时，即劳动应当体现出平等性，社会主体人格平等。劳动能够导致自由依赖于其所处的社会制度的性质，即这种社会制度是否一种民主、平等的制度。法哲学是探讨自由何以可能的科学，黑格尔在《法哲学原理》第一编"抽象法"中，首先确立的就是人格平等的原则，因为没有平等作为前提和条件，自由是不可能实现的。另一方面，劳动可能带来穷奢极侈，人被不断膨胀的物欲所困扰，从而陷入不自由的状态。黑格尔认为，劳动的解放"是形式的，因为这些目的的特殊性仍然是基本内容。社会状况趋向于需要、手段和享受的无穷尽的殊多化和细致化……这就产生了奢侈"❷。劳动可以满足人的特殊需要，但是在某种意义上，劳动又会不断地创造出新的需要，因为人的需要一旦满足之后又会产生新的需要，"英国人所谓 comfortable（舒适的）是某种完全无穷无尽的和无限度前进的东西，因为每一次舒适又重新表明它的不舒适"❸。黑格尔对于市民社会产生的物化现象具有相当的警醒。在黑格尔看来，对于外在的物的无限追求不过是恶的无限，唯有把人从外在的恶无限召回，回归到人的心灵与精神，自由才能实现。因为按照黑格尔的客观唯心主义哲学，自由不是任性，不是外在的无所限制，而是精神意志的自我决定。换言之，精神意志的自由才是真正的自由。

❶ 黑格尔.法哲学原理［M］.范扬，张企泰，译.北京：商务印书馆，1961：210.
❷ 黑格尔.法哲学原理［M］.范扬，张企泰，译.北京：商务印书馆，1961：208.
❸ 黑格尔.法哲学原理［M］.范扬，张企泰，译.北京：商务印书馆，1961：206.

3. 市民社会的内在矛盾

私人利益彰显的特殊性与交换形式反映的普遍性正是市民社会的深刻的内在矛盾。"在市民社会中特殊性和普遍性虽然是分离的，但它们仍然是相互束缚和相互制约的。"❶虽然在黑格尔的心中，真理是特殊性与普遍性的统一，市民社会并未达致真理的现实，但市民社会中的特殊性与普遍性不是绝对的对立，而是相互束缚和相互制约。如何解读黑格尔所言的市民社会中的"特殊性与普遍性的相互束缚与相互制约"呢？

一方面，不能以普遍性之名义吞噬特殊性。黑格尔明确反对古典政治哲学对于国家这一普遍物的建构，因为古典政治哲学的国家既不包含体现私人利益的市民社会，也不预设市民社会这一环节于自身之中。换言之，国家吞噬了市民社会，个人私利与国家利益绝对同一。古希腊的城邦生活就是普遍性消融特殊性的典型实例。在古希腊，虽然"出现了个人的个体性这一原则，但它还不是关闭在自身中，而是保持在它的理想的统一中的"❷。人被誉为政治动物，作为城邦之子，古希腊的公民完全献身于公共事务之中，个体及其自由被城邦国家所淹没。柏拉图的《理想国》作为古希腊城邦国家生活的观念化表达，主张取消婚姻、家庭、私有财产和职业选择等体现个人特殊性的自由，主观特殊性的大门就此关闭。❸黑格尔认为，柏拉图的理想国是"普遍性把特殊性的力量都吸收过来"❹，如果认为这样的状况会更好一些，"这也只是一种幻想"❺。因为特殊性与普遍性的相互倚赖的关系表明了一方的存在必须以另一方的存在为条件，没有了特殊性，普遍性也就成为虚幻的海市蜃楼。

---

❶　黑格尔. 法哲学原理［M］. 范扬，张企泰，译. 北京：商务印书馆，1961：198.
❷　黑格尔. 法哲学原理［M］. 范扬，张企泰，译. 北京：商务印书馆，1961：358.
❸　当然，柏拉图并没有取消所有等级的婚姻与私有财产，他主要是针对国家官吏与武士阶层。柏拉图认为婚姻、家庭与私有财产是导致腐败与社会冲突的根源，为了防止作为国家的公职人员国家官吏与武士阶层的贪污与腐化，应当取消其婚姻、家庭与私有财产。但是对于劳动等级，柏拉图并没有做这一要求。
❹　黑格尔. 法哲学原理［M］. 范扬，张企泰，译. 北京：商务印书馆，1961：199.
❺　黑格尔. 法哲学原理［M］. 范扬，张企泰，译. 北京：商务印书馆，1961：199.

的确，市民社会对于个人特殊性的保护是人类社会的一大进步，因此认为黑格尔根本否弃了个人自由的结论是值得商榷的。

另一方面，脱离普遍性的特殊性也必然是虚幻的。特殊性作为主观偏好，确实具有极大的主观任性，市民社会个人需要的特殊性"既然尽量在一切方面满足了它的需要……它就在它的这些享受中破坏本身，破坏自己实体性的概念"❶。这里的实体性的概念当然是自由精神。个人需要的主观任性不过是徒有自由的外在形式，与自由精神的内涵、本质是背道而驰的，因为主观任性表明对于自由远未达到反思的层次。人被自己的主观偏好、需要所奴役，而不是听从精神的召唤，实现精神的自我抉择、自我决定，背离了普遍性的特殊性实则是在自由意志的形式外衣下不幸丧失了真实的意志自由。同时，在市民社会中，个人需要的满足不可能是自给自足的，离开普遍性的形式是无法实现的。更为重要的是，"必然需要和偶然需要的得到满足是偶然的，因为这种满足会无止境地引起新的欲望，而且它完全倚赖外在偶然性与任性，同时它又受到普遍性的权力的限制"❷。人与动物是不同的，从需要的欲望而言，人的确比动物更加贪婪，因为动物的需要只是自然的本能的需要，而人"通过表象和反思而扩张他的情欲……并把情欲导入恶的无限"❸。当一个需要满足后，人往往又会立即产生新的需要，从而又感到新的不满足。这个新的需要能否满足，并不是自我决定的，而是倚赖于他人，在与他人的交换中方能实现，这当然充满了偶然性。在市民社会中，还存在着制度性安排建构的秩序，如市民社会立法确立的平等自愿等交换原则，特殊性自然要受到这种"普遍性的权力"的约束，为了满足特殊需要的交换固然当事人有着相当的自由，但并非不受任何约束。概言之，特殊性的实现离不开普遍性，在市民社会中，二者既若即若离，又如影随形。

正是由于市民社会中特殊性与普遍性的相互束缚和相互制约的关系，没有实现

---

❶ 黑格尔.法哲学原理［M］.范扬，张企泰，译.北京：商务印书馆，1961：199.
❷ 黑格尔.法哲学原理［M］.范扬，张企泰，译.北京：商务印书馆，1961：199.
❸ 黑格尔.法哲学原理［M］.范扬，张企泰，译.北京：商务印书馆，1961：200.

特殊性与普遍性的统一，没有达到理性的顶点，故市民社会是"外部的国家，即需要和理智的国家"❶。然而，也正是市民社会的特殊性与普遍性这一核心的内在矛盾，作为事物跃升与发展的动力，自由精神不会永久驻留在市民社会，而是要扬弃市民社会，迈向伦理大厦的顶点——国家。

（三）黑格尔的国家观

黑格尔指出，《法哲学原理》是"以国家学为内容的，既然如此，它就是把国家作为其自身是一种理性的东西来理解和叙述的尝试"❷。黑格尔的法哲学既是探讨自由如何实现的哲学，也是尝试如何理解理念国家的哲学。在黑格尔看来，现实的自由既不是囿于抽象的法权宣示，也不是停留于内心的道德自律，而是在客观制度构建的伦理秩序下的特殊性与普遍性的统一，而伦理大厦的顶点就是理念国家，它既是黑格尔心中完满的社会，又是自由精神实现的必然之路。

1."理念"国家

"国家是绝对自在自为的理性东西，因为它是实体性意志的现实，它在被提升到普遍性的特殊自我意识中具有这种现实性。这个实体性的统一是绝对的不受推动的自身目的。"❸ 在伦理实体中，家庭以其自然性体现为自在的环节，市民社会以积极追逐私利表征为自为的环节，而国家作为家庭与市民社会的统一达致了伦理实体的至高点，即自在自为的环节。如果说市民社会是特殊性与普遍性的形式统一，那么国家则是特殊性与普遍性的实质统一；如果说市民社会作为中介环节必然被扬弃，那么国家则作为最终目的而成为现实与真理；如果说市民社会表现为有限性与相对性，那么国家则表征为无限性与绝对性。国家就是自由精神的实现，是"在地上的精神"❹，是"神自身在地上的行进"❺。

---

❶ 黑格尔.法哲学原理［M］.范扬，张企泰，译.北京：商务印书馆，1961：198.
❷ 黑格尔.法哲学原理［M］.范扬，张企泰，译.北京：商务印书馆，1961：序言12.
❸ 黑格尔.法哲学原理［M］.范扬，张企泰，译.北京：商务印书馆，1961：253.
❹ 黑格尔.法哲学原理［M］.范扬，张企泰，译.北京：商务印书馆，1961：258.
❺ 黑格尔.法哲学原理［M］.范扬，张企泰，译.北京：商务印书馆，1961：259.

黑格尔的理念国家就是自由精神成为现实的伦理共同体，是个人自由与共同体自由的和谐统一。国家绝不是暴力工具。黑格尔在《法哲学原理》中批判了哈勒的《国家学的复兴》一书对于国家本质的错误诠释。在《国家学的复兴》一书中，哈勒认为国家就是和无生命世界、动物世界一样，不过就是以大欺小、以强凌弱，是暴力的统治工具。黑格尔认为，哈勒的错误就在于"不是以实体性的东西、而是以偶然事物的领域作为国家的本质"❶。暴力不是国家的本质，暴力与强制只是国家维护自身秩序与稳定的手段，但不是目的与本质。因此，暴力对国家而言是偶然的外部现象、某个历史时期的特殊表现，而"理解国家本质的这种意图本身总会关联到思想，即普遍规定"❷。把握事物的本质应当发掘其普遍的规定、必然性、规律性，而不是错误地把视线集中在偶然的、特殊的方面。国家"历史上起源是或曾经是怎样的……以上这些都是现象，是历史上的事物"❸。按照黑格尔哲学的客观唯心主义立场，世界万物不过是"概念"的外化，实存的国家的根据不在于自身，而是内在其中的"概念"，"哲学所考虑的仅仅有关所有这一切问题的内在方面，有关被思考的概念"❹。法哲学根本无须探究国家的历史渊源等问题，在黑格尔看来这只能解释国家的历史形成的条件与成因，但无关乎国家的本质，国家的本质是高于现实国家的历史形成条件与成因的。历史上的国家有着不同的历史条件与成因，但国家的本质在黑格尔看来只有一个。因此，对国家的历史渊源问题研究不属于法哲学的研究论题，也不具有哲学层面的价值。

2. 国家的根据——理性而非契约

如果说国家的本质和根据不能通过历史溯源的方式获得，也与暴力这种外在的、偶然的现象无关，那么国家存在的根据又是什么呢？

---

❶ 黑格尔.法哲学原理［M］.范扬，张企泰，译.北京：商务印书馆，1961：256.
❷ 黑格尔.法哲学原理［M］.范扬，张企泰，译.北京：商务印书馆，1961：256.
❸ 黑格尔.法哲学原理［M］.范扬，张企泰，译.北京：商务印书馆，1961：254.
❹ 黑格尔.法哲学原理［M］.范扬，张企泰，译.北京：商务印书馆，1961：254.

"国家是绝对自在自为的理性东西……自由达到它的最高权利。"❶ 国家是自由
精神的最高实现，是伦理共同体大厦的顶点。理性能够认识到自由就是时代最重要
的精神，国家存在的根据就在于合乎"理性"。所谓的合乎"理性"，就是普遍性与
单一性的统一、客观自由（即普遍的实体性意志）与主观自由（即个人知识和他追
求特殊目的的意志）的统一。❷ 按照黑格尔思辨逻辑的"正—反—合"模式，家庭
是伦理共同体直接的、自然的环节，即自在的环节；市民社会是个人追逐私利的战
场，即自为的环节；而国家则是家庭这一自在环节与市民社会这个自为环节的"合
题"，即自在自为的环节。家庭体现为质朴的、没有个人利益的普遍性，是自然的
普遍伦理形态，市民社会则以个人利益为目的表征为单一性，而国家是个人利益与
国家普遍利益的统一，即单一性与普遍性的统一。在黑格尔的理念国家中，不仅
维护的是国家伦理共同体的客观自由，而且个人的主观自由也得到彰显。因此，黑
格尔的理念国家并没有否弃个人的自由，国家作为市民社会的扬弃，而不是绝对否
弃的结果，因此当然保留了市民社会的个人自由原则。没有市民社会充分发展的基
础，理念国家的实现是无法想象的，对于这一点，黑格尔是非常自觉的。当然，当
国家的普遍利益与个人利益存在冲突时，黑格尔主张应牺牲个人利益，从而存在国
家利益吞噬个人利益的可能性，体现出国家集权主义的倾向。

在《法哲学原理》中，黑格尔通过个人与国家关系的诠释，否定、证伪了国家
以个人契约为根据的观点。根据古典自由主义的看法，国家存在的根本目的似乎是
保证及保护个人自由和私人财产所有权，如果这个看法成立，"由此产生的结果是，
成为国家成员是任意的事"❸。这种观点实际上混淆了市民社会与国家之间的界限，
以个人自由和私人财产所有权保护为原则的是市民社会，而国家是市民社会必然走
向的真理，故不能以市民社会为目的和归宿。个人成为国家成员不是主观任性的事

---

❶　黑格尔. 法哲学原理［M］. 范扬，张企泰，译. 北京：商务印书馆，1961：253.
❷　黑格尔. 法哲学原理［M］. 范扬，张企泰，译. 北京：商务印书馆，1961：254.
❸　黑格尔. 法哲学原理［M］. 范扬，张企泰，译. 北京：商务印书馆，1961：254.

情；与之相反，"成为国家成员是单个人的最高义务"❶，即绝对的、不可逃避的义务。这里明显能够看出黑格尔是吸收了古希腊的城邦伦理的思想，即在古希腊人看来城邦不仅是个人生存的场所，更是个体实现自我完善的重要条件，个体只有在城邦中才能达到最高的善。与马克思认为人的存在是社会性的类存在的观点相似，黑格尔认为"人是被规定着过普遍生活的"❷。"被规定"性恰恰表明这是身不由己的非主观任性，而是客观性。根据一般的经验生活，人的确是不可避免地生活在伦理共同体中，例如，人一出生就是生活在家庭这一体现普遍性的伦理实体中。黑格尔认为，个人只有成为国家成员才符合客观性、真理性，因此不是国家以个人为依归，而是个人以国家为目的，"他们进一步的特殊满足、活动和行动方式，都是以这个实体性的和普遍有效的东西为其出发点和结果"❸。黑格尔甚至认为，即使现存的国家尚未出现，但个人的理性必然能认识到理念国家的根本意义，从而以理念国家为追逐的目标。

社会契约论是启蒙哲学家卢梭、洛克等诠释国家产生的根据的颇有影响的学说，对于反对君权神授、彰显个人自由的现代精神具有启思的意义，黑格尔对此进行了专门的评述。黑格尔认为社会契约论在探究国家的原则问题上并非一无是处。一方面，"卢梭在探求这一概念中作出了他的贡献……他提出意志作为国家的原则"❹。卢梭的贡献在于把"意志"确立为国家的原则，为什么黑格尔认为这是具有真理性的认识呢？根本原因在于卢梭的观点在某些方面与黑格尔的看法是契合的，意志在黑格尔法哲学中就是自由的同义语，意志即自由、自由即意志，黑格尔认为国家就是自由精神的现实。另一方面，卢梭试图从"概念"探寻国家的原则，这一点当然与黑格尔的客观唯心主义观不谋而合，因为在黑格尔看来，世界万物只是"概念"的异化和副本，"概念"才是根、才是本。

---

❶ 黑格尔.法哲学原理［M］.范扬，张企泰，译.北京：商务印书馆，1961：253.
❷ 黑格尔.法哲学原理［M］.范扬，张企泰，译.北京：商务印书馆，1961：254.
❸ 黑格尔.法哲学原理［M］.范扬，张企泰，译.北京：商务印书馆，1961：254.
❹ 黑格尔.法哲学原理［M］.范扬，张企泰，译.北京：商务印书馆，1961：254.

　　但是，社会契约论在解释国家的原则和内在根据上存在根本性的缺陷。首先，黑格尔认为卢梭的社会契约论把握到了"意志"作为国家的原则，隐约觉察到"自由精神"的重要性，但是卢梭所说的意志，"所理解的意志，仅仅是特定形式的单个人意志……他所理解的普遍意志也不是意志中绝对合乎理性的东西，而只是共同的东西" ❶。卢梭在解释国家产生的根据时刻意区分为"众意"和"公意"，作为国家基础的契约不是"众意"，而是"公意"的表达。众意是个体意志的总和，着眼于私人利益；公意是个体意志的共同部分、是交集，反映的是公共利益。社会契约要反映每一个个体成员的利益明显是不现实的，因为个人之间的利益完全可能绝对对立，是无法兼容的，甚至有些个人利益本身可能存在不合理等问题，所以卢梭选择了公意。但是，公意判断的标准不是是否合乎理性、不是普遍性，而是"共同的东西"，即意志的交集。公意虽然是个体意志的交叉部分，但完全可能背离理性和普遍性，公意可能出现多数人的暴政。其次，契约根本不宜用以解释国家这一伦理实体，因为契约"乃是以单个人的任性、意见和随心表达的同意为其基础的" ❷。但成为国家成员是不可逃避的绝对义务，如果把国家的基础视为契约，则表明个人可以任意决定是否成为国家成员，这实际上混淆了市民社会与国家，市民社会倒是契约的集结地，黑格尔非常反对以契约解释国家和婚姻这样的伦理关系。按照生活经验，一个人确实可能选择加入或退出某国国籍，但是即使退出了本国国籍，也不可背叛自己的祖国。再次，市民社会的原则之一是以契约为载体的形式普遍性，这种形式的普遍性表明它是特殊性的普遍性，即契约的普遍性仅及于参加契约的主体，也就是实定法学所说的"合同的相对性"原则。这意味着未参加契约的国家成员既不能获得国家的保护，也无须向国家履行义务，而现实并非如此。概言之，契约的形式普遍性根本无力解释实质普遍性的国家伦理实体，国家相对于市民社会毕竟是更高的领域。最后，社会契约论即使承认理性，这种理性也只是"以想象的理

❶　黑格尔 . 法哲学原理［M］. 范扬，张企泰，译 . 北京：商务印书馆，1961：254.
❷　黑格尔 . 法哲学原理［M］. 范扬，张企泰，译 . 北京：商务印书馆，1961：255.

性东西为其基础"，人们一旦以抽象的、想象的理性开始建立国家制度，可能会陷入法国大革命雅各宾派的恐怖统治，因为"它们把这一场尝试终于搞成最可怕和最残酷的事变"❶。黑格尔认为，国家就是理性的发展、就是理性本身，我们不能在头脑中任性地想象国家"应当"怎样。诚如黑格尔在《法哲学原理》的序言中所说的那样，我们只能是站在理性国家之外，尝试理解和叙述这一理性的东西，必须绝对避免"把国家依其所应然来构成它"❷。概言之，国家有其"概念"发展的精神历史，所以黑格尔认为哲学不过是"密那发的猫头鹰"。

3. 理念国家的组成

在《法哲学原理》中，黑格尔的国家按照思辨逻辑依次为"国家法—国际法—世界历史"。国家法实则是国家制度，对内包括王权、行政权和立法权，对外则为主权，体现为直接性的环节；国际法是从彼此独立的国家之间的关系产生的，由于没有任何凌驾于国家之上的权力对国家作出裁判，国际法只不过停留在"应然"上；世界历史是普遍的理念，理念国家正是在世界历史中获得最终的现实性。

黑格尔从主客观的维度对于理念国家的组成进行了诠释。黑格尔上述解释无疑凸显了国家所具有的客观维度，国家不是个体主观任意建构的产物，与此同时黑格尔还指出了国家作为由诸多公民构成的共同体，也有它主观性的维度。国家的主观性维度，就是指公民基于对国家政权合法性认识所具有的爱国心，公民个体对于国家合法性的承认、肯定与维护。黑格尔认为理念国家"作为主观的实体性，这种必然性是政治情绪……政治情绪，即爱国心本身"❸。爱国心不是一种纯粹的主观心理和意见，而是"作为从真理中获得的信念"❹。所谓从真理中获得的信念，就是笃信理念国家是真理、是现实的东西。同时，爱国心的养成还与民众的感受有关，是否热爱国家，需要系列经验事实的体验。例如，民众对国家现存制度的认同，认为国

---

❶　黑格尔 . 法哲学原理［M］. 范扬，张企泰，译 . 北京：商务印书馆，1961：255.
❷　黑格尔 . 法哲学原理［M］. 范扬，张企泰，译 . 北京：商务印书馆，1961：序言 12.
❸　黑格尔 . 法哲学原理［M］. 范扬，张企泰，译 . 北京：商务印书馆，1961：266.
❹　黑格尔 . 法哲学原理［M］. 范扬，张企泰，译 . 北京：商务印书馆，1961：266.

家确实为民众谋取福利等，这些反复感受的经验事实"成为习惯的意向"❶，从而逐
步形成爱国心。显然，黑格尔的理念国家是包含了公民个人的特殊利益的，当公民
个人认为自身的特殊利益是包含在国家的普遍利益之中时，公民就不会把国家视为
他物，并且对这样的国家产生深深的信任，而这种信任就是爱国心。在此，黑格尔
还隐含了一个重要的思想：爱国心不是依靠反复的说教，而是公民根据经验和感受
日渐养成的。黑格尔坚信，即使是现实国家还未产生的时代，人都应存在国家的理
念，这种国家理念就是"国家必须维持下去，只有在国家中特殊利益才能成立"❷。
黑格尔特别提醒人们，爱国心并不是从主观观念和主观思想中产生出来的，因为主
观观念和主观思想不过是任性和私见，而爱国心是具有客观实在性和真实的根据
的，这种真实的根据就在于国家政权自身的合法性以及它对公民个体利益的真实维
护，它也是维持国家存在的重要力量。

　　理念国家作为客观的实体性，"它是国家的机体，即真正的政治国家和国家
制度"❸。黑格尔表现出相当的理性，理念国家成为现实不能仅仅依靠主观的实体
性——爱国心，还需要坚实的客观的制度安排。黑格尔把国家视为机体，表明"它
是理念向它的各种差别的发展"❹。因此，国家权力区分为立法权和行政权等就是符
合理念的本性。但是，黑格尔并不赞同启蒙哲学家的三权分立和权力制衡的主张。
权力制衡表明权力之间的对立而不是同一，这不符合国家机体的特性，"如果各种
权力……各自独立，马上就会使国家毁灭"❺。把国家权力区分为不同部分是理念的
差别发展形成的环节，但这些环节不是独立自主、各自为政的；相反，它们作为机
体的不同环节，本质上是属于一个整体。黑格尔关于国家权力的区分也不同于通常
的三权分立，西方政治国家的三权分立是立法权、行政权和司法权，而黑格尔的三

---

❶　黑格尔 . 法哲学原理 [M] . 范扬，张企泰，译 . 北京：商务印书馆，1961：266.
❷　黑格尔 . 法哲学原理 [M] . 范扬，张企泰，译 . 北京：商务印书馆，1961：267.
❸　黑格尔 . 法哲学原理 [M] . 范扬，张企泰，译 . 北京：商务印书馆，1961：266.
❹　黑格尔 . 法哲学原理 [M] . 范扬，张企泰，译 . 北京：商务印书馆，1961：268.
❺　黑格尔 . 法哲学原理 [M] . 范扬，张企泰，译 . 北京：商务印书馆，1961：285.

权则是立法权、行政权和王权。黑格尔在国家权力中以王权取代了司法权主要有两个方面的原因：一方面，这合乎他的思辨逻辑的需要。立法权是确立"普遍物"的权力；行政权是使个别和特殊的行为从属于普遍物的权力，如警察的行政执法就是让个人的行为遵守作为普遍物的法律规定；而王权则代表整体，也就是把被区分的立法权和行政权集中于统一的一个人，即君主，因为按照黑格尔的思辨逻辑，"合"是发展的封闭圆圈的最高环节，司法权在黑格尔看来不符合"整体性"。另一方面，在黑格尔的法哲学中并非没有司法权，只是把司法权安置在市民社会这一伦理实体中。市民社会固然是个人的舞台、私利的角逐场，但是缺乏司法权的保障，个人私利的实现是不可靠的。例如，市民社会的契约能否得到履行具有很大的不确定性，与主体的履约能力、信用等因素有关，因此为了保障个人利益原则的实现，黑格尔的市民社会就不是纯粹的私人的需要的体系，而是预设了公共权力属性的司法权，只不过市民社会代表的是经济生活领域，而国家体现的是政治生活。

（四）黑格尔的市民社会与国家关系思辨

关于市民社会与国家的关系，历久弥新的论题就是二者的优先性问题，这也是法哲学不可回避的一个重要问题。在探讨这个论题之前，必须明确两点：其一，国家究竟指的是现代国家还是前现代国家；其二，这里的优先究竟是历史实证式的时间优先还是黑格尔思辨哲学语境下的逻辑优先。黑格尔认为，"市民社会是处在家庭和国家之间的差别的阶段，虽然它的形成比国家晚"❶。此处表述的"市民社会的形成比国家晚"是从历史实证的维度而言，先有前现代的国家，后有市民社会，因为"市民社会是在现代世界中形成的"❷。当然，如果国家是特指现代国家，则是市民社会在先，因为现代国家通常是在市民社会发展到一定程度，通过资产阶级革命建立的。但是，在黑格尔看来，法哲学与客观的、现实的历史无关，他的法哲学体系关注的是思辨哲学语境下的市民社会与理念国家的逻辑优先问题，而问题的答案

---

❶ 黑格尔.法哲学原理［M］.范扬，张企泰，译.北京：商务印书馆，1961：197.
❷ 黑格尔.法哲学原理［M］.范扬，张企泰，译.北京：商务印书馆，1961：197.

就是，"作为差别的阶段，它（引者注：指市民社会）必须以国家为前提，而为了巩固地存在，它必须有一个国家作为独立的东西在它面前"❶，即国家无疑是逻辑优先的。

黑格尔的法哲学是其思辨逻辑的应用和验证，因此对于市民社会与国家的关系的理解，合理的路径当然是回归到他的思辨逻辑。按照思辨逻辑的"三一"模式，即"正—反—合"，伦理实体的演进依次为"家庭—市民社会—国家"，国家就是家庭与市民社会的"合题"，也是归宿和目的。家庭固然代表了普遍性，但是这种普遍性是直接的、自在的、未经反思的普遍性，是以爱这一自然情感为原则的伦理实体。这种直接的普遍性在经过反思后必然产生差别与特殊性，而差别与特殊性的环节就是市民社会。在市民社会这个私利原则支配的伦理实体中，私利的满足离不开普遍性的形式，但这里的普遍性并不是目的，而仅仅是实现私利的手段，故普遍性还未达到实质的普遍性。因此，它必然被扬弃和超越，从而达到最高的伦理环节——国家。国家作为"合题"，既包含了家庭中的"普遍性"，也涵盖了市民社会的"特殊性"。但是，国家的普遍性要高于家庭的普遍性，因为国家的普遍性是不同于家庭的直接的普遍性，而是经过了反思的普遍性，这种普遍性既是对家庭普遍性的回复，又是高于家庭普遍性的"完满实现"。黑格尔认为，"在现实中国家本身倒是最初的东西，在国家内部家庭才发展成为市民社会，而且也正是国家的理念本身才划分自身为这两个环节的"❷。这里明显可以看到柏拉图的"理念分有说"的影子。理念国家把自身的理念"分有"给了家庭与市民社会这两个有限性的领域，而有限的就是暂时的也是必然要走向自身的无限的根据。家庭与市民社会这有限的事物必然进展到无限的绝对，即国家。理念国家作为绝对精神的现实、作为"概念"实体的完满实现，表征的是永恒、目的，而市民社会作为有限的中介环节，代表着暂时与手段，因此合理的逻辑结论就是国家决定市民社会。

---

❶ 黑格尔.法哲学原理［M］.范扬，张企泰，译.北京：商务印书馆，1961：197.
❷ 黑格尔.法哲学原理［M］.范扬，张企泰，译.北京：商务印书馆，1961：252.

黑格尔秉持国家决定市民社会源于他对时代与国情的深刻把握。一方面，黑格尔所处的德国正值封建割据，城邦林立，德国境内多达两三百个城邦。18—19世纪的德国远远落后于英、法等国，黑格尔坚持国家优先的主张反映了其对于建立统一、强大的德意志国家的深切渴望，也完全符合德国现实的政治诉求。另一方面，黑格尔对于现代社会的隐忧坚定了其国家优先的立场。按照黑格尔的哲学，唯有普遍性代表的才是必然性与真理。古代国家，如古希腊等就出现了普遍性，但这种普遍性只是一种抽象的普遍性，是没有包含差别与特殊性的普遍性，这是否认个人权利和自由的社会。在黑格尔看来，柏拉图的"理想国"并不理想；而近代社会随着市民社会的高度发展，个人主体性原则得到了张扬，社会契约论成为解释国家存在根据的主流理论，近代国家明显出现了片面强调特殊性的状况。黑格尔对于市民社会的形式普遍性显然缺乏信心，"看不见的手"终究会有失灵的时候，也会出现市民社会无法解决的难题。因此，唯有理念国家才能担当起特殊性与普遍性统一的职责，这种包容了特殊性、承认个人自由的普遍性的国家才是黑格尔心中的"理想国"。黑格尔的法哲学为国家的权威与至上性找到了哲学的根基。

虽然黑格尔在市民社会与国家的关系上坚持国家优先，但他并没有否认市民社会的重要性，甚至还认同市民社会对于国家的不可或缺的地位。黑格尔不满于古代国家的重要原因就是没有现代意义上的市民社会的充分发展，没有市民社会的个体自由带来的活力，作为自由精神的大厦之顶的国家必然只是空中楼阁，国家不可能是自由精神的真正实现。对于这一点，黑格尔是十分自觉的，"如果说，国家的第一个基础是家庭，那末它的第二个基础就是等级"❶。而等级是黑格尔法哲学中市民社会的范畴。市民社会是国家的基础，因此在某种意义上也可以说没有市民社会这一重要的基础，也就不存在现实的理念国家，就此意义上而言，市民社会也"决

❶ 黑格尔.法哲学原理［M］.范扬，张企泰，译.北京：商务印书馆，1961：212.

定"了国家。"现代国家的本质在于，普遍物是同特殊性的完全自由和私人福利相结合的。"❶黑格尔的卓越之处就在于辩证地处理市民社会与国家的关系。一方面，他没有像启蒙哲学家那样把市民社会的特殊性原则绝对化，把国家的普遍性建基于极度任性的个人契约；另一方面，他没有以理念国家的普遍性彻底吞噬市民社会的特殊性，没有用理念国家的神圣之光完全遮蔽市民社会的生机，黑格尔的理念国家就是以普遍性为依归的充满个性、自由与活力的伦理共同体。

关于市民社会与国家的关系，黑格尔还有不少深刻的洞见。除了按照思辨逻辑决定了国家优先的当然结论外，黑格尔还从社会正义的维度确证了国家优先的必然性。建立正义的社会无疑是人类的理想。但是，市民社会与理念国家的正义不仅在内容上是截然不同的，而且在层次上也高低有别，二者内容与层次的差异，同样确证了理念国家决定市民社会。

从内容上而言，市民社会的正义是平等的交换正义。换言之，正义与否，就是在需要的满足上是否遵循了平等的原则。一方面，这种平等性体现在需要满足的手段上，市民社会的任何成员都应该通过劳动这一方式来满足自身的需要、获得自身财富，而不允许部分个人无偿地占有其他人的劳动成果。现代意义上的市民社会之前的社会的不正义性，就是人与人之间权利义务的极不对等，甚至有些人只享有权利、不承担义务。另一方面，平等性体现在以交换方式满足各自需要的过程中权利义务的对等性。市民社会个人需要的满足不可能自给自足，通过交换这一普遍的形式满足需要是市民社会的典型特征，交易不能在显失公平、欺诈、胁迫的情境下进行，否则就违反了正义。而在国家这一伦理共同体中，正义不再是交换正义，更不是以权利义务的对等为内容和判断标准。公民对国家履行义务，绝不是为了从国家中换取对等的权利，而是理性对公民的必然要求，因为"成为国家成员是单个人的最高义务"❷。最高义务表征的是无须选择也不可选择的绝对义务，个人正是在向国

---

❶ 黑格尔.法哲学原理［Ｍ］.范扬，张企泰，译.北京：商务印书馆，1961：261.
❷ 黑格尔.法哲学原理［Ｍ］.范扬，张企泰，译.北京：商务印书馆，1961：252.

家履行义务的过程中才能感受到自身的真实存在,"由于国家是客观精神,所以个人本身只有成为国家成员才具有客观性、真理性和伦理性"❶。同样地,国家对于自己的公民也不能以未履行某种义务而拒绝予以保护。例如,某些公民由于残疾等原因根本无法向国家履行义务,但国家不能以权利义务对等为由拒绝提供救济。只要个人具有了国家公民的身份,国家就应当保障与促进其自由。因此,国家的正义可以说是一种存在正义。

从层次上而言,国家的存在正义要高于市民社会的交换正义。市民社会的交换正义坚持权利与义务的对等,似乎体现出极为公平、极高的正义。但是,这种交换正义并没有把个人的禀赋、出生等差异予以考量,这种平等只不过是个人满足需要的方式、手段上的平等,而个人禀赋、出生等客观差异可能导致实质的结果不平等,甚至市民社会部分成员在极度贫困中无法保全生命,从而自由也彻底落空。此外,市民社会交换正义的实现具有极大的偶然性而非必然性。以劳动创造财富而言,市场的瞬息变幻导致生产具有相当的盲目性,生产的产品未必能找到交易的对象;而交易最终能否顺利进行也具有偶然性,如交易对方的信用、财产状况等均可能影响交易的完成。概言之,交换正义背景下的市民社会必然出现市民社会自身无法解决的不正义现象。而国家的存在正义则是更高层次的正义,是具有必然性的正义,这种必然性源于有效的客观制度的安排和自由精神的完满实现。如果说个人因禀赋差异等导致贫困潦倒属于不正义,那么国家客观制度的有效安排能解决这一不正义的现象。如果说市民社会的交换正义旨在保障与促进个人的特殊性自由,那么国家的存在正义则是达到了特殊性与普遍性统一的自由。其实,黑格尔认为,市民社会的形式普遍性培养了个人的普遍性意识,同业公会等也有助于培养共同体意识,因此市民社会跃升到国家具有必然性。

---

❶ 黑格尔.法哲学原理 [M].范扬,张企泰,译.北京:商务印书馆,1961:254.

二、马克思对黑格尔市民社会与国家关系观的承继

诚如诺曼·莱文所言，市民社会是马克思从黑格尔那儿获得的最重要的学术惠赠。❶黑格尔作为全面论述现代市民社会的第一人，他敏锐地观察到了市民社会与国家分离的现象，这实质上也是主体性原则张扬引致的现代性问题。马克思认为："黑格尔把市民社会和政治社会的分离看做一种矛盾，这是他较深刻的地方。"一方面，市民社会与国家的分离无疑是社会的重大进步，毕竟市民社会为个人的事业拓展提供了更加广阔的舞台，也彰显了人是目的的全新时代的来临。另一方面，市民社会与国家的分离本身意味着二者对立的产生，但二者的对立不应该是抽象的、绝对的对立，消融二者的对立，实现特殊性与普遍性的和谐统一成为现代哲学普遍关注的热点。如何处理市民社会与国家的关系是黑格尔法哲学研究的核心论题，也正是马克思承继黑格尔法哲学的主要领域。

如前文所述，黑格尔的市民社会理论主要源于亚当·斯密。亚当·斯密作为国民经济学家，决定了其对市民社会剖析的经济视角，而黑格尔的解读也是聚焦于需要体系及其满足、劳动、交换等范畴，足以确证亚当·斯密对黑格尔的深刻影响。黑格尔对于市民社会的分析也为马克思对资本主义社会的研究提供了重要的理论来源。马克思在经验、历史的基础上否定、证伪了黑格尔的"国家决定市民社会"的法哲学观，认为市民社会才是决定者，因此通过对市民社会的剖析是寻求问题的答案合乎逻辑的理论研究之路。马克思对于市民社会的分析，大量运用了黑格尔市民社会理论的劳动、需要、交换等范畴，并随着对于市民社会认识的不断深入，演进到物质生活、生产力与生产关系等范畴，最终概括为更为明晰和科学的"经济基础"范畴。不可否认，市民社会确实是马克思从黑格尔处承继的重要学术遗产。

黑格尔关于市民社会与国家分离的洞见也启迪了马克思。黑格尔的市民社会表征的是经济领域，国家则属于公共政治生活领域，市民社会与国家的关系当然也可

---

❶ 诺曼·莱文，赵玉兰.马克思与黑格尔思想的连续性［J］.马克思主义与现实，2008（5）：48.

以诠释为经济与政治的关系，马克思正是对于经济与政治关系的科学回答，把人类社会、人类历史建基于历史唯物主义。由是观之，马克思关于经济基础决定上层建筑的历史唯物主义观的确可以溯源到黑格尔的市民社会与国家关系理论。因此，马克思不仅借鉴了黑格尔的市民社会理论，而且黑格尔市民社会与国家分离的洞见也为马克思开启了科学把握二者关系的学术研究之路。

尽管马克思最终批判了黑格尔"国家决定市民社会"的法哲学观，但是在马克思写作《黑格尔法哲学批判》之前，甚至直到写作《黑格尔法哲学批判》之时，马克思的理论一直笼罩在黑格尔的"国家决定市民社会"理论的阴影之下。如在《关于林木盗窃法的辩论》中，马克思秉持国家应当凌驾于私人利益之上的"国家中心主义"法哲学观，对于林木占有者企图把私人利益凌驾在国家之上进行了犀利的批判，"私人利益的空虚的灵魂从未承受国家观念的照耀和熏染"❶。根据黑格尔的市民社会与国家关系观，国家是伦理大厦的顶点，是自由精神的完满实现，应该体现的是普遍性、无限性，而市民社会代表的是私人利益，是特殊性。国家虽然是包含了特殊性的普遍性，但是一旦特殊性与普遍性发生无法调和的冲突，特殊性则必须服从普遍性，因为国家是市民社会的目的与归宿。如果国家不能代表普遍理性，而是下降到市民社会的水平，那么国家就沦为了私人利益的工具。显然，《莱茵报》时期的马克思笃信国家就是普遍理性，私人利益僭越于国家之上就是背离理性的倒行逆施，国家不应当是私人利益的代表，当然此时的马克思更未认识到国家必然是统治阶级利益的代言人和守护者。马克思认为私人利益之所以企图凌驾在国家之上，其根本原因在于"私人利益的空虚的灵魂从未承受国家观念的照耀和熏染"，如此表述，明显可以看到黑格尔法哲学观的影子。也正是因为承继了黑格尔的理念国家至上的法哲学观，马克思在《莱茵报》时期不可避免地遇到了"物质利益的难事"和无法解决的"苦恼"。

---

❶ 马克思恩格斯全集：第1卷［M］．北京：人民出版社，1956：155.

马克思在《黑格尔法哲学批判》中证伪了黑格尔"国家决定市民社会"的法哲学观，笃信唯有颠倒这一结论才是合乎现实的。但是，此时的马克思只是基于一般的唯物主义立场，根据一般的经验常识对市民社会与国家关系的"直观"，认为"政治国家没有家庭的自然基础和市民社会的人为基础就不可能存在"●，由此合理的结论就应当是"市民社会决定国家"。尽管马克思后续的研究证明了该结论的科学性，但是客观地说，此时马克思并没有对市民社会进行深入剖析，甚至对市民社会的概念也并不明晰，所以无法回答"为什么是市民社会决定国家？市民社会又是怎样决定国家的？"等重要问题。这应该是和马克思尚未进入政治经济学的研究有关。正如日本学者城冢登所言，在整个黑格尔法哲学批判时期，马克思"主要是在与国家的关系上，即从法哲学角度考察的市民社会"，还不是"从经济学角度考察的市民社会"●。

马克思在黑格尔法哲学批判时期并未成功脱离黑格尔的影响，我们还能找到其他有力的佐证。在《法哲学原理》中，黑格尔把理念国家的理想状态认定为君主立宪制，甚至把普鲁士王国作为理想国家的现实。虽然马克思认为普鲁士王国处处充斥着封建残余，根本不配作为理想国家的代表，君主立宪制也是一个彻头彻尾的"怪物"，但是此时的马克思提出的解决方案是寄希望于建立"民主制"国家，认为民主制的国家能够消融市民社会与国家的对立，并没有从市民社会去寻找答案，更没有看到唯有消灭资本主义私有制才能达致自由的完满实现。马克思依然笃信理性的国家能够消融特殊性与普遍性的对立，只不过理想的国家体制不是君主立宪制，而是民主制而已。马克思在分析长子继承制时，确实得出了私有财产决定国家，而不是国家决定私有制的结论，此时的马克思恰恰认为理性的国家不应该是由私有财产决定。总之，此时的马克思对于市民社会纷繁复杂的各种经济

● 马克思恩格斯全集：第1卷［M］.北京：人民出版社，1956：252.
❷ 韩立新.从国家到市民社会：马克思思想的重要转变——以马克思《黑格尔法哲学批判》为研究中心［J］.河北学刊，2009（1）：23.

关系缺乏深入研究，所以对于市民社会与国家的关系还处在摇摆不定的状态，毕竟《黑格尔法哲学批判》仅针对《法哲学原理》"国家篇"进行了批判。意大利学者德拉·沃尔佩认为该著作是"一部自始至终渗透着典型的卢梭人民主权思想的著作" ❶ 。

三、马克思对黑格尔市民社会与国家关系观的超越

黑格尔体察到市民社会作为有限领域的缺陷，即特殊性与普遍性的对立，市民社会的形式普遍性注定是要被超越的，他开出的"药方"就是国家中心主义。在《黑格尔法哲学批判》中，马克思虽然仅从经验事实的维度体悟到黑格尔"国家决定市民社会"的虚妄性，但是马克思已经意识到：既然应当是"市民社会决定国家"，那么市民社会是决定因素，而国家只是被决定者，关于市民社会与国家矛盾的解决，合乎逻辑的方式只能到市民社会去寻找。马克思"不会承认国家构成市民社会问题的答案" ❷ 。诚如有学者所言，"由于藐视特殊性和个人主义，黑格尔提出了国家主义的解决方案。而马克思则不同，认为只有依靠现实的人及其感性的活动才能克服市民社会的局限" ❸ 。

（一）马克思实现超越的路径探析

黑格尔认为，"对家庭和市民社会这两个领域来说，国家一方面是外在必然性和它们的最高权力" ❹ ；另一方面，"国家又是它们的内在目的"。国家作为市民社会的外在必然性，表征的是市民社会对于国家权力的依赖性，二者是外在的、强制的、表面的同一，这实际上是可以经验事实确证的，因为市民社会无法彻底离开国家而自治；同时，国家也是市民社会的内在目的，市民社会的内在本质由国家规

---

❶ 德拉·沃尔佩.卢梭和马克思［M］.赵培杰，译.重庆：重庆出版社，1993：136.
❷ 汪行福.马克思误读了黑格尔吗？——评诺曼·莱文教授的《马克思对话黑格尔》［J］.哲学动态，2013（9）：7.
❸ 郁建兴.马克思国家理论与现时代［M］.上海：东方出版中心，2007：93.
❹ 黑格尔.法哲学原理［M］.范扬，张企泰，译.北京：商务印书馆，1961：261.

定，二者是内在的、本质的、合乎逻辑的同一。马克思认为，"黑格尔在这里提出
了一个无法解决的二律背反"❶。如何消融市民社会与国家之间的对立，黑格尔求助
于大量的"中介"，如同业公会、等级制、官僚政治等。以同业公会为例，黑格尔
认为它有助于培养市民社会个人的普遍性，具有很高的伦理价值。黑格尔还剖析市
民社会的形式普遍性的缺陷，以论证市民社会向国家过渡的必然性。马克思则认
为，"黑格尔在市民社会和国家间构思出来的同一是两支敌对军队的同一"❷，市民社
会与国家的对立是真正的极端，中介无法调和真正的极端之间的对立，"真正的极
端之所以不能被中介所调和，就因为它们是真正的极端。同时它们也不需要任何中
介，因为它们在本质上是互相对立的"❸。

　　马克思认为，黑格尔把国家与市民社会的分离看作一种矛盾，这的确是比较
深刻的认识，也是现代社会现实存在的顽疾。如何解决市民社会的异化问题是现代
哲学家们普遍关注的论题，黑格尔也提出了解决方案。但是，马克思认为，黑格
尔"满足于只从表面上解决这种矛盾，并把这种表面当做事情的本质"❹。为什么黑格
尔仅仅是"表面上"解决了这种矛盾？在《黑格尔法哲学批判》时期，虽然马克思
尚未深入到市民社会剖析，但是已经意识到黑格尔解决矛盾的方案不过是"概念"
推演的把戏，试图以其思辨的逻辑消融现实的矛盾。黑格尔并非没有意识到社会
实存的矛盾，而是醉心于自己思辨逻辑的体系性，对于社会实存的矛盾，在黑格尔
看来不过是"概念"的外化，而这些作为"概念"外化物的矛盾，只不过是有限性
的领域，有限性表征的是暂时性，从而必然奔向其存在的根据。换言之，黑格尔以
"概念"运动的虚假的逻辑联系代替了真实的、现实的联系，矛盾的解决诉诸"概
念"的更高环节，即从市民社会跃升到理念国家，因为理念国家是市民社会的更高
环节。但黑格尔"在任何地方都把观念当作主体，而把本来意义上的现实的主体，

---

❶　马克思恩格斯全集：第 1 卷 ［M］. 北京：人民出版社，1956：249.
❷　马克思恩格斯全集：第 1 卷 ［M］. 北京：人民出版社，1956：307.
❸　马克思恩格斯全集：第 1 卷 ［M］. 北京：人民出版社，1956：355.
❹　马克思恩格斯全集：第 1 卷 ［M］. 北京：人民出版社，1956：338.

例如'政治信念'变成谓语。而发展却总是在谓语方面完成的"❶。黑格尔的解决方案并没有触动任何现实的矛盾。既然根据朴素的经验事实应当是"市民社会决定国家",那么解决二者矛盾的合理路径就不能从黑格尔崇尚的"大厦之顶"国家着手,而应立足于黑格尔所蔑视的"有限领域"市民社会。显然,马克思已经体察到资产阶级政治革命的局限性,虽然在政治自由方面取得了重大的进步,但是经济自由的缺失并不能让人达到自由的真正实现。马克思曾经分析了法国的资产阶级革命,并明确把政治解放视为仅仅是形式自由,而唯有经济解放才是实质自由,纯政治的革命是毫不触犯大厦支柱的革命,只有触动大厦的支柱——经济基础,自由的梦想才能成为现实。

如果说《黑格尔法哲学批判》中"市民社会决定国家"的结论基于经验,那么在这之后的马克思逐渐摆脱了黑格尔的理念国家观的囹圄,转向了现实的市民社会。尤其是在《1844年经济学哲学手稿》时期,马克思的学术旨趣也从法哲学批判转向了国民经济学批判。这一重要的研究重心的转向不仅进一步明晰了市民社会的内涵,而且把市民社会与国家关系的结论真正奠定在更加坚实的历史唯物主义的地基之上,因为政治、经济领域"正是唯物史观的本质领域"❷。我们对于马克思的研究进路加以详细分析,旨在更加清晰地把握马克思关于市民社会与国家关系的研究进展的脉络。

马克思在《论犹太人问题》中论证了资产阶级革命带来的政治解放导致了政治国家与市民社会的分离,个人在现实中过上了两种生活,即天国的政治生活和地上的经济生活。"虽然在观念上,政治权力凌驾于金钱势力之上,其实前者却是后者的奴隶。"❸ 根据一般的生活观念,乃至黑格尔的法哲学理论,政治国家代表的是普遍性,而市民社会则是特殊性,特殊性应服从普遍性,但是现实并非如此,政治

---

❶ 马克思恩格斯全集:第1卷 [M].北京:人民出版社,1956:338.
❷ 邹诗鹏.青年马克思超越启蒙传统的理路 [J].社会科学,2016(11):124.
❸ 马克思恩格斯全集:第1卷 [M].北京:人民出版社,1956:448.

国家反而沦为了市民社会的奴隶。以人权保护为例，资本主义国家普遍关注人权保护，在马克思看来，"市民社会的成员，就是政治国家的基础、前提。国家通过人权承认的正是这样的人"❶。这就表明国家服务于市民社会、以市民社会为依归。一方面，资产阶级革命导致了市民社会从国家分离出去；另一方面，国家却把市民社会作为前提和基础在法律中确认下来，这在资本主义国家的宪法中能够得到确证。当然，《论犹太人问题》时期的马克思也还没有真正参透"为什么国家竟然屈从于社会"，甚至认为是代表普遍性的国家在堕落。但难能可贵的是，马克思在探讨犹太人的解放问题时隐约找到了人类的解放道路，"犹太人的解放，就其终极意义来说，就是人类从犹太中获得解放"❷。"犹太"是私人利益、经济利益的同义语，马克思认为人类的解放就是最终要消灭私人经济利益，显然已经隐约看到了私有制的根本弊端。

如果说马克思在《论犹太人问题》中觉察了市民社会是普遍性伦理共同体生活丧失的根源，那么《〈黑格尔法哲学批判〉导言》就是马克思寻找市民社会解放力量的一次理论尝试。既然是市民社会导致了现代国家伦理的堕落，解决市民社会与国家之间的矛盾问题的答案就只能在决定者中去寻找。市民社会的首要原则就是私人利益至上，市民社会正是"犹太人"现实生活的栖息地，马克思认为人类的解放就是人类从"犹太"中解放出来，就是消除私人利益。马克思认为，仅仅依靠对市民社会进行哲学批判是远远不够的，黑格尔在其理念、逻辑的世界中对立的统一也丝毫不能触动任何现实的社会矛盾，因为"批判的武器当然不能代替武器的批判，物质力量只能用物质力量来摧毁"❸。现实的物质力量又是什么呢？马克思认为，这个阶级"只有为了社会的普遍权利，个别阶级才能要求普遍统治"❹。这个阶级应该是存在于市民社会，但是却没有自己的私人利益，而是代表普遍的利益，"一个被

❶ 马克思恩格斯全集：第1卷［M］．北京：人民出版社，1956：442.
❷ 马克思恩格斯全集：第1卷［M］．北京：人民出版社，1956：446.
❸ 马克思恩格斯全集：第1卷［M］．北京：人民出版社，1956：460.
❹ 马克思恩格斯全集：第1卷［M］．北京：人民出版社，1956：464.

彻底的锁链束缚着的阶级，即形成一个非市民社会阶级的市民社会阶级，一个表明一切等级解体的等级；一个由于自己受的普遍苦难而具有普遍性质的领域"❶。这就是无产阶级，虽然在市民社会的经济地位是卑微的，但是因为他代表的是普遍性，从而具有了巨大的力量，无产阶级必然以豪迈的力量庄严宣布："我算不了什么，但我必须主宰一切。"❷

在《〈政治经济学批判〉导言》中，马克思认为，法"既不能从它们本身来理解，也不能从所谓人类精神的一般发展来理解，相反，它们根源于物质的生活关系，这种物质的生活关系的总和，黑格尔按照十八世纪的英国人和法国人的先例，称之为'市民社会'，而对市民社会的解剖应该到政治经济学中去寻求"❸。《1844年经济学哲学手稿》标志着马克思的研究旨趣基本上从哲学转向"市民社会的解剖学"——政治经济学。在《1844年经济学哲学手稿》中，马克思的研究发现"宗教、家庭、国家、法、道德、科学、艺术等等，都不过是生产的一些特殊的方式，并且受生产的普遍规律的支配"❹。马克思已把市民社会解读为"物质生产"，国家作为意识范畴，当然不是决定者，而是被决定者。市民社会决定国家不再是一般的经验事实和纯粹的哲学思辨，而是建立在政治经济学的科学研究的基础之上。

在《德意志意识形态》中，马克思指出："真正的市民社会只是随同资产阶级发展起来的；但是市民社会这一名称始终标志着直接从生产和交往中发展起来的社会组织，这种社会组织在一切时代都构成国家的基础以及任何其他的观念的上层建筑的基础。"❺ 马克思已把市民社会诠释为从生产和交往中发展起来的"社会组织"，毋庸置疑，社会组织当然是由人所组成，在生产中结成的社会组织表征的就是"生产中人与人的关系"，即生产关系。根据马克思此后的经典著作的表述，生产关系

❶ 马克思恩格斯全集：第1卷［M］.北京：人民出版社，1956：466.
❷ 马克思恩格斯全集：第1卷［M］.北京：人民出版社，1956：464.
❸ 马克思恩格斯选集：第2卷［M］.北京：人民出版社，1995：82.
❹ 马克思恩格斯文集：第1卷［M］.北京：人民出版社，2009：186.
❺ 马克思恩格斯选集：第1卷［M］.北京：人民出版社，1995：41-42.

的总和被称为经济基础，因此在《德意志意识形态》中，马克思把市民社会视为国家及其他上层建筑的基础，实则看到了生产力所决定的生产关系，即经济基础决定上层建筑，相对于市民社会决定国家的论断，无疑在内容上更加丰富、结论更加正确。

综上，马克思正是从市民社会决定政治国家的经验事实出发，指证了黑格尔建基于思辨逻辑的理念国家至上论的虚妄性，并在摆脱黑格尔理念国家观的理论阴影后，实现了从法哲学批判向国民经济学批判的学术旨趣的转向，以市民社会为研究的中心，看到了市民社会与物质生产的关联，进一步科学地推演出生产力—生产关系、经济基础—上层建筑的辩证关系，从而形成了科学的社会结构论。

（二）马克思实现超越的重要意义

在前马克思时代，即便是唯物主义哲学家，在人类社会历史领域也陷入了唯心主义的泥沼。国家似乎是无所不能的决定者、规定者。而马克思关于市民社会与国家关系的结论表明，这种观点只是一种错觉，"似乎政治国家是规定者，其实它却是被规定者" ❶。

一方面，市民社会与国家关系的科学确立，实则标志着唯物史观的确立，这为人类自由的实现找到了现实的科学的道路。前马克思时代的哲学家们总是在国家、法律等上层建筑的范畴内寻找出路，这种努力的结果必然走向失败。唯有马克思看到了市民社会是决定性的力量，这一重要的决定者与被决定者关系的颠倒，表明解决人类自由的问题只能在市民社会中找到答案。无产阶级作为市民社会的产物，又是市民社会的否定物，作为没有私人利益的普遍性的代表，正是扬弃市民社会，为人类实现自由的物质力量。前马克思时代的哲学家、国民经济学家从未质疑的市民社会的前提——私有制，被马克思确证为阻碍人类不能走向自由的绊脚石，私有制绝不是永恒的；相反，消灭私有制才是人类实现自由的必由之路。如果说法哲学就

❶ 马克思恩格斯全集：第 1 卷［M］．北京：人民出版社，1956：369-370.

是论证人为什么是自由的，如何才能实现自由，那么马克思的这一重要超越意味着法哲学的功能实现成为现实的可能。

另一方面，市民社会与国家关系的科学确立，为我们正确把握国家、法律等社会现象提供了正确的立场，尤其是对于法本质的认识走向科学。如前文所述，对于法的本质问题，前马克思时代的哲学家们的认识固然不乏点点智慧的火光，但是从根本而言，却陷入了谬误，始终迷失在意志、精神的领域。法与国家均属于上层建筑、意识形态的领域，既然市民社会是国家的决定者，国家与法的本质问题当然要在市民社会的领域方能找到法的根据。马克思否定、证伪了黑格尔法本质的自由意志观，揭示了国家意志背后的阶级意志性，最后把法的本质的最终根据确证为阶级意志性与物质制约性的同一，不仅让法哲学摆脱了唯心主义的迷雾，而且实现了对法本质的真理性认识。

第二节　法与道德的关系

"道德"一词在我国古代由来已久，一般称为"德""礼"，受儒家思想的影响，中国古代"引礼入法"的现象甚为普遍，礼法并治是我国古代各朝代治国理政的普遍选择。在西方，"道德"一词，无论是英语的 morality，德语的 moral，还是法语的 morale，均源于拉丁语的 mores，其含义为品性、风俗、习惯，与我国对道德的理解较为相似，既指称个人德行修养，又强调其以习俗为表现形式与渊源。

道德不仅是人的内心的修养，而且也体现为人的行为规范。法与道德是约束人们的行为、调整社会关系的两种重要手段，因此自古希腊以降，法与道德的关系问题成为法哲学历久弥新的研究论题。在法哲学史上，自然法学派与实证法学派之争在某种意义上就是关于法与道德关系的论战。

按照通俗的理解，法与道德似乎泾渭分明。道德表现为自律，法则体现为他律；道德以善恶为评判标准，以"扬善"为目的，法是以合法与否为判断尺度，重在"惩恶"；而一国内的道德是多维的，法是一维的；道德表现为义务的单边性，法体现为权利义务的双边性。种种区别，不一而足。黑格尔与马克思站在法哲学的维度，不仅体察了二者的区别，而且察觉了二者的深刻联系，对法与道德的关系论题给予了深刻的回答。

一、黑格尔的法与道德关系观

在黑格尔的《法哲学原理》中，法被视为"自由意志的定在"，凡是合乎自由概念的事物都属于"法"的范畴。按照黑格尔法哲学的表述，法概念依次表现为"抽象法—道德—伦理"。笼统而言，道德是法的一个环节，而且是有限的中间环节。要深刻把握黑格尔法哲学法与道德的关系，关键在于把握黑格尔法哲学的道德观，尤其是道德在黑格尔法哲学中的内涵与地位。

（一）黑格尔的道德观

1. 道德概述

在黑格尔的法哲学中，道德是介于抽象法与伦理之间的中间环节，根据其思辨逻辑的"正—反—和"或"肯定—否定—否定之否定"的模式，道德属于"否定"或"反"的环节。抽象法实则规定人格权，即表征现代社会之人人平等，黑格尔设计了财产所有权作为人格权的定在，个人通过财产所有权体现自己的自由意志，但是抽象法权只是抽象的客观性、自在性，缺乏主观性和自为性，"自在"是必然要走向"自为"的；抽象法的个人只是无差别的抽象个人，只是依据普遍的理性人格而赋予相关的权利，尚未达到个性化的、特殊的、独立的"我"，抽象的"普遍性"也是必然要被否定，从而走向"特殊性"；抽象法权的财产权把自由意志外化在他物上，容易受到侵害，唯有走向道德，方能内化到内心，形成普遍的自律。基于上述种种原因，抽象法权必然要跃升到道德环节。

　　道德分为三个环节，即"故意—意图—善"。❶黑格尔认为，所谓的道德（行为），必须是作为故意而存在的东西，"因为道德意志的法，只对于在意志定在内部作为故意而存在的东西，才予以承认"❷。道德行为必须是行为人的故意行为，即具有明确意识的行为，否则是无所谓道德的。黑格尔以古希腊悲剧中的英雄欧狄普斯的例子加以说明。欧狄普斯由于不知道他杀死的人是他父亲，故对其杀父行为不能进行是否道德的评判。既然是"故意"的行为，其中当然包含了行为人的"意图"，"即行为在自我相关中的相对价值"❸。相对价值仅仅是对个人的价值，从而具有片面性、特殊性，意图必然要走向普遍性，而"行为的普遍价值，即善"❹。

　　何为"道德"呢？"从它的形态上看就是主观意志的法。"❺"主观"并非与客观相对立的任性，而是指现实的主体和个人。道德作为主观意志的法，实则表明了道德存在的一个重要的前提——人格独立的个人。为什么道德的首要前提是人格独立的个人呢？一方面，由于黑格尔的道德是自由精神的外化与环节，道德作为有限的领域，其存在的根据就不是自身，而是自由"概念"，因为"概念"才是实体。人如何才是自由的呢？仅仅拥有财产所有权就是自由的吗？自由的核心含义就是自我决定、自我抉择、自我负责，因此人格独立正是保证个人自由的重要条件。奴隶之所以是不自由的，在于奴隶根本没有独立的人格，是奴隶主的附属物和财产。另一方面，道德作为主观意志的法，其中就蕴含了个人选择的含义。我们常常以善恶作为道德的评判标准，个人的行为确实可能是善的，也可能是恶的，但是在黑格尔看来，对道德行为的善恶评判不能脱离行为人的自由选择。换言之，如果一个行为并不是个人有意识的行为，那么这个行为就根本不属于道德行为，从而也就谈不上善

❶　黑格尔．法哲学原理［M］．范扬，张企泰，译．北京：商务印书馆，1961：117.
❷　黑格尔．法哲学原理［M］．范扬，张企泰，译．北京：商务印书馆，1961：117.
❸　黑格尔．法哲学原理［M］．范扬，张企泰，译．北京：商务印书馆，1961：117.
❹　黑格尔．法哲学原理［M］．范扬，张企泰，译．北京：商务印书馆，1961：117.
❺　黑格尔．法哲学原理［M］．范扬，张企泰，译．北京：商务印书馆，1961：111.

与恶的问题。例如，一个无行为能力的精神病患者挥刀杀人，就不能对该行为进行善恶的道德评判，因为精神病患者缺乏意识和行为选择的能力。黑格尔强调道德的个人主体性，认为"主体是自由的实现的真实材料"❶，这显然是对启蒙时代以来确立的主体性原则的认同和颂扬。

"道德的观点是关系的观点、应然的观点或要求的观点。"❷道德存在的重要价值并不是为了个人内心的修养，而是处理人与人之间的关系。道德是以自我意识为前提的，蕴含了"我"的意图。但是承认"我"并不是否定"他"，如果否定一个个和"我"一般的"他"，那么"我"的存在也是或然的。"他"作为"我"的对立面，正是"我"存在的条件，"我"恰恰是在与"他"的关系中获得规定，正如"高"无法离开对立面"低"一样。因此，人必须合理处理自己与他人的关系。道德意味着"我"将选择以怎样的行为方式对待他人，从而表现为善还是恶。即便是按照生活的经验，我们也能体悟到道德的产生与存在是和人的类存在性质有关，只有鲁滨孙一人的孤岛是缺乏道德存在的必然性的。

道德作为应然的观点，表明它与实然相区别。"在道德中，自我规定应设想为未能达到任何实在事物的、纯不安和纯活动。"❸既然道德表现为一种"要求""应当"，当然是针对尚未实现的事物而言的；反之，如果是已经实现的事物，就是一种实然的状态，故无所谓"应然""要求"。为什么黑格尔认为道德只是"应然"的范畴呢？一方面，道德总是表现为愿望、要求和劝诫，呈现出"应当如何"的强烈的主观色彩，经验事实表明，道德似乎确实是"应然"的义务；另一方面，黑格尔对道德中的应然的实现寄希望于比道德环节更高层次的"伦理"环节，因为黑格尔认为道德的善、自由的完满实现依赖个人的内心确信是远远不够的，而应依靠客观的制度性安排，因此"原在道德中的应然在伦理的领域中才能达到"❹。

❶ 黑格尔.法哲学原理［M］.范扬，张企泰，译.北京：商务印书馆，1961：111.
❷ 黑格尔.法哲学原理［M］.范扬，张企泰，译.北京：商务印书馆，1961：112.
❸ 黑格尔.法哲学原理［M］.范扬，张企泰，译.北京：商务印书馆，1961：112.
❹ 黑格尔.法哲学原理［M］.范扬，张企泰，译.北京：商务印书馆，1961：113.

道德固然有强烈的主观性色彩，但绝不意味着道德的"应然"是纯粹由个人的任性决定的。如果说道德的标准就是纯粹个人内心自认为的合理、应然、善，那么道德就将沦为缺乏普遍性的特殊性，这样的特殊性就是偶然性与任意性。如果说道德的主观性是反映了道德的形式，那么道德的"应然"是指向道德的内容。由是观之，道德的"应然"不能在主观性的形式中找到依据。由于黑格尔把道德视为自由"概念"实体的外化和中间环节，因此道德存在的根据就是自由"概念"，在道德中将个体的特殊意志和普遍的自由意志之间的冲突与对立纳入了个体的主观意志之中，而且特殊意志自觉地用普遍的自由意志来要求与规定自身，也即意味着个体在自己的主观意志当中自觉地追求"善"。概言之，合乎自由"概念"的道德就是"善"的。道德作为处理"我"与"他"的关系的规则，道德之善就是在尊重"他"的自由的情况下实现"我"的自由。

2. 道德与利益的关系

按照通常的认识，道德作为劝诫、应然，似乎指称与权利、利益相对立的义务。而黑格尔认为，道德与利益并不是绝对对立的关系；相反，个人的独特利益在道德中具有高度价值，这个高度价值就是个人利益作为自由精神的定在，是自由精神的外化和体现，是对自由精神的肯定而非否弃。[1]换言之，如果缺乏了个人独特利益这一"特殊性"的环节，普遍性的自由精神只能是抽象的、空虚的存在。黑格尔虽然认同了康德关于道德是自由精神的自我立法，但不赞同道德只是绝对义务的观点。在黑格尔的道德范畴中，为个人利益留下了生存的空间，不仅是对于现代社会主体性原则的认可，而且突破了为了义务而义务的抽象道德观，从而让道德范畴涵盖了人性的关怀。事实上，唯有这样的道德观才是富有生命力的、现实的，否则道德的"扬善"可能沦为空洞的道德说教。黑格尔把个人的独特利益视为道德重要内容的观点无疑是充满睿智的见识。

---

[1] 黑格尔.法哲学原理［M］.范扬，张企泰，译.北京：商务印书馆，1961：112.

在《法哲学原理》中，道德的三个环节为"故意—意图—善"。故意指称的是自我意识，离开自我意识的行为当然就不是"故意"的。意图实则体现的就是行为人的目的、利益追求。在黑格尔的思辨辩证法中，"意图"这一中介是至关重要的，缺失了中介的作用和这一重要环节，道德将无法达致自由概念的普遍性。道德意图跃升为善的过程，也就是黑格尔辩证法的"扬弃"过程。既然善就是对于意图的扬弃而不是彻底的否弃，那么即使是在更高环节的"善"中也必然包含了道德意图所体现的个人利益。概言之，在黑格尔看来，不承认个人的利益，就无法实现人人自由的善的社会。

道德作为关系的观点，表明道德涉及"我"与"他"的关系问题，尤其是"我"的利益、幸福与"他"的利益、幸福的关系问题。在黑格尔的道德观中，不仅承认了"我"的个人利益、幸福，而且认同了"我"的利益、幸福与"他"的利益、幸福的肯定的共在关系。道德作为主观意志的法，作为自由概念的外化和定在，从应然而言，的确应当与自由概念同一，但是作为道德在实存中体现为某个具体个体的主观意志，这个个体的主观意志就隐含了"与概念不相符合的可能性"❶。道德主体自以为是合乎自由概念的善的道德，情况也许恰恰相反。因此，个体的主观意志必须通过扬弃其纯粹的特殊性、主观性而获得客观性的内容，即合乎自由概念的内容，从而跃升为普遍的、客观的意志。需要明晰的是，这个扬弃的过程并不是无我，而是有我，有我的意图，即我的利益与幸福。但是，道德的观点既然是"关系"的观点，那么我的目的（道德意图）的实现仅仅依靠我个人的意志是不够的，"我的目的的实现包含着这种我的意志和他人意志的同一，其实现与他人意志具有肯定的关系"❷。因此，黑格尔认为道德不仅包含了我的利益和幸福，而且与他人的利益和幸福不再是纯粹外在的对立、冲突状态，而是他我彼此同一、成为和谐整体的状态，即肯定的共在关系。不仅必须肯定我的自由意志与利益，而且也要肯

❶ 黑格尔.法哲学原理［M］.范扬，张企泰，译.北京：商务印书馆，1961：114.
❷ 黑格尔.法哲学原理［M］.范扬，张企泰，译.北京：商务印书馆，1961：114.

定他的自由意志和利益，否则我的自由意志与利益也是或然的，正如我们对于某个社会成员的利益受到侵害漠不关心，我们自己很可能就是下一个受害者。总之，道德不是为了义务而义务，而是涵盖了他我的利益与幸福。

3. 道德与实践的关系

按照通俗的观点，道德似乎是个人闭门思过式的个人濡养。但是，黑格尔认为"即使人们在主观意志中被设定了善，但这并不就是实行"❶。道德作为主观意志的法，这种主观意志具有"从主观性转化为一般客观性、转化为直接定在的活动"❷ 的冲动，即具有向现实性转化的品质。道德具有实践的品格，道德之善必须外化，从而成为现实的道德行为。

"意志作为主观的或道德的意志表现于外时，就是行为。"❸ 道德行为包含了三个要素：一是"当其表现于外时我意识到这是我的行为"❹，即明确意识到这个行为是"我"的行为，缺失自我意识的行为是无法进行道德评判的行为，无所谓善与恶；二是道德行为"与作为应然的概念有本质上的联系"❺，道德的应然的概念就是自由概念、自由精神，道德行为应当合乎自由概念，是自由概念的外化与定在；三是"与他人的意志有本质上的联系"❻。显然，这不过是黑格尔关于"道德的观点是关系的观点"的重申，道德行为是"我"的自由意志与"他"的自由意志的和谐共存。

道德包含了目的和意图，道德行为就是意图和意图实现的中介，如果驻足于道德意图，道德就沦为纯粹的主观性，要扬弃道德的纯粹主观性，达致意图的实现，就必须借助行为或实践这一重要的中介。试想，若道德仅停留于内心，未能通过行为外化为某种可知可感的行为后果，我们又如何能判断道德的善与恶呢？黑格尔认

❶ 黑格尔 . 法哲学原理［M］. 范扬，张企泰，译 . 北京：商务印书馆，1961：113.
❷ 黑格尔 . 法哲学原理［M］. 范扬，张企泰，译 . 北京：商务印书馆，1961：113.
❸ 黑格尔 . 法哲学原理［M］. 范扬，张企泰，译 . 北京：商务印书馆，1961：116.
❹ 黑格尔 . 法哲学原理［M］. 范扬，张企泰，译 . 北京：商务印书馆，1961：116.
❺ 黑格尔 . 法哲学原理［M］. 范扬，张企泰，译 . 北京：商务印书馆，1961：116.
❻ 黑格尔 . 法哲学原理［M］. 范扬，张企泰，译 . 北京：商务印书馆，1961：116.

为，道德意志的天性就是"本身能行动的意志"❶，因此道德不仅需要通过实践实现意图与目的，而且也有内在的动力走向实践。

道德走向实践固然具有必然性，但是在道德实践的过程中，实践的结果却充满了偶然性。一方面，在实践的过程中，不仅存在道德主体的选择问题，即自由律的作用，而且存在事物的本性，即必然律的影响，因此对必然律的把握状况当然关涉了行为的结果和意图的实现，从而实践的结果具有极大的偶然性；另一方面，在实践的过程中可能存在外来因素的介入，最终导致行为的后果超出了道德主体的预期，甚至出现道德主体从善的意图出发，却以恶的结果告终。正因为如此，黑格尔认为，在道德意志的行动中，只能"仅仅以意志在它的目的中所知道的这些假定以及包含在故意中的东西为限……行动只有作为意志的过错才能归责于我"❷。这表明了黑格尔对于道德行为引发的责任的基本态度，道德主体只需要对符合自己自由意志的行为导致的后果承担有限的责任，因为符合道德主体自由意志的内容才是可以预见的必然性内容，而超出自由意志的内容则是偶然性的内容。道德主体不存在意志的过错，正如欧狄普斯不知道杀死的人是他的父亲，就不能以弑父罪追究其责任。

总之，黑格尔的道德虽然被视为"内在的法"，但不是驻留于内心的纯粹主观意志；相反，道德意图的实现乃至善的达致，离不开道德行为或实践这一重要的中介，道德与实践不是对立的，而是道德的重要的内在环节。

4. 道德与伦理的关系

在《法哲学原理》中，黑格尔设置了"抽象法—道德—伦理"三个环节。按照黑格尔的思辨逻辑，伦理是居于道德之上的更高环节，是道德的目的与归宿，也是抽象法与道德的"合题"；抽象法代表了单纯的客观法，道德则是内在的主观法，而伦理才是主客观统一的法的实现，即自由理念的实现。

---

❶　黑格尔.法哲学原理［M］.范扬，张企泰，译.北京：商务印书馆，1961：119.
❷　黑格尔.法哲学原理［M］.范扬，张企泰，译.北京：商务印书馆，1961：119.

一方面，黑格尔认为，道德环节是法的重要环节，相对于抽象法而言，道德意味着法精神的内化，自由概念深入内心，自然更加不易受到外界的干扰；而抽象法的自由借助于外物之上的所有权，因外在而易受侵害，从而抽象法必然要跃升至道德环节。在一个社会中，社会成员拥有独立的道德是非常重要的，听从于自己内心良知的召唤，方能求真、达善，为实现良序社会创造重要条件。一旦丧失了合乎自由意志精神的道德，丧失了独立的道德判断，社会成员就可能堕落为"寡廉鲜耻、俯首听命的臣民，无恶不作的恶棍，巧取豪夺的奸商，云雨天下的政客"❶，这样的社会注定不是一个自由的社会。另一方面，黑格尔认为，良序社会的实现仅依靠道德这一"主观的善"是不可靠的，伦理的客观制度安排才是自由实现的根本保证。抽象法欠缺主观性环节，道德缺失了客观性环节，因此都不是现实的。唯有作为抽象法和道德的"合题"，即伦理才是现实的，因为伦理是"主观的善和客观的、自在自为地存在的善的统一"❷。当然，黑格尔主张的是对道德的扬弃，而并非对道德的完全否弃，因此在一个伦理的共同体中，道德依然是不可或缺的。例如，对于贫困的救济，"这里尽管有着一切普遍的设施，道德仍然大有用场"❸。

对于道德这一内在法的缺陷，黑格尔是相当警醒的。黑格尔曾说过道德的观点是应然的观点，但是这种"原在道德中的应然在伦理的领域中才能达到"❹，仅仅在主观意志中设定了善是不够的。如果说道德是包含了个人利益与幸福的道德义务，那么义务内容的确定离不开伦理实体和伦理关系。道德意图的实现意味着道德要走出内心，迈向实践；但不可否认，实践也是在一定的伦理共同体的背景下进行的。在某种意义上而言，没有伦理共同体，道德之善也将成为空中楼阁。例如，若社会对从事慈善的个人、企业未能给予税收优惠、公开表彰等，道德行为往往不可持续。相对于道德，黑格尔无疑更加信赖伦理，这一点在对于贫困救济的方式中体

❶ 高兆明.黑格尔《法哲学原理》导读［M］.北京：商务印书馆，2010：5.
❷ 黑格尔.法哲学原理［M］.范扬，张企泰，译.北京：商务印书馆，1961：162.
❸ 黑格尔.法哲学原理［M］.范扬，张企泰，译.北京：商务印书馆，1961：243.
❹ 黑格尔.法哲学原理［M］.范扬，张企泰，译.北京：商务印书馆，1961：113.

现得淋漓尽致。黑格尔认为，"如果它硬要把贫困的救济只保留给同情的特殊性以及情绪和认识的偶然性……这是一种错误的观点"❶。因为这意味着贫困能否得到救济充满了偶然性，如是否有愿意提供救济、具有美德的个人，需要救济的信息和能提供救济者的信息的获得都是偶然的。如果一个社会的贫困救济寄希望于个人的美德，恰恰表明这个社会缺乏有效的伦理性客观制度的安排。因此，在某种意义上可以说，个人的美德盛行未必是一个良序社会；相反地，"如果留给个人独立地依照他的特殊意见去做的事比之以普遍方式组织起来做的事愈是少，公共状况应认为愈是完美"❷。

（二）黑格尔的法与道德关系思辨

关于法与道德的关系，首先我们必须明确何谓"法"，因为在《法哲学原理》中，黑格尔在使用"法"这一词汇时具有不同的指称。例如，黑格尔认为法哲学的研究对象是"法"的理念❸，也曾论及"哲学上的法同实定法是有区别的"❹，在有些场合又以"法"特指其法哲学的第一环节"抽象法"。而在伦理环节中，黑格尔又花费了大量笔墨去探讨市民社会的立法、执法和司法，其中涉及的"法"现象则与经验事实的法较为吻合。

按照黑格尔的法哲学，最抽象意义上的"法"当然是哲学意义上的"法"，也就是其界定的法哲学的研究对象意义上的"法"，而法哲学意义上的法实则就是"自由、权利"。因此，黑格尔的法哲学就是研究自由概念实体，也即主体如何实现自身的逻辑历程和自由精神成为现实的发展过程，简言之，研究自由概念及其定在。黑格尔认为，哲学意义上的法同实定法是有区别的，或者说和具体科学，即法学意义上的法是不同的，法学研究的法是实定法，也是我们经验事实层面上的法。

---

❶ 黑格尔．法哲学原理［M］．范扬，张企泰，译．北京：商务印书馆，1961：243-244.
❷ 黑格尔．法哲学原理［M］．范扬，张企泰，译．北京：商务印书馆，1961：244.
❸ 黑格尔．法哲学原理［M］．范扬，张企泰，译．北京：商务印书馆，1961：导论 1.
❹ 黑格尔．法哲学原理［M］．范扬，张企泰，译．北京：商务印书馆，1961：导论 5.

当然，黑格尔认为，哲学意义上的法与法学意义上的法固然是有区别的，但是"如果曲解这种区别，以为两者是相互对立、彼此矛盾的，那是一个莫大的误解"。其实，黑格尔认为哲学意义上的法和实定法是内容和形式的关系、普遍与特殊的关系，即对立统一关系，二者虽有区别，但不可分离。哲学意义上的法需要以实定法为表现形式体现出来，而实定法应当以哲学意义上的法为根据和旨归，唯有如此，方为灵魂与肉体的和谐统一。因此，我们可以从哲学上的法和具体科学法学意义上的法（实定法）两个维度揭示法与道德的关系。

哲学意义上的法与道德的关系，根据黑格尔法哲学的阐释，是整体与环节的关系，因为道德实则是黑格尔法的三个环节，即抽象法、道德与伦理的其中一环。毋庸置疑，道德既然是构成法的整体（有机体）的一个环节，则表明了道德对于法的不可或缺性。按照黑格尔思辨逻辑的"正—反—合"的逻辑演进，道德是"反题"和中介，缺失了道德这一中间环节，抽象法无法跃升到伦理这一"合题"。抽象法是外在的客观性，以所有权为定在，伦理则是主观与客观的统一，以家庭、市民社会和国家为实体，在抽象法的客观与伦理的主客观统一之间正需要道德这一主观环节；否则，伦理这一"合题"的主客观统一的"主观"成了无源之水、无本之木。从另一角度来看，道德也是黑格尔的"法"世界不可缺少的一个部分。在黑格尔看来，法的世界无非就是真实自由的世界。真实自由的实现何以可能呢？首先需要确立抽象法权，抽象法权的重要意义在于否定宗法等级，确认人格平等。人人平等是自由社会的重要前提，平等与自由如同孪生兄弟，如影随形，人格不是虚无缥缈的空中楼阁，需要财产这一客观物质作为定在和基础，人格的自由灌注于财产之中，以所有权彰显主人的自由，或自用，或交易。财产所有权对于自由固然重要，但自由依赖于外物的外在自由，对于主体而言，拥有物质财富本身并不意味着自由，因为一个富人可能缺乏精神自由、内心自由。黑格尔认为，自由的社会离不开人们的道德自由，道德自由社会的人们不至于成为俯首听命的奴才，也不会沦为随波逐流、趋炎附势的小人；相反，能够听从自己内心的声音，服从于自己的良知，甚至能够抵制背离自由精神的权势和恶法。道德绝不是可有可无的个人内心修养和心灵独白，而是自由的实现必不可少的一环。当然，黑格尔认为，自由的实现，更为重要的是有效的客观制度安排，这也是道德不是法世界的最高环节的原因，从而道德需要进一步跃升到更高环节的伦理。从家庭到市民社会，再到国家，真实的自由最终得以实现，完满的自由社会才成为现实。黑格尔认为："法（引者注：此处指抽象法）不过是整体的一个分支或是象藤类植物，攀缘在自在自为地屹立着的树上。"❶ 这是黑格尔对于抽象法和哲学意义上的法的关系的形象诠释，道德与抽象法一样，作为法的一个环节，其与哲学意义上的法的关系也是如同藤类植物，攀缘在自在自为地屹立着的树上，这棵自在自为的树就是哲学意义的法、法的概念的现实、理念法。

在《法哲学原理》中，黑格尔并没有否弃法学意义上的，也是经验事实中的实定法，甚至黑格尔还认为"法一般说来是实定的"❷。实定法与哲学意义上的法固然有区别，但也不是抽象的对立和彼此矛盾；相反，二者存在密切联系。这一点可以在《法哲学原理》中得到印证："我们在本书中谈到法的时候，不仅指人们通常对这一名词所了解的，即市民法，而且指道德、伦理和世界史而言。"❸ 市民法就是我们经验生活可以感知的实定法，如合同法、物权法、侵权责任法等。其实，在黑格尔看来，实定法与哲学意义上的法是形式与内容的关系、肉体与灵魂的关系，从应然的角度而言，二者应当和谐统一于一体，因为"没有肉体的灵魂不是活的东西"❹；类似地，如果肉体离开了灵魂，"它就是一种可怜的东西"❺。既然黑格尔把实定法视为哲学意义上的法的形式，实定法也是我们生活经验意义上的法律，那么从黑格尔的视角探讨道德与实定法的关系既有必要亦有意义。

关于实定法，黑格尔主要在《法哲学原理》伦理篇的市民社会进行了阐述。如

❶ 黑格尔. 法哲学原理［M］. 范扬，张企泰，译. 北京：商务印书馆，1961：163.
❷ 黑格尔. 法哲学原理［M］. 范扬，张企泰，译. 北京：商务印书馆，1961：导论4.
❸ 黑格尔. 法哲学原理［M］. 范扬，张企泰，译. 北京：商务印书馆，1961：导论42.
❹ 黑格尔. 法哲学原理［M］. 范扬，张企泰，译. 北京：商务印书馆，1961：导论1.
❺ 黑格尔. 法哲学原理［M］. 范扬，张企泰，译. 北京：商务印书馆，1961：导论1.

果说黑格尔法哲学的抽象法只是探究人格平等的人权问题，那么市民社会中的市民法在某种意义上就是我们通常所说的实定法。根据黑格尔思辨逻辑的特点，从实定法所处的逻辑顺序，我们可以窥测黑格尔关于道德与实定法的关系。实定法为什么置于道德之上的环节呢？其实，黑格尔认为，真正的自由之善既不能停留于道德，也无法实现于道德。作为"合题"伦理环节中的实定法固然要包含道德中"善"的内容，但更为重要的是，道德作为必然被扬弃的有限事物，伦理环节的实定法是道德的存在根据和依归。黑格尔的观点与我们通常的理解大相径庭，因为我们总是认为实定法应当以道德为基础。

为什么道德之善、自由精神不能停留于道德，也无法实现于道德呢？实定法对于道德的重要意义又何在呢？一方面，实定法为道德摆脱纯粹主观性提供可公度的客观内容。黑格尔认为，"善"的道德即美德的内容必须是可公度的，否则道德之善就可能成为纯粹主观任性，个人主观认为的善其实是恶的。如果不同的人对于何谓善的内容认识不一，道德之善谈何实现？道德的内容的客观性依据不在于道德自身，而是存在于更高环节的伦理中，而伦理实体是离不开实定法的，黑格尔在伦理实体的中间环节——市民社会中进行了论证。市民社会在个人利益至上原则的支配下，离开了立法、执法和司法，也就是说离开了实定法的制定、执行和运用，必然陷入无序的状态。实定法作为客观的制度安排，恰好为道德提供了可以公度的客观内容。显然，黑格尔认为美德的内容笼统而言需要以合乎自由精神为标准，但具体而言，美德的内容应该以伦理实体为依据。在家庭、市民社会、国家不同的伦理实体中，美德的内容也各不相同，甚至在不同的时代，美德的内容也是发展变化的。另一方面，实定法为道德的实现提供了条件。道德作为内在法，如果道德的自由之善在内心驻足不前，不能走向实践，那么对于自由的良序社会的构建意义有限，所以黑格尔认为"原在道德中的应然在伦理的领域中才能达到"❶。离开了实定法确立

---

❶ 黑格尔．法哲学原理［M］．范扬，张企泰，译．北京：商务印书馆，1961：113.

的客观制度安排和有效的制度保障，道德的实现也是偶然的。例如，国内对于"老人摔倒扶还是不扶"的争议原因恐怕主要不是道德的丧失，而是法律制度上的某些缺失和缺陷。换言之，没有有效的实定法创造的良好环境，良好的道德难以持续，实定法有助于培养人的美德。颇有意思的是，黑格尔认为一个人做了一两件善事不能算是有德之人，"只有当这种行为方式成为他性格中的固定要素时，他才可以说是有德的"❶。如何培育有德之人，关键不在于个人的内心修养，而是有效的伦理安排，其中重要的就包括实定法的制度安排。

二、马克思对黑格尔法与道德关系观的承继

如前文所述，黑格尔的法哲学实则是关于自由的哲学，既是研究自由概念如何认识自身、分裂自身、回复自身，并实现自身的逻辑演进过程，也是探究人为什么是自由的、如何实现自由的问题。因此，无论是黑格尔法哲学中的法理念、作为中间环节的道德，还是伦理环节中的实定法，无不是以自由为其核心和旨归。无论道德之善，还是实定法之善，唯一的标准就是是否合乎自由精神。在法与道德的关系观上，马克思承继了黑格尔的"自由"主线，或者说马克思认同了法与道德的联系或重要的共性就是贯穿其中的自由精神。

马克思曾经指出："法律不是压制自由的手段，正如重力定律不是阻止运动的手段一样。"❷法的最高价值就是自由。然而，马克思的道德观是否也是以自由为核心呢？在《莱茵报》时期，马克思的道德和法律观均受到了黑格尔的理性自由观的影响，认为自由绝不是为所欲为的任性；相反，自由应当是摆脱自然冲动的自律。黑格尔认为，"人作为精神是一种自由的本质，他具有不受自然冲动所规定的地位"❸。马克思也指出"道德的基础是人类精神的自律"❹。"我们可以看到，作为道德的道

---

❶ 黑格尔.法哲学原理［M］.范扬，张企泰，译.北京：商务印书馆，1961：170.
❷ 马克思恩格斯全集：第 1 卷［M］.北京：人民出版社，1956：71.
❸ 黑格尔.法哲学原理［M］.范扬，张企泰，译.北京：商务印书馆，1961：29.
❹ 马克思恩格斯全集：第 1 卷［M］.北京：人民出版社，1995：119.

德，作为这个世界（它受自己的规律支配）的原则的道德正在消失中，而代替本质的却是外表的现象、警察的礼貌和拘泥的礼仪。"❶ 外在的礼貌和拘泥的礼仪不过是道德的外在形式，而不是道德的本质，道德的本质是自由。因此，马克思认为书报检查令违反了道德的自由本质，因此是不道德的。马克思认为剥削也是不道德的，违反了自由本质。如学者布坎南认为，在马克思看来，剥削发生在一切出于个人利益而将人们有害地利用为工具的地方。❷ 把剥削界定为"有害"地把他人作为手段来达到自己的目的，明显表达了马克思对于剥削行为的否定的道德评价。美国学者 R. G. 佩弗认为，马克思之所以认为资本主义社会的剥削现象是错误的，不仅是因为剥削违反了分配正义的重要原则，更为重要的是，剥削违反了自由这一重要的核心价值。R. G. 佩弗认为，马克思具有自己清晰的道德观，是建立在"自由（自我决定）、人类共同体和自我实现三个道德价值观之上的"❸。国内也有学者认为，马克思的道德观的核心也是自由，"马克思又致力于为真正人的道德奠立价值坐标，这个坐标原点就是所有人的自由全面发展"❹。

从法的关系论层面来看，马克思还继承了黑格尔关于"我"与"他"的道德之间是肯定的共在关系的观点。如前文所述，黑格尔认为道德是"关系"的观点，"关系"的观点表明道德不是孤立的个人的自我修养，而是关涉"我"的意图、自由、幸福和"他"的意图、自由、幸福。"我的目的的实现包含着这种我的意志和他人意志的同一，其实现与他人意志具有肯定的关系。"❺ 因此，按照道德的要求，"我"的利益和幸福与"他"的利益和幸福不再是纯粹外在的对立、冲突状态，而是他我彼此同一、成为和谐整体的状态，即肯定的共在关系。没有"他"的意图、自由的实现，"我"的意图、自由的实现也是偶然的，因为站在人格平等的立场来

❶ 马克思恩格斯全集：第 1 卷［M］．北京：人民出版社，1956：15．
❷ 艾伦·布坎南．马克思与正义［M］．林进平，译．北京：人民出版社，2013．
❸ R. G. 佩弗．马克思主义、道德与社会正义［M］．吕梁山，等译．北京：高等教育出版社，2010．
❹ 詹世友．马克思的道德观：知识图景与价值坐标［J］．道德与文明，2015（1）：46．
❺ 黑格尔．法哲学原理［M］．范扬，张企泰，译．北京：商务印书馆，1961：114．

看，"他"也是"我"。显然，黑格尔的人与人之间的道德是肯定共生关系的观点隐含了人们自由实现是互为条件的判断。马克思心中的理想社会，"将是这样一个联合体，在那里，每个人的自由发展是一切人的自由发展的条件"❶。显然，马克思和黑格尔都认同，真正的道德社会是人与人之间和谐共在的自由社会。

在如何培养有道德的人的方式上，我们也可以看到马克思对黑格尔理论的承继关系。黑格尔认为，美德的养成不能依靠纯粹的道德说教，教育的作用不是让受教育者接受某种道德标准，而是让人不受自然冲动的支配，认识到人的本质是自由，而自由就是自我选择、自我决定。黑格尔认为，培养美德的最佳方式就是让人生活在伦理共同体中，在伦理共同体中习得"成为一个人，并尊敬他人为人"❷。正因为如此，黑格尔认为"成为国家成员是单个人的最高义务"❸。黑格尔认为真正的道德之善就是成为自由的人，而不是俯首听命的奴才；尊重他人人格，追求人人平等。在《莱茵报》时期，马克思认为，"国家本身教育自己成员的办法是：使他们成为国家的成员；把个人的目的变成普遍的目的，把粗野的本能变成合乎道德的意向……国家是相互教育的自由人的联合体"❹。不可否认，黑格尔和马克思的上述观点明显可以看到柏拉图理想国理论的影子。

三、马克思对黑格尔法与道德关系观的超越

马克思承继了黑格尔关于法与道德的联系观，即二者均以自由为核心和最高价值追求。但是，法与道德是否抽象的、永恒的呢？决定法与道德的是否具有共同的因素呢？抑或说法与道德是否具有相同的本质呢？根据黑格尔法哲学的阐述，法与道德都是以自由意志为本质的"法概念"实体的产物。换言之，是"法概念"这一实体，也是主体"生长"出了法与道德，因为按照黑格尔哲学的观点，世界万物

❶　马克思恩格斯文集：第 2 卷［M］.北京：人民出版社，2009：53.
❷　黑格尔.法哲学原理［M］.范扬，张企泰，译.北京：商务印书馆，1961：46.
❸　黑格尔.法哲学原理［M］.范扬，张企泰，译.北京：商务印书馆，1961：253.
❹　马克思恩格斯全集：第 1 卷［M］.北京：人民出版社，1956：217.

都是由"概念"生发而来的，法与道德作为世界的组成部分，正是从自在自为的概念中"生长"出来。因此，黑格尔认为，法与道德是由以自由意志为核心的"法概念"决定的。显然，黑格尔的哲学观是客观唯心主义的哲学观。

马克思虽然认同法与道德属于精神领域的范畴，但是精神现象绝不是自我决定的。马克思认为，法与道德的决定因素既不是精神自身，也不是黑格尔所说的自在自为的"概念"。在本书第二章法的本质论中我们论证了马克思从国家意志到阶级意志，从阶级意志再到物质制约性而发掘法的本质的过程，实现了对黑格尔法本质观的超越。如果说马克思把法的本质或关键的决定因素归结为物质制约性，那么道德的本质或关键的决定因素又是什么呢？

马克思曾指出，"宗教、家庭、国家、法、道德、科学、艺术等等，都不过是生产的一些特殊的方式，并且受生产的普遍规律的支配"[1]。马克思看到了道德绝不是抽象的、自在自为的现象，而是与法一样，也是由物质生产的普遍规律所决定的。显然，马克思已经超越了黑格尔把道德的决定性力量归结为自由精神和法的理念的客观唯心主义观。马克思在批判海因岑先生的道德观时指出："海因岑先生以为，正是这些东西（引者注：指道德、正义和操守等）构成了一切社会的基础。……共产主义者认定，这些永恒的真理决不是它们自身形成时所处的那个社会的基础，恰恰相反，它们是那个社会的产物。"[2]马克思认为海因岑先生错误地把道德、操守等作为社会的基础，其实，道德只是被决定的对象。简言之，有什么样的社会，就有什么样的道德，"财产的任何一种社会形式都有各自的'道德'与之相适应"[3]。在《德意志意识形态》中，马克思认为应当"从市民社会出发来阐明各种不同的理论产物和意识形式，如宗教、哲学、道德等等，并在这个基础上追溯它们产生的过程"[4]。由此可见，马克思认为不应该从抽象的正义、善等观念中追溯道德

[1] 马克思恩格斯文集：第1卷 [M]．北京：人民出版社，2009：186.
[2] 马克思恩格斯文集：第1卷 [M]．北京：人民出版社，2009：669.
[3] 马克思恩格斯文集：第3卷 [M]．北京：人民出版社，2009：214-215.
[4] 马克思恩格斯全集：第3卷 [M]．北京：人民出版社，1960：42-43.

和法律的源头，而应当立足于经济基础或物质生产活动。马克思也曾批判了埃米尔·萨克斯对资产阶级进行道德说教的荒谬性，"这种说教的动人作用一碰到私人利益，必要时一碰到竞争，就又会立刻烟消云散"❶。试图以道德的说教来规劝资产阶级养成某种美德是根本无济于事的，这种无力的说教"同站在水池边的老母鸡向它孵出的在池中欢快地游来游去的小鸭所作的说教是一样的"❷。概言之，马克思认为法与道德的另一个重要共性在于物质制约性，与古代中国管仲的思想"仓廪实而知礼节，衣食足而知荣辱"可谓具有异曲同工之妙。

尤其值得指出的是，马克思不仅看到了法的阶级性，而且提出了道德具有阶级性的主张，在法与道德的关系上再一次超越了黑格尔抽象的法与道德观。前马克思时代的哲学总是把法与道德归结为人类的理性、人性中与生俱来的善、公平、正义等观念的产物，尤其是认为人们关于道德的善恶标准应当是永恒的、一致的。关于利己主义和自我牺牲的道德性质，通俗的理解当然认为自我牺牲是值得颂扬的美德，但是马克思并没有抽象地把自我牺牲视为道德之"善"，而是认为应当站在不同的阶级立场，历史地、具体地看待道德的善恶问题。马克思认为不同阶级持有不同的道德观是必然的，因为道德观念"是在这种物质利益、阶级分化的基础上必然要产生的"❸。如果看不到隐藏在道德背后的阶级性，必然只能是"从概念上、情感上或者赞同自我牺牲，或者赞同利己主义"❹。由于阶级地位的对立性，根本道德观念的对立就是必然的，因此"共产主义者既不拿利己主义来反对自我牺牲，也不拿自我牺牲来反对利己主义……随着物质根源的消失，这种对立自然而然也就消灭。……无论利己主义还是自我牺牲，都是一定条件下个人自我实现的一种必要形式"❺。在社会物质发展远未达到极大丰富的阶段，试图人人确立自我牺牲的美德是

❶ 马克思恩格斯文集：第 3 卷［M］. 北京：人民出版社，2009：276.
❷ 马克思恩格斯文集：第 3 卷［M］. 北京：人民出版社，2009：276-277.
❸ 马克思恩格斯全集：第 3 卷［M］. 北京：人民出版社，1960：274.
❹ 马克思恩格斯全集：第 3 卷［M］. 北京：人民出版社，1960：274.
❺ 马克思恩格斯全集：第 3 卷［M］. 北京：人民出版社，1960：275.

不现实的。对于资产阶级而言，以利己主义为道德信条，正是由其阶级地位所决定的，甚至我们不得不承认，利己主义的道德观在资本主义社会具有历史的、阶段性的价值。类似地，恩格斯在《反杜林论》中也认同了马克思的道德阶级观，指出在阶级社会中，道德总是带有鲜明的阶级色彩。❶ 在共产主义社会，阶级的对立消失了，道德的对立才能消融，以自由为最高价值、尊重人人自由的道德观才能成为现实。

马克思在批判资产阶级虚伪的道德观中体悟到了道德的阶级性，但是马克思既没有通过对道德纯粹的解构而走向道德虚无主义，也没有对共产主义社会的道德进行乌托邦式的构想。道德之善的标准绝不是抽象的，善之道德也不是与生俱来的，人之初是无所谓善恶的；善之道德的确立也不可能依靠空洞的道德说教。真正善的道德，也就是马克思所言的"人"的道德、合乎人的本质的道德，唯有在消灭了阶级对立的社会中才能实现，而阶级对立消灭的最终力量有赖于物质生产的不断发展。虽然无产阶级和资产阶级可能存在某些道德的共识，但是这丝毫不能掩盖二者在道德观上的根本对立。抹杀道德的阶级性，鼓吹普适、永恒的道德观是前马克思哲学家的通病。

在法与道德的关系上，马克思对黑格尔的另一伟大的超越在于从历史实证的维度揭示了法与道德的演进历史的紧密联系。恩格斯曾经盛赞黑格尔的"历史感"，但是黑格尔的历史是其"概念"的逻辑演进史，即概念的"肯定—否定—否定之否定"的思辨逻辑发展史。黑格尔是明确反对在哲学研究中进行历史实证研究的，在"对于各种法律规定在时间上的出现和发展加以考察，这是一种纯历史的研究。这种研究……在各自领域中固然都有其功用和价值，但是与哲学上的考察无关"❷。历史实证研究只能证明其"具有一般历史的价值……因此之故，它们又是暂时性

---

❶ 恩格斯. 反杜林论［M］. 北京：人民出版社，1970：92.
❷ 黑格尔. 法哲学原理［M］. 范扬，张企泰，译. 北京：商务印书馆，1961：5.

的"❶。而黑格尔认为哲学是应该"从那些形式靡定、反复无常的考察中提取恒久不变的东西"❷。相反，马克思认为哲学不应当是纯粹的思辨，哲学要走向科学不仅不能排斥历史实证研究方法，而且应当从历史实证研究中得出更加可靠的结论，因此历史实证研究方法在哲学研究中具有重要意义。需要进一步追问的是，从历史发展的维度而言，法与道德究竟是怎样的关系呢？

马克思在对法与道德进行历史溯源研究中，对于摩尔根的《古代社会》一书倍加关注，并撰写了《摩尔根〈古代社会〉一书摘要》。马克思肯定了摩尔根的下述思想："希腊人、罗马人、希伯来人的最初的法律——在文明时代开始以后——主要只是把他们前代体现在习惯和习俗中的经验的成果变为法律条文。"❸众所周知，道德总是以习惯、风俗、礼仪等不成文的方式体现出来。在原始社会中，由于生产力水平低下，极少出现剩余产品，私人利益冲突并不尖锐，因此道德这一相对温和的调整方式成为规制社会关系的主要手段。显然，从产生的时间顺序上看，道德是先于法而存在的。但是，随着生产力的发展，剩余产品的增加，贫富分化加剧，仅仅依靠道德已经无法维持必要的秩序，于是伴随着国家的出现，法这一更为严厉的调整手段同时产生。最初出现的法是习惯法，而这种所谓的习惯法，实际上就是统治阶级对有利于自身的道德习惯、礼仪风俗认可为法，从而道德就上升为法，"如果一种生产方式持续了一个时期，那末，它就会作为习惯和传统固定下来，最后被作为明文的法律加以神圣化"❹。恩格斯在《家庭、私有制和国家的起源》中也认为，最早的法尤其是习惯法实际上是由道德演化而来的。其实，即便是当下，统治阶级也把关涉阶级统治和社会稳定的重要的道德规范纳入法律之中。例如，夫妻之间的相互忠诚原本仅仅是道德要求，但各国普遍把夫妻之间相互忠诚的道德义务上升为法律义务，在本国的婚姻法中加以明确规定。"孝"作为传统美德本来也是道德问

❶ 黑格尔．法哲学原理［M］．范扬，张企泰，译．北京：商务印书馆，1961：7.
❷ 黑格尔．法哲学原理［M］．范扬，张企泰，译．北京：商务印书馆，1961：序言3.
❸ 马克思恩格斯全集：第45卷［M］．北京：人民出版社，1985：389-390.
❹ 马克思恩格斯全集：第25卷［M］．北京：人民出版社，1974：894.

题，但是基于"孝"对社会秩序的重要性，不少国家也把孝敬老人纳入法律之中。放眼人类社会的演进历史，法与道德确实是紧密相连、相辅相成的关系。

综上，马克思立足于政治经济学研究，揭示了法与道德绝非抽象、永恒的精神范畴，而是都受到物质经济基础制约、具有鲜明阶级性的社会现象；通过深入的历史实证研究，明晰了法与道德的历史演进关系，把法与道德的关系奠定于科学的历史唯物主义的基底之上，实现了对黑格尔法与道德关系论的超越。

第五章　辩证法与历史主义方法的承继与超越

　　任何理论的构建都离不开特定的研究方法，理论的超越从根本而言首要的就是方法论的超越。因此，在一定意义上，马克思法哲学本质观、价值观和诸范畴关系理论的超越，其内在的原因正是方法论的超越。哲学是世界观与方法论的辩证统一，作为世界观，哲学是思考和回答世界是什么的问题；而作为方法论，哲学就是怎样思考和回答世界是什么等相关哲学问题。方法论的超越，不仅可以突破旧的理论体系，而且可以为新的理论构建提供内在逻辑的支点。研究马克思与黑格尔法哲学的方法论问题，不仅能更加精准地把握他们法哲学的本质观、价值观等重大问题，而且能为我们进行法哲学相关研究提供方法的指引。因此，法哲学方法论的承继与超越也是不可回避的重要论题。

第一节　辩证法的承继与超越

一、黑格尔的思辨辩证法

黑格尔在《法哲学原理》的序言中写道："哲学方法，即整套思辨的认识方法，跟其他任何认识方法有本质上的区别。"❶ 显然，黑格尔认为，他的法哲学研究的核心研究方法就是"整套思辨的认识方法"，即思辨辩证法。在《法哲学原理》的导论中，黑格尔再次重申了其法哲学研究方法："至于哲学的科学处理方法究竟是怎样的，哲学的逻辑学已加阐明，而且是这里的前提。"❷ 由此可见，黑格尔法哲学的研究方法也就是他的逻辑学，而且其法哲学是其逻辑学的方法在法与权利领域的应用。

在黑格尔的《小逻辑》中，最高层次的环节依次为"存在论—本质论—概念论"；而存在论依次为"质—量—尺度"；本质论中依次为"实存—现象—现实"；概念论中依次为"主观概念—客体—理念"❸，这些正是众所周知的其辩证法"正—反—合"形式的体现和印证。黑格尔的逻辑学常被称为思辨逻辑学，以区别于仅仅研究思维形式、与内容无涉的形式逻辑学，即亚里士多德创设的逻辑学。因此，在某种意义上可以说黑格尔的逻辑学就是其思辨辩证法。

在《法哲学原理》中，黑格尔对于法哲学论题的推进，无不是其辩证法"正—反—合"的"三一"模式的生动再现，如最高层次的"抽象法—道德—伦理"；抽象法下的"所有权—契约—不法"；道德下的"故意与责任—意图和福利—善和良心"；伦理下的"家庭—市民社会—国家"。现仅以伦理环节的"家庭—市民社会—国家"为例，黑格尔认为家庭只是直接的、自然的伦理精神，因为家庭的形成源于爱、血缘关系，父母对于子女的爱是无需理由也无法言说的自然之爱，这当然是一种朴素的、初始的自然伦理形式。在家庭这一伦理形式中，只有家庭成员，没有个人，即只有家庭整体的利益，没有独立的个人利益；而随着子女的长大，原生家庭走向了解体，进入市民社会阶段。相对于家庭没有个人利益而言，市民社会作为人人追逐私人利益的战场，无疑是家庭的对立面（反题）。市民社会中个人为了

---

❶ 黑格尔.法哲学原理［M］.范扬，张企泰，译.北京：商务印书馆，1961：序言 1-2.
❷ 黑格尔.法哲学原理［M］.范扬，张企泰，译.北京：商务印书馆，1961：导论 3.
❸ 黑格尔.小逻辑［M］.贺麟，译.上海：上海人民出版社，2009.

实现自己的私人利益，只能通过满足他人的需要方能达到，市民社会并非完全一盘散沙，而是具有形式的、外在的普遍性，表现为形式上的联合体。黑格尔对于市民社会的原子个人主义怀着深深的担忧，按照他的逻辑学和辩证法，市民社会这一"反"的环节显然不应该是终点，必然要走向"合"的至高点——国家。在黑格尔的心中，国家才是特殊性与普遍性的统一、个人利益与共同利益的统一，是法的概念的真正实现，是自由的现实，国家是"行进在地上的神"（黑格尔语）。

　　由上观之，辩证法恰是黑格尔法哲学研究的首要方法，也是我们开启其法哲学大门的一把钥匙。因此，黑格尔的思辨辩证法是我们进行方法论研究不可回避的重要论题。

　　（一）辩证法的缘起

　　思辨辩证法虽然是黑格尔的首创成果，但是辩证法的思想源远流长。根据可以考证的哲学史，辩证法的思想可以追溯至古希腊的赫拉克利特。

　　古希腊的赫拉克利特的辩证法思想源于对其先前哲学家们本体论的反思。在古代哲学家们的本体论研究中，无论其本体论的结论是唯物主义还是唯心主义，基本的哲学研究思路是共同的，即试图从经验的世界万物的动变现象去探寻超验的不变的本体。然而，按照合理的思维逻辑，既然世界万物作为变体是处于变动不居的动态，作为变体本原的本体就不应该是永恒不变的实体，否则将会产生系列问题：首先，作为变体的动变本性就是"无中生有"。其次，若否定世界万物即变体的动变本性又明显与人们的经验观察不符，四季的变化、太阳的升落不是生活经验可以感知的动变吗？最后，若否定本体具有动变的潜能，也就等同于否认了本体能够转变为世界万物变体的可能，否认了本体是世界的本原和根据。[1]赫拉克利特虽然坚持世界是动变的而非静止的、是普遍联系的而非彼此孤立的，但是他对于世界的把握、理解缺乏从概念思维的内在性进行阐释，仅仅是直观的猜测。一方面，其辩证

---

❶　倪志安.马克思主义哲学方法论研究［M］.北京：人民出版社，2007：48-52.

法思想无法对抗其他哲学家的非难；另一方面，其"人不能两次踏入同一条河流"的论断也和世人的生活经验相违背，最终其辩证法思想竟被视为缺乏判断力的群氓的观点。

虽然赫拉克利特是最早提出辩证法思想的人，但是创设辩证法这一哲学词汇的是柏拉图。黑格尔甚至认为柏拉图是使辩证法成为科学的第一人："在古代，柏拉图被称为辩证法的发明者。就其指在柏拉图哲学中，辩证法第一次以自由的科学的形式，亦即以客观的形式出现而言，这话的确是对的。"❶柏拉图的辩证法具有两种不同的意义：一种是对话辩证法，也就是大家熟知的诘难法，即通过提问者有意识的引导，从被提问者的回答中发现矛盾，最终探明真理。当然柏拉图的这一理解来自他的老师苏格拉底，是苏格拉底最初提出了这种方法，但苏格拉底对这种方法的运用十分有限，即主要关注的是人类道德领域，而柏拉图则将这一方法发扬光大，用其来探讨世界万物。另一种是思辨辩证法，即通过理性的沉思把握真理。如果说对话辩证法是主体间性的，那么思辨辩证法则是主体性的。众所周知，柏拉图把世界划分为感官世界和理念世界两类。感官世界是流变的世界，其变动不居的性质决定了其非真实性，人无法借助概念进行把握；而理念世界具有确定性、永恒性和超感验性，唯有通过概念进行把握。同时，柏拉图把人的认识能力分为想象、信念、理智和理性。想象和信念可以认识感官世界，理智和理性能够把握理念世界。但是理智需要诉诸直观的图形和假设把握理念世界，故不是脱离感觉印象的纯粹理念。唯有理性不涉及任何感性事物而仅靠理念进行运思，通过从一个理念到另一个理念的概念推演把握真理，柏拉图把这种研究纯粹理念的对立统一关系的方法称为"辩证法"。辩证法不依靠眼睛等感官器官，仅仅借助理性，达到可知世界的认识的极限，最终实现对最高理念即"善"的把握。柏拉图的"分有"说通过"具体事物分有理念"阐明了具体事物具有的普遍性。但是，"分有"论却遇到了理论的困境：

---

❶ 黑格尔. 小逻辑［M］. 贺麟，译. 上海：上海人民出版社，2009：175.

现象中是存在矛盾的，一个具体的事物存在着不同的性质，甚至是相互矛盾的性质，这种存在内在矛盾的事物又如何来分享理念呢？所以，柏拉图在其后期的哲学思想中就开始专注于解决理念与理念之间的关系问题。在《巴门尼德篇》中，柏拉图提出的中心问题正是"事物的相反（矛盾）性质和相反理念能否结合"。在《智者篇》中，柏拉图以"通种论"解决了上述理论的困境：在理念体系中，有三对理念具有最高的独立性和普遍性，它们可以深入到任何理念之中，这三对理念就是"存在与非存在""动与静""同与异"，每一对理念的二者既是对立的，又是能够结合、共存的。显然，黑格尔的辩证法是受到了柏拉图"通种论"的对立统一矛盾观的启发。需要澄清的是，柏拉图的对话辩证法异于智者派的诡辩术，诡辩术纯粹是为辩论而辩论，借助雄辩术或修辞术，通过揭示对手命题中的矛盾而驳倒对手。一言以蔽之，诡辩术不以发现真理为目的。

近代社会自然科学获得了长足的发展，一项项重大发现和技术突破无疑验证了形式逻辑的巨大威力。然而，形式逻辑割裂形式与内容，把同一视为非此即彼的抽象同一，与辩证法的思维可谓截然相反。诚如黑格尔所言，康德试图重新恢复辩证法的光辉，以先验逻辑改造形式逻辑。但是，康德对现象与物自体的区分导致了真理世界不可把握的结论。黑格尔不满意康德的改造，坚信人能够凭借勇毅的精神直面世界，真理终会显现自己，从而被人所认识。因此，黑格尔致力于改造康德的消极、否定的先验辩证法，实现康德两个世界的统一。黑格尔认为，唯一真正的哲学方法是辩证法，因为"没有一种可以算作科学的阐述而不遵循这种方法的过程，不适合它的单纯的节奏的，因为它就是事情本身的过程"❶。

（二）黑格尔辩证法的内容

辩证法源于希腊语的 dialectic，由 dia 与 lektik 两部分组成。dia 是分立、贯穿的意思，lektik 即综合、合成。黑格尔的思辨辩证法在纯粹思辨的意义上揭示了三

---

❶ 黑格尔.逻辑学（上卷）[M].杨一之，译.北京：商务印书馆，1966：37.

大规律：对立统一规律（正—反—合）、否定之否定规律（肯定—否定—否定之否定）和质量互变规律（质—量—尺度）。在各规律中，无不体现出从分立到综合的过程。

黑格尔的辩证法是"概念"的辩证法。按照黑格尔辩证法的观点，"概念"是实体，也是主体，"概念"的自我运动、自我内在矛盾的对立统一创造了世界万物，"概念"是世界的本原，理念作为"概念"发展的顶点就是完满的"真理"。显然，准确把握黑格尔的辩证法离不开对其"概念"的精准认识。

黑格尔的辩证法又被称为"思辨"辩证法。何谓思辨呢？从词源考证，"思辨"的德语词汇为 spekulativ，与 specularis（透明者）、speculum（镜子）拥有相同词根，具有反思（spiegeln）的含义，等同于英语中的 reflection。黑格尔辩证法的"三一"模式离不开中项的"中介"或"反思"的环节，是超越有限性、超越知性非此即彼观点的重要桥梁和中介。"反思"或"中介"也是黑格尔辩证法的重要特性，把握他的辩证法，就要深刻认识其"中介"。

学者邓晓芒认为要理解黑格尔辩证法的本意，必须回到西方文化的源头，即古希腊思想中的逻各斯精神和努斯精神。❶ 所谓的"努斯"精神就是否定性的精神，它构成黑格尔辩证法的能动的灵魂，表达了万物自己运动（自我否定）的原动力。所谓的"逻各斯"精神则主要是指事物发展的尺度、规则、规律的方面。

1."概念"（决定了神学性质、思辨性）

在形式逻辑中，概念是指人们用以描述事物的重要工具，也是人们交流不可或缺的桥梁。黑格尔的辩证法，从根本而言，阐释的是概念如何自我认识、自我发展、自我实现的过程。换言之，自在自为的概念既是黑格尔哲学中的实体，也是其辩证法的主体。因此，要真正深刻地把握黑格尔的辩证法，显然不能拘泥于三大规律或所谓的"三一"模式，黑格尔辩证法的核心之一——"概念"恰恰是打开其思

---

❶ 邓晓芒.论古希腊精神哲学的矛盾进展［J］.华中师范大学学报（人文社会科学版），2001（5）：42.

辨辩证法大门的一把钥匙。

首先必须澄清的是，黑格尔辩证法中的实体——"概念"，与我们日常生活中所说的概念可谓大相径庭。在《小逻辑》的第三篇概念论中，黑格尔明确指出他的"概念"是"异予知性逻辑所理解那样，把概念仅只看成我们主观思维中的、本身没有内容的一种形式"❶。形式逻辑的概念是僵死的、抽象的、空洞的形式和工具，而黑格尔辩证法中的"概念"是"包含一切充实的内容在自身内，并同时又不为内容所限制或束缚"❷。正因为概念不为内容所限制和束缚，因此概念是"自由的原则，是独立存在着的实体性的力量"❸。自由表征的是独立自主的自我决定，因此黑格尔辩证法的概念就必然是"自在自为"的，不受他者决定、自己决定自己、自身就是自身目的的精神。

其实，据中国社会科学院叶秀山教授的考察，黑格尔哲学中的"概念"对应于德语的 begriff，而 begriff 源于动词 begrieifen，即"把握""掌握"之意，有别于英语的 concept；并且，能把握绝对的"概念"就是绝对本身，把握过程就是精神自己显现、发展自己的过程，而精神本质的完成就是真理，就是哲学、科学和历史。❹

然而，有些学者在批判黑格尔辩证法的"概念"时，一般都是引用马克思的一段话："如果说苹果、梨、扁桃、草莓实际上无非是'实体''果品'，那么，试问'果品'又怎么会忽而表现为苹果，忽而表现为梨，忽而又表现为扁桃呢？"❺而且对于黑格尔辩证法的"概念"作出了解读：由于具体的水果是思辨的果品概念所规定的，具体的水果就必然反映果品概念的内涵，二者之间并不存在对抗性关系，故果品在展开自身的过程中是"自由的"，无限定的。❻其实，马克思选择"果品"这

❶ 黑格尔.小逻辑［M］.贺麟，译.上海：上海人民出版社，2009：303.
❷ 黑格尔.小逻辑［M］.贺麟，译.上海：上海人民出版社，2009：303.
❸ 黑格尔.小逻辑［M］.贺麟，译.上海：上海人民出版社，2009：302.
❹ 叶秀山.思·史·诗——现象学和存在哲学研究［M］.北京：人民出版社，1988：130.
❺ 马克思恩格斯文集：第1卷［M］.北京：人民出版社，2009：277.
❻ 夏莹.自由与历史：黑格尔与马克思自由观之比较——以卡尔·波普尔的批判为视角的一种考察［J］.吉林大学社会科学学报，2015（2）：157.

一概念仅仅是出于理解的便利性。徐长福教授甚至认为，马克思在分析苹果、梨与果品的关系时，是"误把图式当成了个别直观"**❶**，只是颠倒了"小类和大类的主谓关系，结论是小类比大类实在"**❷**。需要注意的是，我们绝不能把"果品"这样的概念视为是黑格尔辩证法中的"概念"，"果品"这样的词汇不是黑格尔的辩证法指认的"概念"，否则这只能是一种误读。这一点在《法哲学原理》中可得到印证："法哲学这一门科学以法的理念，即法的概念及其现实化为对象。……只有概念（不是平常听到那种称做概念的、其实只是抽象理智规定的东西）才具有现实性。"**❸** 显然，黑格尔特别警示了世人不要把生活中称作的概念（其实也就是形式逻辑或具体科学中所说的概念）与其辩证法中的"概念"混为一谈。在导论中，黑格尔还提及人们常常谈论日耳曼法、罗马法中的概念，或者是这部那部法典中的法律概念，这些都不是辩证法所说的"概念"，这些法律概念应该称为"法律范畴、理智命题"，等等。**❹** 高兆明教授对此颇有见地，认为黑格尔的"概念"不是"茶杯""计算机"等带有感性杂质的具体概念，而是特指"一切事物都具有的最基本、最一般的'纯粹概念'……诸如有、无、一、多、质、量、因、果等"**❺**。在黑格尔看来，只有这样的概念才能"生发"出宇宙万物，才是万物存在的根据。颇有意思的是，面对人们对于其辩证法的"概念"与日常生活所言的概念易于混淆的指责，黑格尔认为他的辩证法的"概念"和形式逻辑、具体科学的概念还是具有相似之处，因为形式逻辑、具体科学的概念同样是抽象的，故同样需要不断地走向具体。马克思在评述黑格尔的逻辑学时，曾经揭示了黑格尔的抽象的逻辑范畴，包括"概念"是如何形成的。马克思以房屋作为生动的例子，认为黑格尔抽去了房屋的所有偶性，即具体的内容规定，越来越远离事物本身、远离事物的本质而得出最稀薄的一般，这种抽象

❶ 徐长福. 马克思哲学中的"主谓颠倒"问题［J］. 马克思主义与现实，2009（3）：31.
❷ 徐长福. 主词与谓词的辩证——马克思哲学的逻辑基础探究［J］. 哲学研究，2017（5）：14.
❸ 黑格尔. 法哲学原理［M］. 范扬，张企泰，译. 北京：商务印书馆，1961：导论1.
❹ 黑格尔. 法哲学原理［M］. 范扬，张企泰，译. 北京：商务印书馆，1961：导论6.
❺ 高兆明. 黑格尔《法哲学原理》导读［M］. 北京：商务印书馆，2010：10.

不是深入事物内部探寻事物的本质和存在的本原根据，恰恰是把远离事物本质的抽象当成了事物的本质，认为五彩斑斓的现实世界"只不过是逻辑范畴这种底布上的花彩……因而整个现实世界都淹没在抽象世界之中，即淹没在逻辑范畴的世界之中，这又有什么奇怪呢？"❶ 其实，"一与多""存在与非存在""质与量""动与静"等"概念"并非黑格尔的首创，古希腊哲学家苏格拉底、柏拉图就以这些最为抽象的概念把握世界。值得进一步追问的是，黑格尔辩证法的"概念"是否具有什么更加深刻的内涵呢？

黑格尔辩证法中的"概念"绝非僵死的抽象物，而是富含发展动力的精神。从宏观的角度而言，黑格尔的哲学包括"逻辑学""自然哲学""精神哲学"，其"逻辑学"也就是以思辨辩证法为核心，思辨辩证法以"概念"为实体和主体，而概念为什么能过渡到"自然哲学"和"精神哲学"环节呢？黑格尔认为，正是"概念"蕴含的能动精神推动着"概念"外化（"异化"）。在"精神哲学"层面上，又可以依次分为主观精神、客观精神和绝对精神。然而，"概念"在主观精神环节不过是外化为"有限的个体"，它必然不满足于现状，跃升到具有客观性的客观精神。主观精神缺失了客观性不具有真理性，同样客观精神欠缺了主观性也不具有真理性，只有在主观精神与客观精神相统一的绝对精神（也即哲学）之中，"概念"才达到了自身的顶峰和完满实现——绝对精神。绝对精神依次分为艺术—宗教—哲学，艺术仅以生动的感性形象把握世界，宗教则以表象的方式显现世界，唯有哲学是真正以"概念"把握世界，唯有哲学才能达到对绝对理念（真理）的认识。黑格尔曾经批判了形式逻辑意义上的概念仅具有抽象的形式，缺乏丰富的内容，而他自己的辩证法的"概念"贯穿的生动的内容就是精神，精神的真谛则在于通过它的自我否定、自我运动，从而展示事物之间的内在本质关联。

在黑格尔的辩证法中，与"概念"密切相关的用语就是"理念"，甚至有人认

---

❶ 马克思恩格斯选集：第 1 卷［M］. 北京：人民出版社，1972：310.

为理念就是概念的同义反复。其实，"概念"和"理念"在黑格尔的逻辑学或辩证法中还是存在一定的区别的。仅以黑格尔在《法哲学原理》中关于法哲学的研究对象的表述上看，就足以察觉二者的不同。黑格尔认为法哲学的研究对象就是法的"理念"，即法的"概念及其现实化"，因此仅从字面上可以得出这样的结论：理念＝概念的现实化。虽然概念和理念都包含着精神，与有限事物相比具有无限性，但是从黑格尔的辩证法体现为"过程辩证法"而言，我们可以把"概念"视为开端，"理念"是终端，尽管黑格尔辩证法的发展不是线性的而是封闭式的圆圈。"概念"相对于"理念"更加抽象，正因为其抽象性，"概念"才需要外化为有限事物，不断丰富自身的内容，不断地认识自己、发展自己，进而达到内容更加丰富的"概念"，即"理念"。显而易见，黑格尔辩证法的"概念"还蕴含了亚里士多德的"潜在性"的含义，即"概念"表征精神还处于萌芽状态，是精神的内在抽象原则。"概念"是借助内在矛盾为动力实现自身的显现与发展，从矛盾的维度而言，"概念"迈向"理念"正是矛盾的"潜在"、显现到解决的过程。黑格尔多次以树的种子隐喻其辩证法思想中的"概念"，如果说大树是"理念"，那么种子就是"概念"，虽然种子处在肯定性的开端，但其中内在地蕴含了大树。概言之，种子"潜在"地就是大树。

黑格尔辩证法把"概念"视为创造宇宙星辰、统摄世界万物的"上帝"，一切事物只有在与"概念"的联系中才获得规定和存在的依据。"概念"作为无所不能的力量，它是没有身世和由来的，是先于一切的先验，故位列于黑格尔辩证法的开端。黑格尔指认蕴含精神的"概念"作为统摄世界的造物主似乎是令人难以接受的头脑之妄，甚至导致其哲学理论晦涩难懂、令人费解。其实，就"概念"具有无所不能的创世力量而言，几乎所有唯心主义的哲学家的理论可谓大同小异。在这些唯心主义哲学家看来，既然精神确确实实具有感知、认知、判断、概念建构的能力，蕴含付诸行动的意志，为什么非要把世界视为刻板的、冷冰冰的物质运动呢？为什么不可承认精神的巨大动力，把自然、社会、历史和时空解读为生机勃勃的精神创造呢？黑格尔的"概念"不过是精神的代名词。其实，唯物主义并非断然否认精神、意识、意志的力量和作用；相反，唯物主义者当然承认意识、意志的存在和意义，只不过唯物主义者认为世界不是上帝或绝对精神的产物，而是客观存在。从某种意义上说，唯心主义哲学家的错误在于无限地夸大了意志、精神的作用，黑格尔不过是其中一员而已。

作为一位思想巨匠，黑格尔的"概念"是否蕴含着某种真理性的认识呢？其实，就辩证法中的"概念"论而言，黑格尔不愧为德国古典哲学的集大成者，其概念论的合理内核就在于：虽然人类意识的根基是人脑这一物质性基础，但是离开了概念，人是根本无法思维的，没有了人的意识，就没有人的实践，因为人的实践是有目的、有意识的活动。毋庸置疑，没有人类的实践，当然就没有属人的世界。如果说人与动物的重大区别之一是自我意识，那么能否以概念的方式进行思维则是人与动物绝对的分水岭。概念是人类独有的交流、沟通与思维的工具与桥梁，试想，"家具"本身并不是客观存在的事物，是人们在桌子、凳子、柜子等概念的基础上，通过复杂思维进行概念建构的产物；即使是客观存在的桌子，最终形成"桌子"这一"概念"也是经历了人类的复杂思维过程创设的。马克思曾经说过，蹩脚的建筑师也远远比营造精巧蜂巢的蜜蜂要高明。其实，除了马克思所言建筑师在施工建设前已经有了设计的蓝图而蜜蜂纯属出于本能外，人类比动物更加高等的原因在于人的思维可以借助概念进行思维，这种高度抽象的思维是动物绝不可能具备的。

近代以来，西方哲学似乎都陷入了试图寻找"第一原理"的执念之中，也就是试图找到世界万物的源头的"自因"，即自己就是自己存在的根据。当然，当每一个哲学家宣称自己找到了"自因"后，必然立即引来质疑。黑格尔虽然试图以辩证法的"前进"（向前进展）避免世人对"自因"不断"倒退"的无数质疑，但他的"概念"事实上也就是其哲学的"自因"，因为他的"概念"是"自在"的，即无须以他物作为根据的存在，自己就是自己存在的根据，是世界万物的根据和源头。但是，按照黑格尔的辩证法，"概念"本身也应该是抽象与具体的对立统一，为何把

"概念"的"抽象"（黑格尔是把抽象的而不包含具体的概念置于辩证法的开端）孤立地、先于一切地位列于开端呢？黑格尔哲学是反对假设的，那么这只能诠释为黑格尔的独断，这种独断与其辩证法形成了逻辑的悖论，"概念"也成了没有根据和历史的先验独断，而这个逻辑悖论和先验独断无疑是黑格尔辩证法的软肋。

然而，"概念"是没有根据、没有历史的绝对吗？语言学研究表明，概念形成的关键是语言文字，而语言文字是有着清晰的历史发展脉络的。据考证，人类的交流最早依赖的是声音符号的指称，随后发展到图示符号的指称（如象形的图示），再演变到字符指称，最后是字符与声符的结合形成了高度发达的语言文字。借助于文字，人类不仅可以创设概念指称实存的事物，如桌子、板凳，而且还能够通过概念建构指称现实中不是活生生实存的，而是人类思维的产物，如金山。显然，概念绝非如黑格尔认为的那样是没有历史的，也不是以自身为最终根据的绝对自在。正是黑格尔对于"概念"的独断和悬设，以至于费尔巴哈认为"黑格尔哲学是神学最后的避难所和最后的理性支柱"❶，以及"神学的秘密是人本学，思辨哲学的秘密则是神学——思辨神学"❷。

2. "中介"

新黑格尔主义的代表人物、法国哲学家亚历山大·科耶夫指出："实际上，谈论中介就是谈论辩证法，因为一切被中介的都是辩证的，一切辩证的都是被中介的。"❸ 按照亚历山大·科耶夫的观点，"中介"几乎是"辩证法"的代名词，"中介"含义的澄清无疑有助于我们准确把握黑格尔的辩证法。

（1）中介的含义

黑格尔认为："中介的环节……在一切地方、一切事物、每一概念中都可以找

---

❶ 费尔巴哈.费尔巴哈哲学著作选集（上卷）[M].荣震华，等译.北京：生活·读书·新知三联书店，1959：115.

❷ 费尔巴哈.费尔巴哈哲学著作选集（上卷）[M].荣震华，等译.北京：生活·读书·新知三联书店，1959：101.

❸ 科耶夫.驯服欲望：施特劳斯笔下的色诺芬撰述[M].贺志刚，等译.北京：华夏出版社，2002：1.

到。"❶ 由此可见，中介性是世界万物和概念精神中必然存在的现象。在黑格尔的辩证法经典公式，即"肯定—否定—否定之否定"或"正—反—合"中，其"三一"模式的逻辑推演显然体现出中介的不可或缺性。如上所述，黑格尔的辩证法的实体，即主体是"概念"（精神），而"概念"进展到"理念"就表征完满的真理。然而，"概念"是如何实现到"理念"的跃升呢？在《小逻辑》的第三篇"概念论"中，黑格尔为我们清晰地展示了这一进展的轨迹，即"主观概念—客体—理念"。显然，在这个发展的历程中，"客体"就是中介。在黑格尔看来，理念作为概念的完满实现，其中当然包含了概念的精神与内容，是"完成了的概念"，但二者不可简单地等同。中国社会科学院叶秀山教授举了一个生动的例子说明这一过程——某人从家乡出发，闯荡天下，功成名就之后又回到家乡，回到家乡的某人当然还是某人，但此时的某人显然与离开家乡时的某人又是不同的，因为他有了丰富的阅历和人生体验，概念就是那从家乡出发时的那个人，理念却是闯荡天下、功成名就后回到家乡的那个人。

我们不妨回到黑格尔在《小逻辑》中关于辩证法的经典表述："抽象的或知性【理智】的方面—辩证的或否定的理性的方面—思辨的或肯定理性的方面。"❷ 黑格尔特别强调上述三个方面不是辩证法的三个部分，而是每一概念或真理的各环节。换言之，不能把这三个环节视为孤立的三个部分，否则就是纯粹知性（理智）的看法，无法实现对真理的把握。在抽象的知性思维环节，思维固守每一概念的固定的、僵死的规定性，把对立面视为水火不容的对立，此时概念就是"自在"的存在，"自在"的存在也就是可以脱离对立面的孤立的、直接的存在，概念仅仅与自身抽象地同一；然而，概念作为自在自为的实体、主体，必然要从知性环节的"自在"走向"自为"，从抽象走向具体。如何达到具体呢？概念可以"外化"到有限事物中，而这个有限的事物绝不是任意的有限事物，即"杂多"，而是与"概念"

---

❶　黑格尔.逻辑学（上卷）［M］.北京：商务印书馆，1977：109.
❷　黑格尔.小逻辑［M］.贺麟，译.上海：上海人民出版社，2009：170.

正相对立的他物，是"概念"设立的他物。"概念"正是通过设立这个与自身相对立的他物来彰显自身的存在，他物不过是从否定的维度反映"概念"，因此"概念"与他物就是一对紧密相连的统一体。但是，概念或精神作为无限物，知道自己的使命，不会永久蛰伏、停留在有限事物中，有限事物也因为有限性必然否定自己而不能永存，所以概念不能永远停留在否定的中介环节，而需要继续前行，迈进到最后的完满环节——思辨的阶段或肯定理性的阶段。在肯定理性的阶段，概念通过中介环节的否定，不再是纯粹的自我抽象的同一，而是具体的同一；不再是自在的存在，而是自在自为的存在，从而达到了理念（真理）。此时的概念如同闯荡天下回到家乡的某人，虽然他还是某人，但这已经是有着丰富阅历和内容的某人。

值得注意的是，黑格尔辩证法的"中介"不是可有可无的，而是达到绝对（真理）的积极环节，"如果中介或反映不被理解为绝对的积极环节而被排除于绝对真理之外，那就是对理性的一种误解。正是这个反映，使真理成为发展出来的结果，而同时却又将结果与其形成过程之间的对立予以扬弃"❶。由此可见，黑格尔辩证法的"中介"应该包含了这样几层丰富的内容（仍以概念主体为例）：首先，中介是概念所设定的他物，此时中介这一他物和概念具有质的区别，与概念是并存的；其次，中介这一他物又不是任意的他物，而是由概念所设定或异化的，故不是杂多，而是与概念存在特定联系、与概念相对立的他物，中介就是概念的"纯粹的否定性"；最后，中介这一他物是概念自身的反映，是概念与自身运动中的同一。概念是自在的存在，中介这一他物就是概念的自为存在；概念是自身的肯定性存在，中介就是概念的否定性存在，因此中介这一他物就不是与概念不相关的真正的他物，而是概念的自为的、否定式的反映，中介就是概念自身的反映和同一。正因为中介是概念自身发展中的同一，概念在跃升到理念的过程中，只是对于中介的扬弃而不是彻底的否弃，理念作为"合"的环节，必然包含了"概念"这一"正"环节的内

---

❶ 黑格尔.精神现象学（上卷）[M].北京：商务印书馆，1979：13.

容和"中介"这一"反"环节的内容。因此,"举凡两个相异的规定或范畴的统一,并不仅是纯粹直接的或漫无规定性的空洞的统一,反之,必须认定其中的一个规定只有通过另一个规定为中介才会有真理"❶。

（2）"中介"在辩证法中的意义

卡尔·洛维特曾用"中介性与直接性"的对立来标画黑格尔、马克思与费尔巴哈之间的区别❷,这一观点无疑是非常深刻的。众所周知,费尔巴哈曾指证了黑格尔辩证法的神秘性,并把它挽救回唯物主义的基地。但是,费尔巴哈的"挽救"是一次粗鲁的"颠倒"（后文再详述）,为了驳斥黑格尔的唯心主义,却把其辩证法的深刻思想不加思考地抛弃了,尤其在人与自然的关系上,陷入了如同卡尔·洛维特所言的"直接性"。黑格尔辩证法的"中介"观无疑是反对"直接性"的。费尔巴哈把自然视为纯粹的"直接性"存在,即与人的实践活动无关的、孤立的、外在的存在,从而自然就是没有历史、没有发展的自在存在。马克思曾经批判了费尔巴哈的自然观的非历史性、机械唯物性。黑格尔的"中介"观首先反对的就是对待事物的"直接性"。

在黑格尔看来,当某物不与任何他物发生必然联系而只依赖自身独立自存就是"直接性",直接性的存在是非现实的。对于无限物而言,"无限物只有以否定为中介,作为否定之否定,本身才能达到肯定的有"❸。对于有限物而言,正因为是有限物,表明它的存在是以他物为依据的,所以有限物也必然超出自身的限制,走向全体、走向自身的根据。纯粹的直接性存在在现实中是不可能的,"譬如,我在柏林,我的直接存在是在这里,然而我所以在这里,是有中介性的,即由于我走了一段旅程才来到这里的"❹。

黑格尔辩证法的"中介"观的意义首先就在于洞察了事物"联系"的普遍性,

❶ 黑格尔.小逻辑［M］.贺麟,译.上海:上海人民出版社,2009:164.
❷ 施泰因克劳斯.黑格尔哲学新研究［M］.王树人,译.北京:商务印书馆,1990:148-175.
❸ 黑格尔.逻辑学（上卷）［M］.北京:商务印书馆,1977:139.
❹ 黑格尔.小逻辑［M］.贺麟,译.上海:上海人民出版社,2009:161.

尤其是以中介为特征的"联系"观。近代科学研究注重分门别类的方法运用，客观上取得了不少重大的成果，但是从方法论的维度而言，恰恰忽视了"联系"的重要性。众所周知，自然科学的研究往往是把对象进行分割，从而选择从某个层面展开研究，即使承认事物的联系，也不过理解为"外在"的联系。黑格尔认为，如果不能洞察事物的真实联系，忽视"中介"的重要意义，科学研究固然可以获得某些知识，但无法把握真理，因为"许多真理我们深知系由于极其复杂的、高度中介化的考察所得到的成果"❶。联系是世界万物的真实状态，一个事物不可能以绝对孤立的状态而存在，必然以其他事物的存在为条件。例如，当我们说一个人是"父亲"的时候，必然是以其他人是"子女"身份为条件的。即使是一个事物的内部，其组成的各要素也是相互联系的，并保持着某种均衡的状态，否则该事物将无法存在。当然，事物之间的联系往往不是一种一目了然的直接联系，更多的是以他物为中介的间接联系，因此试图从直接的或外在的联系中把握真理，显然不符合客观实际，虽付出了艰苦的努力也必将无功而返。

其次，黑格尔辩证法的"中介"观确立了辩证的"同一"论，即具体的同一论。"同一"似乎是哲学永恒不变的追求，"思有的同一"成为哲学永远的论题。黑格尔在《小逻辑》中深刻批判了形式逻辑秉持的"抽象同一"的观点，确立了科学的"具体同一"的辩证观。按照形式逻辑的规则，同一实质上是事物与自身抽象的同一，是脱离差别的、形式的、知性同一。形式逻辑的同一实质上是借助抽象的方法，把具体事物转变为简单的形式。具体而言，"或是通过所谓分析作用丢掉具体事物所具有的一部分多样性而只举出其一种；或是抹煞多样性之间的差异性，而把多种的规定性混合为一种"❷。"抽象同一"观是不能容忍差别的同一，更不能容忍对立的同一。例如，对于一个"善"人，抽象的同一观是不能容忍"恶"在其中的。而根据我们朴素的经验常识，这种抽象的同一观显然是与现实不符的，现实中"事

---

❶ 黑格尔. 小逻辑 [M]. 贺麟，译. 上海：上海人民出版社，2009：161.
❷ 黑格尔. 小逻辑 [M]. 贺麟，译. 上海：上海人民出版社，2009：235.

实上无论在天上或地上，无论在精神界或自然界，绝没有象知性所坚持的那种'非此即彼'的抽象东西"❶。事物的同一是包含差别的同一。例如，当我们说张三是人，此时仅仅看到了张三的符合人的普遍性或同一性，忽视了张三的特殊性和差别性，毫无疑问，张三是具有与其他人不一样的差别性的，如身高、体重、学历等。因此，同一绝不是形式逻辑或知性坚持的无差别的抽象同一。黑格尔甚至认为，对于知性看到的"海是海，风是风"的抽象同一观，只是看见了"在单纯差异或多样性形式下的差别"❷。这样的认知，不仅谈不上把握真理，而且没有任何意义，不过是一种同义反复。因为"海是海，风是风"的判断显然对于海的认识、对于风的认识毫无裨益，确实只不过是看到了海与风的纯粹外在差异，并没有深入到同中之异、异中之同的把握。真正的同一就是包含了差别和对立的同一，是"通过扬弃存在的直接规定性而变成的"❸。事物是如何扬弃自身的直接规定性呢？当然是通过设立自己的中介、自己的对立面，经过否定的环节，最终达到现实。在《小逻辑》中，黑格尔认为对于同一的真正意义进行正确的把握是非常重要的，正是"具体同一"思想的确立解决了康德哲学的二律背反。黑格尔告诫人们，"不要把同一单纯认作抽象的同一，认作排斥一切差别的同一"，因为"这是使得一切坏的哲学有别于那唯一值得称为哲学的哲学的关键"❹。

最后，黑格尔"中介"观的意义确立了其辩证法的"发展"观。按照黑格尔的辩证法，事物的变化不是单纯的"循环"，而是向着更高层次的"发展"。"中介"就是事物发展的关键环节。以黑格尔《小逻辑》中的"概念论"为例，其思辨逻辑进展的过程为"主观概念—客体—理念"。显然，主观概念到理念的发展是以客体为中介的，理念相对于主观概念而言，固然包含了主观概念，因为按照黑格尔的辩证法，理念是主观概念在认识到自身之后的回归，但是理念又不是主观概念的单纯

---

❶ 黑格尔. 小逻辑［M］. 贺麟，译. 上海：上海人民出版社，2009：244.
❷ 黑格尔. 小逻辑［M］. 贺麟，译. 上海：上海人民出版社，2009：239.
❸ 黑格尔. 小逻辑［M］. 贺麟，译. 上海：上海人民出版社，2009：236.
❹ 黑格尔. 小逻辑［M］. 贺麟，译. 上海：上海人民出版社，2009：236.

的、新的"变体"，而是比主观概念拥有更加丰富内容的、经历了发展的实体，这种更加丰富的内容正是来源于作为中介的他物。诚如列宁所言，如果缺失了中介，所谓的相互作用就会空洞无物，发展只是空中楼阁式的理论独断。概念这一实体作为抽象的无限物，必然不会固守于自身抽象的规定性，而是走出自身，通过设立中介这一他物，从对立面的维度表征自身。中介就是概念实体的异化。而中介是有限事物，有限事物不是"为己"存在的实体，而是"为他"存在的他物。因此，有限事物会认识到自身的使命，不会停留于此，而是继续前行，奔向自己存在的根据，达到理念这一真理的彼岸，从而形成了发展的链条。黑格尔在辩证法中"中介"的设立，表明其辩证法就是"发展"的辩证法，因为既然是"中介"，那就不是最终的结果，而只是发展链条中的中间环节，"中介"不可能静止不动，而是必然要向前发展的。黑格尔辩证法思想的合理性，不仅在于把世界万物看成普遍联系的宏大图景，更为重要的是，把世界不是当作事物简单堆积的集合体，而是奔腾不息、发展不止的过程。

（3）"否定性"

学者邓晓芒认为黑格尔辩证法源于古希腊思想中的逻各斯精神（语言学起源）和努斯精神（生存论起源）❶，其中"否定性"的努斯精神构成黑格尔辩证法的能动的灵魂，诠释了"概念"实体乃至宇宙万物发展的原动力。显然，邓晓芒是从文化根源的角度对黑格尔思辨辩证法进行了理论溯源。的确，"否定性"在黑格尔的辩证法中具有极其重要的地位，"内在否定性辩证法，则是把握整个黑格尔《法哲学原理》思想内容的方法论钥匙"❷。

在现实生活中，人们面对否定性往往充满恐惧，因为否定似乎意味着"虚无"，似乎仅仅具有消极的意义。然而，在黑格尔看来，否定性的结果绝非消解为零，否

---

❶ 邓晓芒.论古希腊精神哲学的矛盾进展［J］.华中师范大学学报（人文社会科学版），2001（5）：42.
❷ 高兆明.黑格尔《法哲学原理》导读［M］.北京：商务印书馆，2010：引言8.

定不是一种否定一切内容的完全、彻底的否定，而是保留了普遍性、保留了精神实体的辩证否定，即保留了积极内容的"扬弃"。因此，否定性"是一切势力中最惊人的和最伟大的，或者甚至可以说是绝对的势力，是剥夺事物存在和致其死亡的可怕的东西……但精神的生活不是害怕死亡而幸免于蹂躏的生活，而是敢于承当死亡并在死亡中得以自存的生活。……它敢于面对面地正视否定的东西并停留在那里"❶。马克思也认为，否定性正是黑格尔辩证法的"推动原则和创造原则"。为什么否定性是无比巨大的势力，是"推动原则和创造原则"呢？

我们不妨回到黑格尔辩证法的表达式："肯定—否定—否定之否定。"按照黑格尔的思辨辩证法，"概念"是实体，也是主体，抽象的"概念"固然以自我为存在依据，但处于开端的"概念"只是一种"直接性"的存在，而没有对象性的存在是非存在物。生活经验也确证了这一点，如没有冷，就无所谓热；没有高，就无所谓低。的确，离开了对象性存在物，离开了自身的对立面，事物的存在将变成不可理解。马克思在《1844 年经济学哲学手稿》中也表达了相似的看法："一个存在物如果在自身之外没有对象，就不是对象性的存在物……非对象性的存在物是非存在物。"❷ 因此，黑格尔认为，概念必须以异化的形式"设立"自己的"对立面"，这个异化物（异在）既然是"概念"的对立面，表明它与"概念"就是一种"否定"的对立关系；这个"概念"外化的对立物不是一个任意的他物，不是"杂多"，而是一个特定的、由"概念"设定的他物，因此"概念"与这个"他物"就是彼此依赖的"同一"。黑格尔的对立不是僵硬的、独立不依的对立，而是具体的"对立统一"。这个他物，也就是"中介"，其存在的价值绝不是彻底否定"概念"、抛弃"概念"；相反，他物存在的价值正是为了确证"概念"的存在，他物以"概念"作为自身存在的依据，从而他物保留了"概念"的积极精神成分。换言之，"概念"驻存于他物之中。但是，他物既然不是以自身作为存在的依据，是一种"为他"的

---

❶ 黑格尔. 精神现象学（上卷）[M]. 北京：商务印书馆，1979：21.
❷ 马克思恩格斯文集：第 1 卷 [M]. 北京：人民出版社，2009：210.

存在，他物就是"有限之物"，"凡有限之物不仅受外面的限制，而且又为它自己的本性所扬弃，由于自身的活动而自己过渡到自己的反面"❶。这个他物的本性是为了"概念"实体而存在，因此它不会停滞不前，而是继续否定自己，走向自己的根据。正是在这个过程之中，"概念"实体通过他物这一中介，这对立面的同一，认识自己并回复自身，这是"概念"的更完满的体现——理念。这个"概念"经过否定之否定达到的理念，就不是纯粹否定的"虚无"，而是对于"概念"的肯定与确证，真正达到了真理——绝对精神。否定性与主体性的同一，为否定性找到某种"根据"，摆脱通常理解的"破坏性"；同时也为否定性找到了理论的终点，也就是作为否定之否定的绝对精神。❷

从黑格尔的思辨辩证法的推演可以看出，没有否定性，精神实体的存在只是空疏的直接性存在；没有否定性，则缺失了其"三一"模式的重要一环——中介环节，要么是概念无法跃升到真理的理念，要么只是一种没有发展的"循环、重复"。正是否定性塑造了黑格尔辩证法的"过程"辩证法的本性，把握了世界万物发展的属性。马克思也认为否定性是黑格尔辩证法的重要核心，是一项伟大的哲学发现："黑格尔的《现象学》及其最后成果——辩证法，作为推动原则和创造原则的否定性——的伟大之处首先在于……把对象化看作非对象化，看作外化和这种外化的扬弃。"❸ 以人的劳动实践（当然黑格尔承认的劳动仅仅是精神劳动）为例，人作为有需要的主体，必然要发挥主体的能动性满足自身的需要，而自然界的事物通常并不能直接满足人的需要，因此主体需要对客体进行改造。按照黑格尔辩证法的观点，这就是对客体的一种否定，也是一种对象化活动，主体按照自身的意图把自身的技能等对象化到客体之中，实现对客体的改造，改造的成果无疑是主体力量的一种确证，即人的本质的确证。对象化的过程不是"主体奔向客体"的单向过程，而是包

❶　黑格尔.小逻辑［M］.贺麟，译.上海：上海人民出版社，2009：175.
❷　王南湜，谢永康.后主体性哲学的视域———马克思唯物主义的当代阐释［M］.北京：中国人民大学出版社，2004：135.
❸　马克思恩格斯文集：第1卷［M］.北京：人民出版社，2009：205.

括了"客体影响主体"的双向过程。换言之，不仅主体改造了客体，而且客体也"改造"了主体，因为主体在改造客体的过程中得到了锻炼，对于客体的规律把握得以提升，最终主体也得到了发展，正是马克思所言"对象化看作非对象化"。从"外化"的维度而言，主体对于客体的改造当然是外化的过程（黑格尔诠释为精神或概念外化到他物），主体通过对客体的改造以满足自身的需要，意味着要重新占有改造后的客体，这既是对于外化的扬弃，也是把外化了的自身的本质重新占为己有，即回复自身。在马克思看来，黑格尔的深刻之处在于否定性这一推动和创造的原则，表明了人的产生是一个过程，随着实践的不断发展而发展的过程；表明了人的产生还是一个自我产生的过程，是人自身的实践产生了活生生的人，而不是虚幻的上帝创造了人。

西方马克思主义学者阿多诺认为，黑格尔和马克思的辩证法是"否定的"辩证法，似乎把握到黑格尔辩证法的根本性质"否定性"。然而，"否定的"辩证法的界定并不准确，因为如果把黑格尔的辩证法视为纯粹"否定的"，显然不符合其辩证法的理论本性。一方面，黑格尔辩证法的"否定"作为内在的否定性，并不是一种"否弃"式的纯粹否定，正如作为"概念"的异化的他物不是否弃"概念"的精神，而恰恰是从对立面的角度确证"概念"的精神。黑格尔在《法哲学原理》中谈论"伪善"存在的意义时与此有异曲同工之妙。"伪善"不是对于"善"的彻底否弃；相反，"伪善"采取"善"的虚假的形式，恰恰证明了善的价值和真理性。黑格尔的否定实则是扬弃。另一方面，从黑格尔在《小逻辑》中关于辩证法的经典表述，即"抽象的或知性【理智】的方面—辩证的或否定的理性的方面—思辨的或肯定理性的方面"❶观之，在这"三一"模式中，开端的"抽象的或知性【理智】的方面"和终端的"思辨的或肯定理性的方面"都是肯定的环节，阿多诺把黑格尔乃至马克思的辩证法定性为"否定的"辩证法显然并不恰当。俞吾金教授也认为，马克

---

❶　黑格尔. 小逻辑［M］. 贺麟，译. 上海：上海人民出版社，2009：170.

思高度赞扬了黑格尔发现辩证法的"否定性"的伟大之举，但绝不能把黑格尔和马克思的辩证法定性为"否定的"辩证法，"否定性"不能简单地等同于"否定的"。**❶**黑格尔和马克思辩证法的"否定性"是指事物运动的逻辑，而阿多诺的"否定的"则是"对逻辑的否定，或者说是'崩溃的逻辑'"**❷**。

（三）黑格尔法哲学中灵动的辩证法

马克思说过，黑格尔注意的中心"不是法哲学，而是逻辑学……不是用逻辑来论证国家，而是用国家来论证逻辑"**❸**。黑格尔的法哲学不过是其思辨逻辑或辩证法的运用。因此，按照这样的逻辑，黑格尔的法哲学必然是其辩证法的灵动再现。其实，黑格尔在《法哲学原理》中，也开宗明义地表明了其法哲学的根本研究方法是"从一个论题进展到另一论题以及进行科学论证的那种哲学方法，即整套思辨的认识方法，跟其他任何认识方法有本质上的区别"**❹**。黑格尔认为，虽然哲学家们体悟到了形式逻辑不适用于哲学研究，却错误地转向了从心情、自觉、幻想出发进行哲学研究，甚至还不自觉地又仍然采用曾经蔑视的形式逻辑，导致哲学包括法哲学陷入了可耻的颓废中。因此，黑格尔笃信，唯有自己的思辨辩证法才是唯一科学的方法，把哲学从谬误中拯救出来。我们需要进一步追问的是，任何学科都有自身的研究对象，法哲学又是以什么为研究对象呢？

法哲学（philosophy of law，legal philosophy）名称最早出现于莱布尼茨的《法学教学的新方法》中，而黑格尔是首次以法哲学的名称撰写法哲学专著的人。法哲学特指以哲学的方法研究法律现象。德国当代学者阿图尔·考夫曼认为，法哲学是对法律的根本问题、法律难题"以哲学方式反思、讨论，且可能的话，加以解答"**❺**。

---

❶ 俞吾金.被遮蔽的马克思［M］.北京：人民出版社，2012：78-88.
❷ 谢永康.从"否定性的辩证法"到"否定的辩证法"——阿多诺与黑格尔—马克思哲学传统［J］.社会科学战线，2007（4）：36.
❸ 马克思恩格斯全集：第3卷［M］.北京：人民出版社，1960：22.
❹ 黑格尔.法哲学原理［M］.范扬，张企泰，译.北京：商务印书馆，1961：序言1.
❺ 阿图尔·考夫曼.法律哲学［M］.刘幸义，等译.北京：法律出版社，2011：8.

简言之，"法学家问，哲学家答"。因此，法哲学应当以法律现象作为研究对象，与具体的法学（如刑法学、民法学等）相比，不过是研究方法、研究视角的差异。法律现象是整体性的范畴，泛指与法律有关的并表现出来、能被人感知的一切情况，因此可以肯定的是，通俗理解的实定法等具体法律无疑是法律现象的组成部分。

然而，黑格尔却认为法哲学的研究对象绝不是实定法，因为实定法不过是"任性所认为的法"[1]，这种任性所认为的法只是关于事物的意见或看法，是个人的私见而不是客观的思想。哲学是要把握事物的本质，把事物作为思想来探究，真理的把握需要掌握正确的哲学研究方法，它不会直接跑到人的脑子里来，如同"每个人都有手，能拿起画笔和颜料，但并不因此他就是画家"[2]。在黑格尔看来，实定法是具体法学的研究对象，而法哲学，恰如他的辩证法所主张的那样，是"以法的理念，即法的概念及其现实化为对象"[3]。

何谓"法的概念及其现实化"呢？回到前文所述的黑格尔的辩证法，那就是"法的概念"从抽象的自我出发，设定自己的对立面（否定性的异化他物），借助对立面表现自己，对立面作为有限事物，必然要走出自己，走向自己存在的根据，这一异化的他物再次被否定，从而抽象的概念认识到自身，并返回到自身，达到了概念的真理——理念。因此，黑格尔认为法哲学是研究法的真理——法的理念，也可以说是研究法的概念是如何按照辩证法的思辨逻辑，成为符合理性的现实的过程。

需要特别注意的是，黑格尔法哲学中的"法的概念"不是我们通常在具体法学中所说的"法律概念"，这种法律概念（如诉讼时效、抵押、质押、留置等）只是抽象理智规定的东西，被黑格尔称为法律范畴。"概念"是符合事物本身的真实思想，因此法的概念就不是人的主观意见，而是具有客观性的思想。实定法之所以不是法哲学的研究对象，其根本原因在于"某种法的规定从各种情况和现行法律制度

[1]　黑格尔.法哲学原理［M］.范扬，张企泰，译.北京：商务印书馆，1961：序言15.
[2]　黑格尔.法哲学原理［M］.范扬，张企泰，译.北京：商务印书馆，1961：序言16.
[3]　黑格尔.法哲学原理［M］.范扬，张企泰，译.北京：商务印书馆，1961：导论1.

看来虽然显得完全有根有据而且彼此符合，但仍然可能是绝对不法和不合理的"❶。实定法完全可能徒有法的表象，或者只是法的假象，却因为不符合法的理念而不是真正的"法"，真正的法必须符合"法的概念"。哲学要从现象中把握本质、从变化中提取永恒，形形色色的实定法不过是暂时的、历史的现象，因此法哲学恰恰是要超越实定法，把握其背后的法理念。概言之，黑格尔的辩证法是研究"概念"实体的运动发展过程的，而其法哲学正是研究法的概念的发展历程。诚如马克思所言，黑格尔阐释的是逻辑的事物，而不是事物的逻辑，注定了黑格尔的法哲学服从其思辨辩证法。因此，其法哲学恰是其辩证法的运用，法哲学的研究对象清晰地证明了这一点。

前文分析了黑格尔辩证法的重要特性——"中介性"，在黑格尔的法哲学中，中介性的体现可谓一目了然。中介性的存在表征世界万物的联系、发展，其辩证法演进或发展的模式，即"正—反—合"或"肯定—否定—否定之否定"正是中介性的体现。按照黑格尔的辩证法，没有"反"或者"否定"这一中项，概念这一实体是无法跃升到理念（真理）的。在《法哲学原理》中，黑格尔在最宏观的层面上把法哲学分为"抽象法—道德—伦理"，道德就是处于中介的环节，缺失了道德这一中介环节，抽象法将无法达到伦理这一法的理念（真理），因为抽象法（即抽象法权，实则承认人格平等，如人人均有权获得财产所有权，黑格尔正是在抽象法下讨论了所有权）只是表征客观性、外在性（借助财产这一外物体现自由意志），而伦理却是主观与客观的同一，显而易见，"抽象法—伦理"缺失了主观性这一中项，而"道德的意志是他人所不能过问的……所以道德的观点就是自为地存在的自由"❷。换言之，道德就是"主观的"。从另一个维度而言，抽象法表征"自在"的环节，伦理是"自在自为"的环节，而道德作为自为地存在的自由，显然正是抽象法与伦理的中介——"自为"的环节。

---

❶ 黑格尔.法哲学原理［M］.范扬，张企泰，译.北京：商务印书馆，1961：导论5.
❷ 黑格尔.法哲学原理［M］.范扬，张企泰，译.北京：商务印书馆，1961：111.

　　我们不妨再选择黑格尔《法哲学原理》的"伦理篇"进行剖析。在伦理篇中，黑格尔为我们展示的是"家庭—市民社会—国家"的"三一"模式，市民社会就是家庭与国家的中项。按照黑格尔的理解，在家庭中，个人只是"成员"的身份，故没有个人的特殊利益，家庭体现的是普遍性，而国家却是普遍性与特殊性的同一。显然，在家庭与国家之间正需要"特殊性"这一中介，而"在市民社会中，每个人都以自身为目的，其他一切在他看来都是虚无"❶。市民社会是每个人追求自身特殊目的的环节，其表征的正是"特殊性"。同样，我们可以换一个维度看待伦理的三个环节。家庭是自然形成的"直接性"环节，即"自在"的环节；国家作为伦理的真理、至高点，表征的是"自在自为"的环节；市民社会的个人是以自己本身为目的，积极追求个人的利益，显然是"自为"的环节，恰好充当"家庭与国家"之间的中介。在黑格尔的法哲学中，"中介性"的体现可谓无处不在，这正是黑格尔辩证法的灵动的再现。

二、马克思对黑格尔辩证法的承继

　　黑格尔辩证法以概念为主体，把世界描述为不断发展的过程，这一发展的过程，以内在矛盾的对立同一为根本动力，以质变量变为基本形式，以"正—反—合"为运动轨迹，其中包含了真理性的认识。因此，马克思曾指出，"辩证法在黑格尔手中神秘化了，但这决不妨碍他第一个全面地有意识地叙述了辩证法的一般运动形式"❷。马克思尽管认为黑格尔的辩证法以概念的辩证运动诠释世界万物的发展充满了神性和谬误，但高度评价了黑格尔在哲学史上"首次全面有意识"描述辩证法的重大贡献，也充分肯定了其辩证法的合理内核。反观马克思的辩证法，确实可看到黑格尔辩证法三大规律的影子。

　　"异化"范畴是马克思承继黑格尔辩证法的重要成果之一。在《精神现象学》

❶ 黑格尔.法哲学原理［M］.范扬，张企泰，译.北京：商务印书馆，1961：197.
❷ 马克思恩格斯文集：第5卷［M］.北京：人民出版社，2009：22.

中，黑格尔创造了"异化"这一重要的哲学概念。在黑格尔的辩证法中，实体"概念"为了否定自身的抽象的、自在的、直接的存在，需要向前进展，否定自身，"概念"正是通过"异化"为他物，从而确立自身的对立面，这一"异化"而来的他物正是黑格尔辩证法中具有关键作用的"中介"。离开了异化，黑格尔的"概念"实体无法跃升到理念这一完满的真理环节。虽然黑格尔的"异化"没有区分其积极意义和消极意义，但通过异化建立起对立统一关系无疑是具有深刻思想的哲学洞见。黑格尔的"异化"是外化、对象化，马克思认为，正是黑格尔辩证法的"异化"即对象化哲学范畴的确立，对于"劳动"的把握极为深刻，"把人的自我产生看作一个过程，把对象化看作非对象化，看作外化和这种外化的扬弃"❶。人通过劳动改造他物，显而易见的是，人把他物作为了对象，把自身的能力对象化到他物这一客体之中。而黑格尔基于其"异化"建立的"对立统一"关系的内涵，却看到了更为深刻的一面——人在对象化的劳动过程中也获得了提升，劳动不是主客体对立双方的单向度的否定或扬弃，而是主客体之间双向度的否定。因此，黑格尔把人看作自己劳动的产物，即人正是通过劳动不断地发展自己。马克思在《1844年经济学哲学手稿》中提出了"异化劳动"的概念，这无疑是受到黑格尔哲学的启发，也是对黑格尔范畴的一次扬弃。"异化劳动"概念的确立，有助于马克思对资本主义社会的深刻矛盾、发展规律的深刻把握，并合乎逻辑地提出了共产主义的远大理想。以法的价值而言，法存在的最高价值就是自由，然而在资本主义社会中，法律宣称的人人自由只是保证资本剥削无产阶级的自由。法律这一人类的创造物，不仅没有保障人的自由，反而成为人的自由的枷锁，不仅无产阶级是不自由的，而且资产阶级也是不自由的，因为资产阶级受到金钱拜物教的奴役。概言之，资本主义社会的法律也是异化的。

否定性的发展观也是马克思从黑格尔那儿承继的重要学术遗产。黑格尔把事物

---

❶ 马克思恩格斯文集：第 1 卷［M］.北京：人民出版社，2009：205.

的发展概括为"肯定—否定—否定之否定"或"正—反—合"的"三一"模式。从马克思的法哲学理论而言，明显可以看到否定性发展观的痕迹。关于法律的历史发展轨迹，马克思之前的哲学普遍把法视为永恒的现象，即法是存在于人类社会之始终的，甚至把人类法视为如同自然规律的自然法的复写。马克思则认为法是阶级社会特有的暂时现象，因此法的发展过程应该是"原始社会不存在法—阶级社会存在法—共产主义社会不存在法"，这显然是一种否定之否定的发展观的映现。当然，需要澄清的是，马克思关于法的历史发展理论不是基于逻辑的推测，更不是像黑格尔为了证实、运用他的思辨逻辑而对人类历史进行任意的裁剪，马克思的结论是源于审慎的历史研究。

马克思关于人类社会形态的"三分法"与黑格尔法哲学伦理实体的"三环节"几乎如出一辙，也是黑格尔辩证法的生动再现。哈贝马斯曾经说过，黑格尔是意识到现代性问题的第一人。启蒙精神唤醒了个人的自由，但是个人追求自身最大自由的行动在现实中屡屡碰壁。人是社会存在物、类存在物，原子式的个人自由并不具有现实性，个人与群体之间存在着矛盾，黑格尔敏锐地意识到了这一现代性问题——个人自由如何与共同体自由实现和解。在《法哲学原理》的"伦理篇"中，黑格尔试图从他的思辨辩证法找到解决这一现代性问题的良方。按照他的"正—反—合"的模式，黑格尔为现代性问题开出了自己的药方——以伦理共同体的最高环节"理念国家"消融个体与共同体的对立，实现个体自由与共同体自由的并存。"家庭—市民社会—国家"就是解决现代性问题的路径。按照黑格尔的法哲学观，在家庭环节，每个家庭成员都是为了家庭这一共同体的利益，因此个人与共同体的权利和自由处在直接同一的阶段；市民社会则是个人利益的战场，每个人只关注个人利益，把他人视为实现自己利益的工具，完全无视共同体的利益，显然个人与共同体之间是处于分裂的状态；而理念国家作为其思辨辩证法的"合题"，正是个人利益与共同体的普遍利益的完满同一，从而消融了个体自由与共同体自由的矛盾。

马克思关于社会形态的研究中，描绘了广为人知的社会演进的基本轨迹："人的依赖性社会—物的依赖性社会—自由个性社会。"在人的依赖性社会（即资本主义以前的社会），个人与共同体处于直接同一的阶段，个人依附于共同体，如原始社会个人离开共同体是难以生存的；在物的依赖社会（即资本主义社会），个人获得了独立性，从而拥有了更多的个人自由，个人与共同体处于分裂的状态；在自由个性社会（即共产主义社会），每个人的自由是他人自由的实现条件，显然这正是个人自由与共同体自由的和谐同一。这一人类社会形态的演进过程，与黑格尔的"家庭—市民社会—国家"模式可谓惊人相似，也恰是辩证法"正—反—合"模式的又一次再现。❶

三、马克思对黑格尔辩证法的超越

（一）"颠倒说"的质疑

辩证法思想无疑是马克思从黑格尔那儿获得的最重要的学术遗产。但是，黑格尔的思辨辩证法固然存在"合理的内核"，终究是建基于唯心主义的大厦，从而把世界万物的发展曲解为概念自身的自在自为的运动，客观概念成为世界的本原。因此，马克思说过，黑格尔的辩证法"是倒立着的。必须把它倒过来，以便发现神秘外壳中的合理内核"❷。挽救黑格尔辩证法的合理内核，必然要扬弃其辩证法，实现全面的超越。那么，马克思自称的"颠倒"究竟是具体改造方法的描述，还是仅是比喻式的表达呢？

马克思曾评价道："费尔巴哈是唯一对黑格尔辩证法采取严肃的、批判的态度的人；只有他在这个领域内作出了真正的发现。"❸ 恩格斯也曾说过，为了打破黑

---

❶ 李丽丽. 个体与共同体实现和解的两条道路——马克思对黑格尔的继承与超越 [J]. 科学社会主义，2012（6）：69.
❷ 马克思恩格斯文集：第 5 卷 [M]. 北京：人民出版社，2009：22.
❸ 马克思恩格斯文集：第 1 卷 [M]. 北京：人民出版社，2009：199.

格尔思辨哲学的神秘性，费尔巴哈通过"机智"地颠倒主词和谓词实现了这一点。可能是由于马克思和恩格斯都提及了"颠倒"说，学界支持"颠倒"说的不在少数。需要明晰的是，马克思认为只有费尔巴哈在批判黑格尔辩证法中作出了"真正的发现"，这一"真正的发现"是什么呢？难道就是"颠倒"了黑格尔头脚倒立的辩证法吗？倘若如此，既然费尔巴哈已经完成了这项"反拨"，马克思又何须继续"颠倒"呢？费尔巴哈曾经明白地表达了自己的哲学与黑格尔的思辨哲学的根本区别："凡是在黑格尔那里具有派生的、主观的、形式的意义的东西，在我这里却具有原初的、客观的、本质的东西的意义。"❶因此，所谓的"真正发现"或"颠倒"，应该是哲学本体论中谁是第一性的问题。黑格尔把客观唯心的"概念"作为实体、作为世界的第一性的本体；费尔巴哈则认为黑格尔的"概念"不是世界的本体，不是世界万物存在的根据，恰恰相反，"概念"是派生的、第二性的，是从属于客观世界的。黑格尔的思辨辩证法从根本上颠倒了物质与意识的关系，因此费尔巴哈是基于二者哲学根本立场的对立，认为"我们只要经常将宾词当作主词，将主体当作客体和原则……就能得到毫无掩饰的、纯粹的、显明的真理"❷，即通过主词宾词的颠倒就能实现对黑格尔哲学的"反拨"。换言之，费尔巴哈仅仅是觉察了黑格尔辩证法唯心主义的"概念"导致的神秘性，也正因为如此，费尔巴哈认为黑格尔的哲学在否定了宗教神学后又肯定了宗教神学，用思辨的概念代替了宗教的上帝，或者说概念就是上帝的化身。虽然费尔巴哈在发现黑格尔辩证法的唯心主义本质上作出了学术贡献，但是并没有通过主词宾词的颠倒实现辩证法的科学转向。众所周知，费尔巴哈在分析人类社会时，其视域中的人是纯粹"自然"的人，远远没有看到人的实践性或社会历史性。因此，费尔巴哈的哲学不过是"直观"的前黑格尔的旧唯物主义，尤其是在人与自然的关系上、主体与客体的关系上，没有把握到

---

❶　马克思恩格斯早期活动文献——同时代人之间的书信摘编（一）［J］.马列主义研究资料，1983（2）：159.

❷　费尔巴哈.费尔巴哈哲学著作选集（上卷）［M］.荣震华，李金山，译.北京：商务印书馆，1984：595.

二者的对立统一的辩证关系，若暂时撇开唯心主义与唯物主义的立场差别，费尔巴哈的直观的旧唯物主义甚至远不如黑格尔辩证法具有的真理性。事实上，费尔巴哈在试图竭力纠正黑格尔哲学的唯心主义立场时，竟然把黑格尔辩证法的合理内核也一并抛弃了，费尔巴哈作为一位讲述黑格尔哲学的大学教授，应该不可能不熟悉黑格尔的辩证法革命性的一面，也许是因为急于批判黑格尔的唯心主义而把孩子和污水一并倒了出去。概言之，费尔巴哈其实并没有实现对黑格尔辩证法科学的改造。

西方马克思主义学者阿尔都塞在《保卫马克思》一书中认为，"颠倒"说是对马克思辩证法思想的误读，只不过是个"不确切"的比喻而已。马天俊认为，运用"头足倒置"为隐喻，有助于表明"差别中的双方谁正确谁荒谬便是显而易见的"[1]。马克思也明确提出："我的辩证方法，从根本上来说，不仅和黑格尔的辩证方法不同，而且和它截然相反。"[2]换言之，"对于马克思来说，没有这一隐喻，他与黑格尔辩证法的关系就会面目不清"[3]。黑格尔的辩证法理论主要的陋见在于把事物发展的动力解密为"概念"自身的内在矛盾，把世界万物视为"概念"的异化或异在，是"概念"的摹写，确实是倒因为果、倒果为因。但是，仅仅把因果颠倒显然是远远不够的，挽救黑格尔辩证法的"合理内核"是一项巨大的改造工程，而这一伟大的改造与超越正是由马克思完成的。

（二）从"概念"到"实践"——辩证法的超越与法哲学的跃升

1. 概念辩证法的弊端

从逻辑和概念的维度而言，黑格尔的思辨辩证法是自洽的，作为辩证法思想的集大成者，不可否认，"黑格尔正是一位在绝对理念的框架内承认了辩证法的发展

---

[1] 马天俊，孙杨. 马克思对黑格尔辩证法的"颠倒"——一个隐喻分析 [J]. 山东社会科学，2016（10）：14.

[2] 马克思恩格斯选集：第2卷 [M]. 北京：人民出版社，1995：111.

[3] 马天俊，孙杨. 马克思对黑格尔辩证法的"颠倒"——一个隐喻分析 [J]. 山东社会科学，2016（10）：17.

属性的伟大哲学家"❶。

　　黑格尔的辩证法是"否定性"的辩证法，正是这种否定性让黑格尔的辩证法具有批判性的意蕴——"存在的都是暂时的"，马克思对此曾给予了高度评价。但黑格尔的辩证法毕竟把"概念"当作主体和实体，把真实的世界反而视为"概念"的副本，因此对于现实世界的真实的矛盾的解决路径，黑格尔自然选择了"概念"的对立统一运动。然而，"黑格尔的辩证法只是精神范围内圆圈式的运动，而并不触动私有财产和异化劳动的现实社会制度……是只具有批判外观的非批判的方法"❷。其结果只能是一事无成、无功而返，因为"概念"的对立统一并没有触及真实的世界本身，现实世界的矛盾依然如故。囿于唯心主义的立场，"批判"的黑格尔辩证法在现实中丧失了批判性，最终沦为为普鲁士的国家和法律制度辩护的实证的政治哲学。因此，马克思说道："尽管已有一个完全否定的和批判的外表……黑格尔晚期著作的那种非批判的实证主义和同样非批判的唯心主义……已经以一种潜在的方式，作为萌芽、潜能和秘密存在着了。"❸诚如俞吾金教授所言："乍看起来，黑格尔运用其辩证法批判和否定了现实生活中的一切，实际上他真正批判和否定的不过是现实生活的知识形式。他仿佛颠覆了一切，实际上却什么也没有触动！"❹

　　2. 费尔巴哈旧唯物主义式改造的失败

　　费尔巴哈虽然发现了黑格尔辩证法的弊端，尤其是视"概念"为实体和主体的唯心主义本质的缺陷，但对其进行的旧唯物主义改造却抛弃了其合理内核，因为费尔巴哈哲学中的人不过是与自在自然无异的"自然"人，感性的直观根本无法解释社会的发展，更谈不上实现对社会的改造。众所周知，费尔巴哈把实践解读为犹太

---

❶ 武建敏.论马克思的实践辩证法［J］.河北经贸大学学报（综合版），2008（4）：6.
❷ 李淑梅.马克思批判黑格尔辩证法的社会政治取向［J］.厦门大学学报（哲学社会科学版），2013（4）：52.
❸ 马克思.1844年经济学哲学手稿［M］北京：人民出版社，1985：118.
❹ 俞吾金.马克思对黑格尔方法论的改造及其启示［J］.复旦学报（社会科学版），2011（1）：6.

人的卑污的经商活动，恰如马克思所言，费尔巴哈是根本不懂得实践的重要意义，强调感性、直观并不能区分人的活动与动物的活动，唯有实践，尤其是生产实践才能在人与动物间画上清晰的界限。正如人吃鱼，不仅会捕鱼，而且会养鱼；鱼鹰会依靠本能去捕鱼，也吃鱼，但鱼鹰却不会养鱼。

旧唯物主义对于事物"只是从客体的或者直观的形式去理解，而不是把它们当作感性的人的活动，当作实践去理解，不是从主体方面去理解"❶。换言之，旧唯物主义的视角是从客体出发，认为世界是直观的自在世界，根本看不到人的主观能动性，因此旧唯物主义的辩证法描述的不过是事物自在的与人无涉的进化，是客体的辩证法。这种客体的辩证法由于人的缺场，尤其是人的实践的缺场，必然无法揭示人类社会的发展规律，甚至连自然的发展规律也无法把握，因为哲学视域中的自然应该是人化的自然，而与人无涉的自然不过是哲学中的"虚无"。在笔者看来，揭示自在世界的发展规律应该是自然科学等具体学科的旨趣，作为现代哲学，必然是关注人的存在的哲学。旧唯物主义式的改造，要么抛弃了辩证法的合理内核，走向了辩证法的对立面，要么回到了古希腊时代的素朴辩证法，关注纯粹客观世界的动变。黑格尔的思辨辩证法的运动不过是"概念"体系内的精神运动，旧唯物主义则无视了人的能动性，尤其是能动的改造活动。因此，"传统的唯物主义与唯心主义所共同缺乏的都是实践性的特征"❷。

3. 实践的超越——马克思的哲学旨趣与黑格尔"劳动"的启示

如果说马克思之前的哲学关注的是"思有"之间的矛盾而试图解释世界，长期纠缠于唯物主义与唯心主义之争，那么马克思哲学的旨趣却是通过改造世界实现人的自由生活。因此，在马克思看来，哲学固然要认识客观世界，把握其中的客观规律，但认识世界终究不是人的最终目的，人的活动应该是具有目的性价值的，这

---

❶ 马克思恩格斯选集：第 1 卷［M］．北京：人民出版社，1995：54.
❷ 邵晓光，付威．马克思实践辩证法的理论实质［J］．辽宁大学学报（哲学社会科学版），2014（6）：68.

个目的性价值就是在把握客观规律的前提下，更加有效地改造客观世界，从而满足人的需要。从这个维度而言，对于物质（客观规律）的把握，不过是马克思实践辩证法的一个环节或侧面。诚如在法的自由价值的研讨上，启蒙哲学家们执着于论证法的价值是否为自由，而马克思基于对人的生存的关注着力于自由价值实现道路的探寻。因此，把马克思的辩证法视为对黑格尔思辨辩证法的唯物主义改造，实质上是以"物质"取代了"实践"，以关注物质世界的客观运动取代了关注人的生存与解放，这显然背离了马克思辩证法的本真精神，甚至与辩证法的本性背道而驰，走向辩证法的对立面。概言之，马克思的哲学旨趣决定了对于黑格尔思辨辩证法的改造必然是从实践着手，也唯有以实践为核心进行改造，辩证法才能走向科学。

如前文所述，马克思对于黑格尔思辨辩证法的改造从黑格尔的"劳动"和"异化"中得到了重要的启示。马克思认为："黑格尔把人的自我产生看作一个过程，把对象化看作非对象化，看作外化和这种外化的扬弃。"❶黑格尔的辩证法把事物视为"过程性"存在奠定了其把握世界"发展性"的视角，更为重要的是"把对象化看作非对象化"。"对象化"的认识在哲学层面上具有重要的意义，它表征了主体与客体之间的一种关系，这就是主体把自身的意志、力量灌注到客体之中，从而对客体产生改变，达到主体的某些意图；而对象化又是一种"非对象化"，则表征不仅是主体在改造客体，同时主体本身也受到改变与提升。黑格尔视角的独特性和开创性在于不是把主体与客体视为纯粹的对立，而是视为对立同一的有机统一体。在黑格尔以前的哲学中，往往把主体与客体视为坚硬的对立，唯心主义者只看到主观能动性的一面，忽视了客体对于主体的制约性，即主体也存在受动的一面；而旧唯物主义者忽视了主体的主观能动性，仅仅执着于客体的客观规律对主体的制约性。显然，黑格尔的主体客体双向关系的认识更加深刻。黑格尔把劳动视为人的本

---

❶ 马克思恩格斯文集：第 1 卷［M］.北京：人民出版社，2009：205.

质，看作人的自我确证的本质，也是充满睿智的识见。黑格尔的主奴辩证法中已经看到了劳动的重要作用。黑格尔认为，奴隶主因消耗了物而彻底否定了物；奴隶不是彻底地否定物，而是扬弃了物，实际是对物进行加工改造。这个加工改造的活动即劳动，恰恰是对于奴隶本质的确证，反映了奴隶的存在价值。因此，虽然在主奴关系中，奴隶因被奴役而丧失了自己的一部分本质，但是通过实际的劳动与对自然的改造从另一方面确立了自己的本质，开辟了一条通向自由的道路。黑格尔在《小逻辑》的"概念论"中，也已经走到了"实践"的边缘，"认识的过程一方面由于接受了存在着的世界……另一方面，认识过程扬弃了客观世界的片面性……前者就是认知真理的冲力……后者就是实现善的冲力，亦即意志或理念的实践活动"❶。因此，理念不仅是理论活动、认识活动，而且有实现善的动力，也就是付诸实践。

但是，囿于客观唯心主义的立场，黑格尔哲学的核心不过是斯宾诺莎的自我意识、费希特的实体以及二者的结合——绝对精神，黑格尔"唯一知道并承认的劳动是抽象的精神的劳动"❷，因此只能在精神的范围内诠释发展。按照黑格尔的思辨辩证法，客观的、现实的事物不是一种真实的存在，不过是精神的异化或定在，它的存在不是为了证实自身，而是为了证实精神，事物成为对象化的精神。世界不过是无所不能的绝对精神的建构，世界的发展只是具有无限性和抽象普遍性的绝对精神的自我运动。黑格尔的思辨辩证法不过是对世界的一种阐释，而且是以精神的圆圈式运动为模式的唯心主义的诠释，当然不可能触动任何客观的现实世界。马克思在《关于费尔巴哈的提纲》中指出："哲学家们只是用不同的方式解释世界，而问题在于改变世界。"❸ 因此，马克思必然需要通过改造实现对黑格尔辩证法的超越，这一超越的钥匙就是"在对黑格尔劳动概念作唯物主义与哲学人类学的重构之后，马克

---

❶ 黑格尔. 小逻辑 [M]. 贺麟，译. 上海：上海人民出版社，2009：372.
❷ 马克思恩格斯文集：第 1 卷 [M]. 北京：人民出版社，2009：205.
❸ 马克思恩格斯文集：第 1 卷 [M]. 北京：人民出版社，2009：502.

思构造出自己的劳动概念"❶。正是"实践"的改造拯救了黑格尔辩证法的合理内核，让其辩证法走向了科学。

唯心主义辩证法的根本错误，不在于承认意识的重要意义，而在于夸大了意识的作用，抽象地发展了主观能动性，把意识视为事物发展的根本动力，忽视了意识是深受"物质"纠缠的并在实践的过程中形成的，意识也是受动的、历史的；旧唯物主义立场的辩证法，"对对象、现实、感性，只是从客体的或者直观的形式去理解，而不是把它们当作感性的人的活动"❷。这种从客体或者直观的向度把握世界，固然看到了主体行为受动性的一面，但是仅把客体视为主体的对立面，忽视了主体的作用，尤其是忽视了感性的人的活动的重要性。为此，马克思指出："环境是由人来改变的，而教育者本人一定是受教育的……环境的改变和人的活动或自我改变的一致，只能被看作是并合理地理解为革命的实践。"❸旧唯物主义者实际是执迷于"环境"这一客体对象对主体即人的塑造作用，显然只是从客体、直观的视角看待世界，忽视了主体的作用。在马克思看来，如果旧唯物主义者能够转移自己的视角，从主体出发，则必然能够看到主体的能动作用，即如马克思所言，还能发现环境却是由人改变的。类似地，教育者与受教育者也是双向地、互相地受到教育，而不是只有受教育者受到教育。这种主动性与受动性的统一只能合理地理解为"实践"，诚如有学者所言："几千年来人们找不到二者的结合点，只有马克思从根本上改变了这种状况。他的实践辩证法思想一方面强调人的能动性，克服了旧唯物主义的缺陷；另一方面强调人的受动性，也真正克服了唯心主义的不足。"❹一言以蔽之，实践辩证法之所以能够对自然界、人类社会和人本身作出科学的、历史的解释，关键在于把握了实践的根本意义。

----

❶　王金林.论马克思对黑格尔劳动概念之重构［J］.哲学研究，2017（4）：11.
❷　马克思恩格斯文集：第 1 卷［M］.北京：人民出版社，2009：499.
❸　马克思恩格斯文集：第 1 卷［M］.北京：人民出版社，2009：500.
❹　安启念.《1844 年经济学哲学手稿》：大唯物史观与实践辩证法［J］.中国人民大学学报，2008（1）：64.

值得追问的是，为何唯有马克思才实现了超越呢？除了马克思的哲学旨趣和黑格尔"劳动"的启示外，更为关键的是马克思对社会的深刻把握："全部社会生活在本质上是实践的。"❶马克思之前的哲学，包括旧唯物主义哲学，在人类历史与社会生活领域都陷入了唯心主义的泥沼，把人类社会的发展归结为某种神秘力量的推动或者英雄的意志；而马克思认为："凡是把理论引向神秘主义的神秘东西，都能在人的实践中以及对这种实践的理解中得到合理的解决。"❷正是以"实践"作为立足点，关于人类历史的哲学阐释才奠基于唯物主义的科学基底上。

为什么社会生活本质上是实践的呢？马克思认为，人类的第一个历史活动"就是生产满足这些需要的资料，即生产物质生活本身"❸。物质生产是人类生存和发展的最基本的实践。人和动物之间的重要区别之一就是动物从自然中直接得到满足，而人的需要的满足却需要改造自然。在人的基本实践，即改造自然获得物质生活资料的过程中，一方面当然离不开人的主观能动性；另一方面则是受到客观规律制约的受动性。一方面人把自身的技能、意志等对象化到客体之中，实践造成客体的变化确证了人的本质力量；另一方面人在改造客体的过程中，自身也获得了提升，正如一个不断从事生产的工人逐渐成为一个技能日趋成熟的工人。一方面实践改造事物满足了人的需要；另一方面实践在满足了人的需要之后又会刺激人的新的需要，从而启动了新的实践。例如，当我们生产出汽车，满足了人的代步的需要之后，人们又产生了更高速、更安全、更舒适的汽车的需求，从而推动了实践的不断发展。因此，哲学中关注的思维与存在、目的性与规律性、理想与现实、必然与自由的矛盾是源于实践，也唯有在实践中得以解决。以思有关系为例，唯心主义者与旧唯物主义者围绕物质或意识的第一性问题各执一词，可知论者与不可知论者纠缠于思维能否认识物质问题争论不休，似乎谁也无法驳倒对方，其主要原因就在于背离了

❶ 马克思恩格斯文集：第 1 卷［M］．北京：人民出版社，2009：501.
❷ 马克思恩格斯文集：第 1 卷［M］．北京：人民出版社，2009：501.
❸ 马克思恩格斯文集：第 1 卷［M］．北京：人民出版社，2009：531.

实践的视角。忽视实践的内在矛盾，是造成唯心主义和旧唯物主义分歧的认识论根源。如果离开了实践，即使坚持了物质第一性也可能陷入旧唯物主义的立场；即使坚持了可知论也无法明晰思维如何认识物质。如果说物质决定了意识，意识根源于物质，难道物质会"自动"地进入人脑，人脑能"自动"地生产出意识吗？离开了实践，这一意识的产生过程显然陷入了深不可测的神秘性；离开了实践，也必然导致误读马克思的辩证法。

其实，马克思在批判费尔巴哈的"直观"的唯物主义观时就明确指出：我们周围的感性世界"是历史的产物，是世世代代活动的结果"❶；而且"人也是感性对象、也是感性活动的产物"❷。概言之，"马克思的辩证法的核心是人的感性存在之自我异化及其扬弃"❸，是对实践的内在本性和规律的辩证理解的辩证法。"只有达到对思维和存在关系问题的实践论批判，才能真实地揭示世界观的内在矛盾，并对其做出合理的解释。"❹

值得进一步探讨的是，如果我们把发展视为人、自然乃至社会的重要特征，那么实践究竟是如何实现这一发展的呢？通常而言，自然不会直接满足人的需要，即使是水也需要进行加工才能饮用。为了满足人的需要，就必须对自然进行改造，而这种改造当然是实践。实践固然要发挥人的主观能动性，但是仅仅只有满腔热情的主观能动性又是不够的，对于自然的改造还离不开对客观规律的把握，客观规律的认识也依赖于实践。在主观能动性与规律性统一的实践中达到了改造自然的目的，自然成为获得发展的人化自然；同时，人的实践能力也得到提高，这种实践的能力就是生产力。人作为类存在物，改造自然的过程中就不是孤立的个人的行为，而是需要相互协作的实践，这种生产实践中的生产、分配等关系就是生产关系。生产力与生产关系的总和就是经济基础，而生产力的发展必然引起生产关系的变化，从而

❶　马克思恩格斯文集：第 1 卷［M］. 北京：人民出版社，2009：528.
❷　马克思恩格斯文集：第 1 卷［M］. 北京：人民出版社，2009：530.
❸　王德峰. 马克思的历史批判方法［J］. 哲学研究，2013（9）：16.
❹　孙正聿. 简明哲学通论［M］. 北京：高等教育出版社，2000：168.

导致经济基础以及经济基础决定的上层建筑发生变化，引起社会形态的发展，即社会的发展。总之，正是实践引发了矛盾，也正是实践解决了矛盾，如此循环反复，最终实现了自然、人与社会的发展。当然，人在实践中不仅可以认识规律，而且可以形成相应的理论，我们不能忽视理论的力量，因为科学的理论能够指导生产实践，也是继续进行科学研究实践的有利条件。对于主体而言，理论不应该是外在于实践、与实践对立的，而应该是内化为主体的力量。不可否认，掌握了科学理论的主体具有更为强大的改造世界的实践力量，"理论是人的主体性的一种表现，既然理论是主体的构成，那么理论自然就要参与到实践活动的塑造之中，任何将理论外在于实践的看法都是对理论的曲解"❶。

综上，马克思辩证法的超越在于从实践的维度看待事物之间的联系和发展。思辨的辩证法与实践的辩证法的区别并不在于是否辩证地看待事物，即不在于是否承认事物的普遍联系与发展，关键在于这种联系与发展是怎样的联系与发展。思辨的辩证法所认同的联系与发展是纯粹思维、概念之间的联系与发展，发展的动力也只是概念内部的矛盾，概念中的矛盾对立面的对立统一（正题—反题—合题或肯定—否定—否定之否定）就是事物的发展过程。而实践的辩证法认为哲学关注的事物的联系与发展都是与人的实践有关的联系与发展，事物之间纯粹自在的、与人无涉的先在性联系与发展不属于哲学的视域。即使是作为人的实践的前提的自然，也是经过了人的实践改造的"历史的自然"。❷例如，生物的自然"发展"不是哲学意义上的发展，只是"进化"，是具体科学生物学关注的论题。实践辩证法探究的是注入了人的意志、目的、动机的属人世界的运动与发展规律。因为自在世界的矛盾，只有通过实践中介才能够为人的思维所把握。

---

❶ 武建敏. 论马克思的实践辩证法 [J]. 河北经贸大学学报（综合版），2008（4）: 8.
❷ 谢永康. 历史唯物主义的辩证结构——自然和历史的关系与马克思的"新世界观"[J]. 哲学研究，2008（7）: 28.

4. 实践辩证法下的法哲学超越

方法论的超越可引发研究结论的跃升。马克思的辩证法立足于人的实践活动，尤其是物质生产实践，决定了它关注的矛盾不是自在存在的自然矛盾，而是基于实践所产生、依赖实践而解决的矛盾。关于法的本质问题，几千年来哲学家们都在"精神""意志"的迷雾中转圈，甚至连唯物主义哲学家在法的本质问题上也落入了唯心主义的泥沼。唯有马克思把自己的法哲学奠定于科学的实践辩证法的方法论根基上，破解了法的本质的千年谜题，那些否认马克思在法哲学中的贡献的哲学家们是何等的短视。马克思并不否认法确实与意志有关，是以国家意志为表现形式的统治阶级意志的集中体现；但是，如果把法的本质归结为统治阶级意志，那么法就沦为统治阶级随心所欲的意志表达。马克思的研究结论表明，这只是法学家的"幻想"。法为什么会产生呢？法是如何产生的呢？根据实践辩证法，这个答案只能到社会生产实践去寻找。马克思研究发现，在生产力水平低下的原始社会，虽然存在某些"习惯"规则调整社会生活，但是这些"习惯"规则基本是"禁忌"的规定，而不像法律以权利保护为依归。恰恰是随着生产实践的发展，尤其是生产力的不断提高，剩余产品的出现，利益冲突的加剧，伴随着国家的产生，法才得以出现。显然，法产生的依据根本不是"天意""神意"，也不是"自由、公平"理念，而是生产实践。因此，从最深层的本质而言，法的本质当然是物质制约性。法确实也是一种精神产品、制度文明，从立法实践"生产"出法而言，这种实践同样符合其他实践的本性：主观能动性与客观制约性。立法者（实践主体）的主观能动性是重要的，但是应该在把握客观规律性的基础上发挥主观能动性。如果无视本国的客观制约性，任意移植外国的"先进"法律，这样的实践必然会走向失败，而此处的客观制约性就是经济基础，即生产力和生产关系。因此，实践辩证法无疑是马克思在法的本质研究论题上超越前人的重要方法论基础。

在法的价值问题上，马克思认同黑格尔的自由价值观，也并不否认法的公平、正义等重要价值。但是，马克思以前的哲学家对于自由、公平、正义等法的价值的把握是抽象的、片面的，如把公平、正义视为人与生俱来的理念，把自由片面限定为精神自由。马克思在实践辩证法的方法论指引下，在法的价值研究上大大超越了之前的哲学家。公平、正义的理念是与生俱来的吗？马克思认为这只是哲学家尤其是启蒙哲学家们的理论假设。按照马克思实践辩证法的观点，如果把公平、正义视为一种理念、人的意识，这种理念或意识的形成既不是其他"物质"的产物，因为外在的其他"物质"不可能自动地跑进人的大脑，也不是大脑的直接产物，因为理念绝不是大脑的自然分泌物。如同黑格尔所言，人的手都能抓起画笔，但不是人人都会画画。因此，离开了实践，对于法的公平、正义价值的把握必然陷入谬误，误认为人天生就有公平、正义的理念。在实践辩证法看来，公平、正义的理念恰恰是在长期的实践中缓慢形成的，经过类似实践的反复才得以形成；如果把公平、正义视为一种制度安排，那么公平、正义就更不是抽象的。一方面，制度安排离不开人的设定，它是在人的实践与交往过程中形成，并用来规范人们的交往行为的，因此它本身就是人的实践的一部分。另一方面，判断制度是否公平、正义，绝不能离开生产实践水平抽象地讨论公平、正义。例如，在奴隶社会的生产力发展水平背景下，就不能简单地说资本主义法律制度比奴隶社会的法律制度更加公平、正义，否则就是脱离了实践辩证法的抽象的价值观。自由是天赋的吗？按照马克思的实践辩证法，答案当然是否定的。如果说自由不是为所欲为的任性，而是符合必然性的前提下的自由，那么我们必然会得出结论——自由是依靠人的实践所实现的、伴随着实践的发展而不断扩大的，正是实践所创造的各种物质与社会条件，给予了人的自由以更大的发展空间。以人对于自然的改造实践为例，在人对于自然的客观规律性把握之前，人当然是极不自由的。恰恰是由于反复实践、人的主观能动性的发挥，客观规律逐步为人所认识，从而人在实践中变得更加自由。不可否认，我们比前人是更加自由的（在马克思看来，原始社会的人并不自由），而这种更加自由的状态的实现，从根源上而言，正是人类的实践推动的。

第二节 历史主义方法的承继与超越

一、黑格尔的历史主义方法

在前黑格尔时代，关于人类社会的万象、人类社会的历史，"不是被看作一大堆偶然事实的凑合，就是被看作按照自然规律而运行的自然过程"❶。法的现象作为人类社会文明的体现，也曾经普遍被视为"自然法"的摹写，甚至直至20世纪也不乏秉持自然法观点的法哲学家。而秉持自然法的立场，要么是出于对实定法（如纳粹恶法）的失望而表达对自然法的向往，要么就是缺失历史主义的维度观测法律万象。由于囿于抽象的、非历史的立场出发看待法现象，从而必然得出"法乃永恒持存""法的自由价值乃天赋"等背离人类历史的荒谬论断。

（一）黑格尔的历史感概述

与前黑格尔时代的法哲学家不同，黑格尔这位德国古典哲学的集大成者，在法哲学的研究中处处彰显了厚重的历史感。恩格斯曾高度颂扬了黑格尔的历史感，"他的思维方式有巨大的历史感作基础"，甚至认为黑格尔"是第一个想证明历史中有一种发展、有一种内在联系的人"❷。黑格尔认为，作为世界本质的绝对精神，必将"在历史现实中显现其必然性"❸。

当黑格尔把辩证法确立为其思辨哲学的根本方法论的同时，也预示着其法哲学观烙上了历史主义的印迹，而且黑格尔的法哲学与其历史哲学之间是内在关联着的，对法哲学的探讨与关注是其历史哲学的重要主线，由此历史维度是我们理解黑格尔法哲学的重要方面。辩证法把世界万物视为绝对精神异化的环节，以发展的观

❶ 邓晓芒.马克思从黑格尔那里继承了什么？[J].马克思主义与现实，2008（2）：7.

❷ 马克思恩格斯选集：第2卷[M].北京：人民出版社，1995：42.

❸ 吴克峰，路晓峰.逻辑与历史维度中的马克思主义——从必然性和现实性视角的解读[J].毛泽东邓小平理论研究，2012（3）：58.

点认同了世界万物的历史性、暂时性，仅就此而言，黑格尔就否定了之前法哲学家们"法乃永恒"的观点。黑格尔坚称"历史无非是'自由'意识的进展"❶。其客观唯心主义的立场固然荒谬，但"进展"观下确立了历史主义方法论却是毋庸置疑的。诚如美国学者诺曼·莱文所言："在黑格尔那里，历史性概念、时间之前进对于他描述理念的运作过程是不可或缺的。"❷ 多米尼克·洛苏尔多认为："对于黑格尔来说，在没有历史的语境下发展哲学是不可能的。"❸ 纵观黑格尔的《法哲学原理》，无不处处彰显出巨大的历史感。

（二）黑格尔法哲学中的历史主义显现

国家强制力是法的重要特征，因此如何解读国家是法哲学不可回避的论题，黑格尔甚至认为法哲学就是"以国家学为内容的"❹。而对于国家存在根据的哲学理解，近代社会最有影响力的当属社会契约论。无论是霍布斯把人类社会的初始悬设为恐怖的自然状态，还是卢梭预设的人类社会初始的自然和谐状态，他们均把国家设立的根据溯源于"个人之间的契约"❺。不可否认，社会契约论不仅是关于国家设立根据的影响极为广泛的学说，而且对在近代社会唤醒个人的自由权利意识发挥了重要作用。然而，黑格尔对于这一影响深远的理论却很不以为然："国家的本性也不在于契约关系中……它们都把私有制的各种规定搬到一个在性质上完全不同而更高的领域。"❻ 黑格尔认为，社会契约论不过是把民事领域中的重要范畴错误地应用到国家这一领域，旨在寻求"不同意志的统一"（黑格尔语），而契约只是个人任性的统一，国家则是伦理的最高理性环节，理性的国家不是建立在任性的合意之上，而是法或自由精神发展的最高历史终点。社会契约论把个人理解为

---

❶ 黑格尔. 历史哲学［M］. 上海，上海书店出版社，1999：19.
❷ 诺曼·莱文，赵玉兰. 马克思与黑格尔思想的连续性［J］. 马克思主义与现实，2008（5）：43.
❸ 张双利，倪逸偲. 今天为什么要重读黑格尔的法哲学——意大利哲学家多米尼克·洛苏尔多访谈录［J］. 探索与争鸣，2017（5）：69.
❹ 黑格尔. 法哲学原理［M］. 范扬，张企泰，译. 北京：商务印书馆，1961：序言12.
❺ 卢梭. 论人类不平等的起源和基础［M］. 李常山，译. 北京：商务印书馆，1994.
❻ 黑格尔. 法哲学原理［M］. 范扬，张企泰，译. 北京：商务印书馆，1961：82.

原子式的个人，国家不过是原子式个人的集合体，黑格尔认为事实绝非如此，因为原子式的个人"在家庭和市民社会中就已经消逝了"❶。当然在家庭里个体的消逝较容易理解，而在市民社会中个体的消逝可能会让人感到疑惑。黑格尔曾经讲过市民社会是私人利益冲突的战场，个体的自主性正是在市民社会中才得以充分发挥，个体的私人利益也正是在市民社会中得以最大化的实现。那么，如何理解市民社会中个体的消逝呢？笔者认为黑格尔在这里讲的个体的消逝是在市民社会中，由于普遍的社会分工、等级，以及自治团体与同业公会的整合作用，分散的原子式的个体聚合为局部性的共同体，正是在等级、自治性团体与同业公会中，个体不再是原子式的个体，而是作为共同体中的个体。正是在这个意义上，可以说个体在市民社会中走向了消逝。但是这些局部的共同体之间，黑格尔认为仍然因其利益的特殊性而存在对立与冲突，因此需要国家作为普遍伦理的提升。按照黑格尔辩证法的"正—反—合"的模式，家庭和市民社会是黑格尔伦理阶段的"正和反"的环节，而国家则是代表"正"与"反"的统一的"合"的环节，也是自由精神的完满实现。在家庭与市民社会原子式的个人尚且已经消逝，国家当然更不可能是原子式的个人的集合体，而是自由概念、自由精神历经发展的历史结果。因此，在国家制度的问题上，黑格尔认为国家制度由谁来制定是毫无意义的伪问题，"因为它假定着不存在任何国家制度，而只存在着集合一起的原子式的群氓"❷。国家制度属于他的思辨哲学的"概念"发展的结果，不能由原子式的个人凭着任性加以制定，因为"概念与群氓是根本风马牛不相及的"❸。换言之，黑格尔认为国家和国家制度的形成都是历史发展的结果，人们只能身处其外，静观这一历史发展的轨迹，从而得以"理解"国家这一理性的产物，而绝不能任凭主观设想绘制国家的蓝图。黑格尔在批判法国大革命时期根据抽象的自由观构建国家制

❶ 黑格尔.法哲学原理［M］.范扬，张企泰，译.北京：商务印书馆，1961：323.
❷ 黑格尔.法哲学原理［M］.范扬，张企泰，译.北京：商务印书馆，1961：290.
❸ 黑格尔.法哲学原理［M］.范扬，张企泰，译.北京：商务印书馆，1961：290.

度引发的社会恐怖时，同样折射出深刻的历史感。国家制度应当符合自由概念的历史发展的轨迹，人为的制度设计可能违背了概念的历史进程，从而带来社会的动荡。

黑格尔论证了国家先后经历的社会形态，虽然他把普鲁士国家视为国家的最完满形态为世人所诟病，但不可否认其中彰显的历史感。黑格尔根据其思辨哲学的概念的历史发展，把世界历史分为四种王国：东方的王国—希腊的王国—罗马的王国—日耳曼的王国。上述四种王国不是任性地罗列，而是按照其"概念"历史发展进程的有序递进。东方王国是源于家长制的自然整体意识、内部尚未分裂的国家，是缺乏个人人格、个人淹没于整体的国家形态。如果说自由，那就是君主一个人的自由，甚至君主也并不自由，而是随心所欲、为所欲为的任性。希腊王国具有有限东西与无限东西的实体性统一，并出现了个人的个体性原则。在罗马王国中，伦理生活无限地分裂成为抽象的普遍性和私人的自我意识两个极端，这种对立起始于采取民主制形式的自由人格和贵族制的实体性直觉，但民主制的发展导致自由民堕落为贱民，贵族制沦为了迷信与冷酷、贪婪权利的伸张，最终导致整体的分解。而日耳曼王国，以神的本性和人的本性统一实现客观真理与自由的和解，达到了自由精神的顶点。❶ 尽管黑格尔认为世界历史是从东方演进到西方，影射西方是近现代世界的中心，也表现出日耳曼民族的极度自负，但其认为国家形态不是无序堆积，而是有序地历史演进的观点，的确凸显了厚重的历史感。

（三）黑格尔历史主义的"历史"分析

如前文所述，恩格斯高度颂扬了黑格尔的历史感，并把黑格尔视为竭力证明历史是存在内在联系和发展的第一人。令人颇为意外的是，在法哲学研究中，黑格尔却旗帜鲜明地反对"历史"实证式的论证，似乎走向了历史主义方法论立场的反面。"对于各种法律规定在时间上的出现和发展加以考察，这是一种纯历史的

---

❶ 黑格尔.法哲学原理［M］.范扬，张企泰，译.北京：商务印书馆，1961：356-359.

研究。这种研究……在各自领域中固然都有其功用和价值，但是与哲学上的考察无关。"❶ 在法学学科的研究中，采用历史分析方法对法律制度进行梳理，探索其历史渊源和产生背景是常见的研究方法，黑格尔认为这种纯历史的论证虽然在法学领域具有研究意义，但不是法哲学层面上的研究。换言之，某项法律制度虽然能够找到确凿的历史依据，但不能从法哲学的维度承认该法律制度具有合理性。其实，黑格尔固然具有巨大的历史感，但对于法律规定的历史实证研究不以为然，因为在黑格尔看来，这些法律规定也许在特定的历史阶段有价值和功用，但是这仅仅只能证明其"具有一般历史的价值……因此之故，它们又是暂时性的"❷。因为是"历史"的，所以也就是"暂时"的，而哲学是应该"从那些形式靡定、反复无常的考察中提取恒久不变的东西"❸。法哲学研究不应被"历史"的，从而也是"暂时"的现象所迷惑，而应当深入把握其背后的永恒的东西，在黑格尔法哲学看来，这恒久不变的东西就是"概念"实体、"自由精神"。因此，黑格尔认为，对于立法者和政府的立法智慧的评价，如果"愈得到哲学观点的支持，他们的智慧所得到的历史上承认就愈深刻"❹。

　　黑格尔对于历史实证研究的不满还体现在对历史法学派的批判上。历史法学派的代表人物是胡果和萨维尼，该学派主张法是民族精神的体现，坚持立法之前需要充分把握本民族精神，并对法律制度加以实证，即立法必须建立在"历史"实证的前提之上。萨维尼与黑格尔是同时代的哲学家，两人都担任过柏林大学校长，萨维尼还被普鲁士王朝任命为修法大臣。拿破仑时期法国曾经占领了德国部分领土，在被占领土上实施了《法国民法典》，后来德国军队打败了法国占领军，收复了失地。德国当时面临的问题是在前被占领地区是否继续实施《法国民法典》，历史法学派认为《法国民法典》是外来的、移植其他民族的法，不符合日耳曼民族

❶　黑格尔.法哲学原理［M］.范扬，张企泰，译.北京：商务印书馆，1961：5.
❷　黑格尔.法哲学原理［M］.范扬，张企泰，译.北京：商务印书馆，1961：7.
❸　黑格尔.法哲学原理［M］.范扬，张企泰，译.北京：商务印书馆，1961：序言3.
❹　黑格尔.法哲学原理［M］.范扬，张企泰，译.北京：商务印书馆，1961：7.

精神，故坚决主张不予适用。萨维尼认为应当深入考察日耳曼民族的历史，尤其是为法律制度找寻本民族发展中的历史依据，且只有在这个前提条件满足的情况下，才能着手制定一部完备的德国民法典。黑格尔并不反对法与民族精神的内在联系，但并不赞同历史法学派的做法。历史法学派试图制定完备的民法典，即"看来绝对完整而毋须作进一步规定的法典"，并且反对在历史实证的条件具备前制定法典。在黑格尔看来，民法典作为实定法只是有限事物，历史法学派主张的民法典的完整性仅仅是"永久不断地对完整性的接近而已"❶。因此，制定民法典追求一劳永逸的完备性本身就是不现实的，甚至认为尚不具备制定完备法典的条件而不制定德国民法典，就犹如"如果因为可能长出新的枝叶，于是就根本不愿意种树，岂不愚蠢"❷。黑格尔认为，"历史实证"并不能证明一项法律制度就是符合"法"的概念。例如，奴隶社会关于奴隶的相关制度当然是可以历史实证的、真实的存在，但是这显然不能说这样的法律规定符合"法的概念"。在黑格尔看来，奴隶制度的规定严重违背了法的"概念"，即自由精神、人格平等，因为奴隶在法律上仅仅是奴隶主的财产，是"物"，没有人格，也根本没有自己的自由意志。显而易见，黑格尔法哲学中的"历史"绝不是探究历史史实的"实证历史"，历史的未必是现实的、合乎理性的。在黑格尔看来，历史实证研究方法的意义主要存在于具体学科如法学，而不能僭越于法哲学这样的哲学科学中。因为"某事件产生的历史意义、历史式的叙述和成为易于理解，跟有关同一事件的产生和事物的概念的那哲学观点，属于各不相同的领域"❸，即历史实证式的研究不能代替哲学对事物背后的"概念"的把握。

无论是黑格尔对于历史实证式研究的批判，还是对历史法学派编纂德国民法典态度的不满，无不反映了黑格尔的巨大的历史感，历史主义的"历史"与"过去

---

❶ 黑格尔.法哲学原理［M］.范扬，张企泰，译.北京：商务印书馆，1961：225.
❷ 黑格尔.法哲学原理［M］.范扬，张企泰，译.北京：商务印书馆，1961：226.
❸ 黑格尔.法哲学原理［M］.范扬，张企泰，译.北京：商务印书馆，1961：7.

的事实沿革"意义上的历史的含义大相径庭。其实，黑格尔作为客观唯心主义哲学家，他眼中的历史必然是精神发展的历史，其法哲学中的历史发展实则是法的"概念"、自由精神的演进史。因此，黑格尔的法哲学如同他的思辨辩证法，不过是一部精神漫游史。马克思认为，黑格尔"只是为历史的运动找到抽象的、逻辑的、思辨的表达，这种历史还不是作为一个当作前提的主体的人的现实历史"❶。基于此，黑格尔认为法哲学的演进历史顺序与通俗的历史的时间顺序并非一回事，"一系列定在形态的实际出现在时间上的次序，一部分跟概念逻辑的次序是互有出入的"❷。黑格尔还列举了相关的例子加以论证，例如，虽然在历史事实中先出现家庭、后才有所有权，但是在其法哲学中，却是把所有权放置在前、家庭设置在后，原因就是基于其精神哲学的演进历史次序的需要；在黑格尔看来，是国家分裂出市民社会和家庭，按照一般的历史次序的理解，就应该是国家放置在前，家庭和市民社会位于其后，但是在《法哲学原理》的伦理篇中是"家庭—市民社会—国家"的完全颠倒的次序，因为这种颠倒的顺序才是合乎黑格尔的法的"概念"发展的历史轨迹。概言之，在黑格尔的哲学体系中，所谓的历史不是符合历史时间顺序的显白的历史，而是"概念"认识自身、实现自身的隐晦历史。正如黑格尔在其《历史哲学》的结尾中所言，他考察的历史"仅仅是概念的前进运动"。黑格尔不是从真实的人类历史史实中探究逻辑发展规律，而是根据其思辨哲学的逻辑随意"裁剪"历史，从而为其思辨逻辑确立历史的确证。当然，黑格尔对于自己的客观唯心主义立场从不回避，甚至是完全自觉的，因为在黑格尔看来，哲学中的"概念"实体的发展有别于社会历史发展，它是"概念"自生自发的自我驱动和自我创造，其过程和次序与一切主观愿望、人们行动无关，哲学家唯有置身于"概念"之外，静观"概念"自身的演进历史，方能理解真理、把握真理。马克思批判了"概念"历史导致黑格尔哲学的无根性，黑格尔的"历史"就是"世界上过去发生的一切和现在还在发生的

❶　马克思恩格斯全集：第3卷［M］.北京：人民出版社，2002：316.
❷　黑格尔.法哲学原理［M］.范扬，张企泰，译.北京：商务印书馆，1961：40.

一切，就是他自己的思维中发生的一切。……没有'适应时间次序的历史'，只有'观念在理性中的顺序'"❶。

二、马克思对黑格尔历史主义方法的承继

"离开了历史主义方法……也无从理解马克思哲学与黑格尔哲学之间的合理关联。"❷ 历史主义方法论也是马克思从黑格尔哲学中获得的另一重要理论惠赠。

众所周知，大学时期的马克思曾经对费希特和康德哲学痴迷，甚至还撰写了300印张的法哲学大纲，但是马克思很快就放弃康德式的法的形而上学体系的构建，主要原因在于康德的法哲学立足于"应然"，是纯粹理想式的构想。换言之，其不是立足于现实和历史。马克思在接触黑格尔哲学后，马上被黑格尔哲学所吸引，因为黑格尔哲学不是从"应然"出发，而是立足于现实，尤其是黑格尔"绝对观念的不断运动决定法的不断发展"的历史的、发展的法哲学观，把马克思诱入了"敌人的怀抱"。黑格尔在《法哲学原理》中曾明确指出，他的法哲学作为国家哲学，绝对避免"把国家依其所应然来构成它"；相反，仅仅是"理解"存在的东西。因为在黑格尔看来，法的多彩的世界不过是理念的历史发展的体现，哲学的任务就是试图认识，而不是建构它。恩格斯评价黑格尔历史观是"新的唯物主义观点的直接的理论前提"❸，表明恩格斯承认继承黑格尔的历史主义是马克思哲学实现跃升的重要因素之一。

马克思对于黑格尔历史主义方法论的承继，在其法哲学思想中可以得到足够的印证。众所周知，马克思在《莱茵报》时期的文章中高扬法的自由价值，批判普鲁士当局以法的名义背离法的精神的卑鄙行径，既表现出对贫穷大众的深切同情，又极力弘扬法的自由精神。但不可否认的是，《莱茵报》时期马克思的法哲学观总是

---

❶ 马克思恩格斯文集：第1卷［M］.北京：人民出版社，2009：602.
❷ 齐艳红.历史主义：从黑格尔到马克思［J］.南开学报（哲学社会科学版），2013（6）：17.
❸ 马克思恩格斯选集：第2卷［M］.北京：人民出版社，1995：42.

显得有些苍白无力，对于法的本质及价值的认识较为模糊和抽象，既未意识到法现象的历史性，更未发掘出法本质的物质制约性，从而陷入了"物质利益"难事的烦恼。从方法论层面而言，恰恰是缺乏了历史主义方法论的指导，马克思对于法的把握明显缺失了历史主义方法的维度。

当马克思把法哲学安置在历史主义方法的基础上，对法的把握终于走上了正确的道路。通俗的观点总是认为法律不过是统治者随心所欲的意志表达，而马克思在《哲学的贫困》中确证了君主们其实必须服从经济条件。在关于法的自由、平等等价值问题上，哲学家们总是认为自由、平等的理念是永恒的存在，根本没能把握到法的自由、平等价值具有历史性。一旦立足于历史主义的立场就能体察，平等观念的形成"需要全部以往的历史，因此它不是自古以来就作为真理而存在的"❶。

三、马克思对黑格尔历史主义方法的超越

诚如前文所言，黑格尔的"历史感"绝不是立足于现实生活的历史，而是其思辨哲学的精神漫游史，马克思当然体悟到黑格尔的"历史"不过是"抽象的、绝对的思维的生产史"❷。"虽然马克思从黑格尔那里继承了历史主义这一点是确定无疑的，但他彻底地批判了黑格尔的思辨形而上学这一点也是确定无疑的。"❸ 因此，马克思必然在承继黑格尔的历史主义的前提下实现全面的超越，也唯有如此，才能把法哲学真正提升为科学。

虽然马克思认同黑格尔哲学具有巨大的历史感，但黑格尔的"历史"绝不是现实的人类的物质生产史、人类的实践史，甚至黑格尔明确反对在法哲学研究中采用实证式的历史主义方法论。的确，不少学者反对在哲学研究中采用具体学科中常用

---

❶ 马克思恩格斯文集：第9卷 ［M］.北京：人民出版社，2009：355.
❷ 马克思.1844年经济学哲学手稿 ［M］.北京：人民出版社，2000：99.
❸ 王新生.马克思哲学的历史主义根基：遗忘与重建 ［J］.吉林大学社会科学学报，2009（2）：87.

的实证研究方法，甚至认为实证研究只能带来理智的知识，不能把握理性的真理，二者似乎泾渭分明。马克思则坚持哲学的研究应当从天国回到地上，法哲学研究的历史主义方法论的立足点绝不是黑格尔思辨哲学的"概念"，而是回归到现实的人的历史，即"从直接生活的物质生产出发阐述现实的生产过程，把同这种生产方式相联系的、它所产生的交往形式即各个不同阶段上的市民社会理解为整个历史的基础"❶。显然，在马克思看来，从直观上看，法固然与意志、精神有关，但是对意志、精神不能从其自身中得到合理的说明，法的本质不是意志或精神。马克思从人类社会的起点原始社会出发，重点考察了原始社会的生产活动状况，由于生产力水平低下，原始社会的生产方式是集体式的生产，个人离开集体是无法生存的；同时，由于生产力水平的限制，剩余产品有限，因此长期以来并不存在私有制，私人利益冲突并不常见，调整人与人之间的关系的规则主要是习俗，而且习俗主要表现为行为禁忌。概言之，在原始社会原始人既没有明确的权利义务意识，也不需要法律这一行为规范。马克思通过历史分析发现，在原始社会末期，正是由于生产力获得了一定的发展，人们的生产与消耗相比有所结余，部落冲突中抓到的俘虏也不再杀掉，而是保留下来作为劳动力；人类获得食物的方式发生了变化，由过去的狩猎方式为主演变为农业耕作为主，剩余产品增加，贫富差距加大，利益冲突加剧，为了有效地控制社会冲突，国家得以产生，法也伴随着国家的产生而出现。历史史实证明：法不是人类社会的永恒现象，法存在的根据也绝不是源于公平、正义的理念，因为公平、正义的观念本身就是人类历史的产物，正是在人类的反复实践中才产生是否公平与正义的观念；法的本质不是国家意志，而是国家意志背后的统治阶级意志与物质制约性的统一。揭示法的本质的物质制约性无疑是人类法哲学研究的一次飞跃，而马克思实现的这一飞跃，从方法论的维度而言，正是历史唯物主义方法的运用。

---

❶ 马克思恩格斯选集：第 1 卷［M］. 北京：人民出版社，1995：92.

　　黑格尔曾经说过，事物的本质终将显现，需要哲学家以勇毅的态度加以把握。历史实证的方法不仅黑格尔是明确反对的，而且也是哲学界普遍抵制的研究方法。这主要源于哲学与具体科学分属不同的领域，即所谓哲学是研究形而上的"道"之学，具体科学是立足于形而下的"器"之学，似乎以形而下之学的实证研究方法，无法实现哲学的超越性、批判性。与此相反，马克思对于历史实证研究不仅没有拒斥，而且作为自己哲学理论研究的重要方法论基础。在法哲学研究中，一方面，马克思从哲学层面对黑格尔的法哲学观进行了批判，尤其是从元哲学的维度批判了黑格尔法哲学的客观唯心主义立场；另一方面，马克思又对自身的法哲学结论诉求历史史实的确证，把自己的结论奠基于坚实的历史事实，从而使其法哲学理论不再是抽象的思辨，而是接受哲学和历史的双重领导，最终成为科学的法哲学观。从方法论的维度而言，马克思在某种意义上拯救了黑格尔的历史主义方法，通过把黑格尔的理念"天国"的历史，拉回到现实的"尘世"的历史，形成了合乎历史本身的方法论，即把黑格尔的历史唯心主义方法改造为历史唯物主义方法。而马克思的历史唯物主义"本身是一种新本体论的立场和视域"❶。

　　需要澄清的是，马克思哲学对于历史的研究是有别于历史学科的历史研究。历史学作为具体的社会科学，无论是国别史、断代史还是编年史，必然注重历史史实的考证。马克思的法哲学研究既不是立足于某一具体历史史实的考证，也不是漫无目的地堆积历史史实，而是秉持特定的问题意识，以谋求问题的答案并加以佐证。例如，如前文所述，关于法的起源问题，马克思之前的哲学家普遍把法视为贯穿人类社会始终的永恒现象，而马克思正是秉持探求法的起源的问题意识，立足于历史主义方法论，以胜于雄辩的史实确证了原始社会没有法，进而得出法是阶级社会特有的现象的科学结论。

　　值得注意的是，虽然马克思和黑格尔都曾对历史法学派予以坚决的批判，但

---

❶　王德峰.论历史唯物主义的本体论意义［J］.学习与探索，2004（1）：11.

二者批判的立足点是根本不同的。黑格尔批判历史法学派主要是反对历史法学派的历史实证研究，认为找到法的历史史实的证据根本无法从哲学意义上证明法的合理性。历史史实的证据不过说明了某种法律规定在历史上曾经存在、在某段人类历史上存在，黑格尔认为这恰恰证明了该法律规定就是"历史的"，从而也就是"暂时的"存在。哲学是要"从那些形式靡定、反复无常的考察中提取恒久不变的东西"❶，因此法哲学关注的就不是流逝的某项法律制度，而是探究其后的恒久不变的精神实体。马克思反对历史法学派的根本原因并不是历史法学派"寻根式"的历史实证，而是历史法学派历史之名下的"非历史"的立场。马克思说过："有个学派以昨天的卑鄙行为来为今天的卑鄙行为进行辩护……这个法的历史学派本身如果不是德国的历史产物，那它就是杜撰了的德国的历史。"❷ 历史法学派的代表人物萨维尼被普鲁士王国任命为修法大臣，其核心观点为法是民族精神的体现，伴随着民族的发展而发展，其不仅不承认法的阶级性，而且错误地指认法的本质，在立法主张方面，实则以尊重历史为名，行复辟之实。历史法学派表面上似乎遵循历史规律，实则无视历史的发展，无视法的主要决定性因素——经济基础的发展变化，固守陈旧的、不符合时代要求的封建立法。因此，马克思辛辣地讽刺历史法学派是"以昨天的卑鄙行为来为今天的卑鄙行为进行辩护"，历史法学派是不符合当下德国历史潮流的"历史产物"。概言之，历史法学派恰恰是"非历史"的。

综上，马克思历史主义方法论的超越在于摒弃了历史法学派的"非历史"的立场，改造了黑格尔历史主义方法论的绝对精神的"天国"的根基，从人类社会的生产生活实践出发，把历史主义的方法论奠定在"尘世"的坚实的现实基础之上，从而科学地解决了历史主体、历史动力和历史规律等重要论题。诚如邹诗鹏所言，固然可以用辩证唯物主义指称马克思主义哲学，但如果要求在一个更为基础性的地平

---

❶ 黑格尔.法哲学原理［M］.范扬，张企泰，译.北京：商务印书馆，1961：序言3.
❷ 马克思恩格斯全集：第1卷［M］.北京：人民出版社，1956：454.

上理解它，那么"这个地平正是唯物史观及其历史唯物主义"❶。正是历史唯心主义向历史唯物主义的转变，马克思的法哲学拨开了唯心主义的迷雾，实现了成功的超越，法哲学成为真正的科学。而马克思的"历史唯物主义的整个理论建构，从属于其终极的哲学人类学关怀"❷，因此马克思的法哲学必然是关注人的全面自由发展与实现的哲学。

❶ 邹诗鹏.何以要回到历史唯物主义研究范式?［J］.哲学研究，2010（1）：32.
❷ 邹诗鹏.唯物史观的三个维度［J］.天津社会科学，2011（5）：39.

结　　语

　　马克思哲学思想的黑格尔化与去黑格尔化的论战至今依然此起彼伏。马克思曾对黑格尔的法哲学理论进行批判，甚至进行了"颠倒"，但并非意味着对黑格尔哲学思想的彻底否弃。对两位哲人的法哲学思想的比较研究表明，否认马克思与黑格尔之间的思想关联无疑是武断的。

　　关于法的本质，黑格尔把法的本质归结为"客观意志"，拒斥了"暴力说"和"主观意志说"固然是法哲学理论的一大进步，但终究没有摆脱法的"精神"本质观。唯有马克思立足于历史唯物主义立场，尤其是基于国家作为阶级冲突不可调和的产物的结论，体悟到国家意志形式背后的阶级意志内容，并从阶级划分的标准和阶级对立的实质背后体察到物质制约性，以实践为主线，揭示出法的本质是"阶级意志性和物质制约性的对立统一"。

　　关于法的价值，黑格尔敏锐地捕捉到时代精神——自由。他通过审视资本主义社会自由的缺陷，反思康德的空洞形式主义自由观，拒斥"抽象自由"和"否定自由"观，把法的价值界定为"具体自由"。马克思认同、承继了黑格尔关于自由是现代社会的时代精神和法的核心价值的观点，并成功地实现了重要超越：自由的主体超越——从个人虚无到个人关注；自由的"历史性"的超越——从精神的漫游史到人类的实践发展史；自由实现的伦理形式超越——从国家到自由人联合体。这一批判性的超越，不仅体现了法的价值实质上是"以人为本"的价值，而且为自由价值的实现指明了道路——通过不断地实践，建立自由人的联合体。

对法的诸范畴的关系的不同把握，决定了法的自由价值实现的路径选择。关于市民社会与国家的关系上，黑格尔否弃了历史实证式的时间优先的探究，而是在其思辨哲学框架下推导出"国家决定市民社会"的结论。马克思承继了黑格尔关于市民社会与现代国家分离的洞见，但以经验事实为依据驳斥了黑格尔的"国家决定市民社会"理论的虚妄性，而随着学术旨趣向政治经济学转移，"市民社会决定国家"的结论奠基于扎实的科学之上。关于法与道德的关系，黑格尔视道德为主观意志的法，道德乃介于抽象法和伦理之间的环节，故法与道德就是部分与整体的关系。马克思认同了黑格尔关于"我"与"他"的道德之间是"肯定的共在关系"的观点，承继了法与道德具有共同的核心价值——自由。而马克思的超越性在于体悟到法与道德的重要共性——物质制约性和阶级性，并以历史实证研究揭示了法从道德演化而来的结论。

黑格尔法哲学的核心方法是思辨辩证法，即阐述"概念"以"中介"为环节、以自我的"否定性"为动力的发展过程。马克思承继了黑格尔思辨辩证法的合理内核，尤其是否定性的发展观和异化范畴；同时，马克思以"实践"为核心，实现了对黑格尔概念辩证法的反拨。诚如多米尼克·洛苏尔多认为，"对于黑格尔来说，在没有历史的语境下发展哲学是不可能的"❶。纵观黑格尔的法哲学，无不处处显现出巨大的历史感。恩格斯评价黑格尔历史观是"新的唯物主义观点的直接的理论前提"❷。但马克思历史主义方法论摒弃了历史法学派的"非历史"的立场，改造了黑格尔历史主义方法论的绝对精神的"天国"的根基，把历史主义的方法论奠定在"尘世"的坚实的现实基础之上，在法哲学上实现了历史唯心主义向历史唯物主义的转向。

为什么马克思法哲学思想在法的本质论、价值观和诸范畴的关系理论能够实现

---

❶　张双利，倪逸偲.今天为什么要重读黑格尔的法哲学——意大利哲学家多米尼克·洛苏尔多访谈录［J］.探索与争鸣，2017（5）：69.

❷　马克思恩格斯选集：第2卷［M］.北京：人民出版社，1995：42.

成功地超越？其归根到底是方法论的超越。面对人类社会重要的历史现象——法，不仅黑格尔陷入了唯心主义的泥沼，而且前马克思时代的唯物主义哲学家们也同样没有摆脱唯心主义的陷阱。历史唯物主义方法论的确立，驱散了笼罩在法现象上的理论迷雾，真正实现了对法现象的深刻把握。虽然学界对实践唯物主义、实践辩证法的提法众说纷纭、莫衷一是，但无疑实践是贯穿马克思法哲学思想的一条红线、一种重要的思维方式，即立足于实践，以实践为出发点和最终归宿。这不仅在理论层面上有助于正确把握法的本质、价值和重要范畴的关系，而且在法的自由价值实现、法治目标达致上为人们指出了清晰的路径。

市场经济必然是法治经济，依法治国不仅是党的重大决策，也是当今时代公认的最为有效的治国方略，党的十八届四中全会对于全面推进依法治国进行了精心部署。就历史传统而言，由于法家的败落，儒家的主导，人治传统久远，封建社会的千年延绵，政府主导下的"依法治国"目标的实现存在诸多困难。中华法系"德主刑辅"的治国理念影响深远，缺乏良好的法治传统是不争的事实。西方固然有着法治的传统，但现实已经证明了走法律移植之路会导致"水土不服"。事实上，试图复制西方国家的法治实践之路本身就是错误的，在资本逻辑主导下的西方社会，法治也仅具有形式意义。哲学经历了"客体中心主义"—"人类中心主义"—"生存中心主义"的发展历程，法治也应该以人的全面自由发展为根本，而这恰恰与马克思法哲学思想的人文观照相契合。换言之，马克思法哲学是我国法治建设的理论指导，故本书的研究对于我国的法治建设具有现实的指导价值。

虽然本论题的选题不乏理论与实践的双重价值，但本书还存在不足。一是有关黑格尔法哲学思想研究的最新资料较为有限，尤其是国内的最新研究成果较少，而对于马克思法哲学思想的研究，除了 20 世纪 90 年代国内掀起了一阵小热潮以外，近年来较为鲜见，国外一些学者甚至否认马克思存在法哲学思想，故整体上可以借鉴、启发的资源稍显不足。二是受到研究主题和文章篇幅的影响，关于马克思和黑格尔的法哲学思想的比较研究必然有所取舍，囿于个人认识和学业偏好，取舍之间难免避重就轻、主次不分。例如，关于法的诸范畴的关系，仅仅撷取"市民社会与国家""法与道德"两对关系是否得当值得商榷；法的方法论选取了辩证法和历史主义方法也似有武断之嫌。三是本书的部分措辞和观点仍需进一步推敲、斟酌。诸如实践唯物主义、历史唯物主义、实践辩证法等提法目前学界尚未达成共识，书中运用上述提法只不过是表明笔者个人的认同而已。四是因笔者自身学术能力之不逮、学识积淀之肤浅，从而心有余而力不足，然学无止境、知耻后勇，只要继续努力、不断耕耘，定能有所收获、有所成就。

参考文献

一、经典著作与重要文献类

[1] 马克思恩格斯选集：第1卷［M］.北京：人民出版社，1972.

[2] 马克思恩格斯选集：第1卷［M］.北京：人民出版社，1995.

[3] 马克思恩格斯选集：第2卷［M］.北京：人民出版社，1995.

[4] 马克思恩格斯全集：第1卷［M］.北京：人民出版社，1995.

[5] 马克思恩格斯全集：第1卷［M］.北京：人民出版社，1956.

[6] 马克思恩格斯全集：第2卷［M］.北京：人民出版社，1957.

[7] 马克思恩格斯全集：第3卷［M］.北京：人民出版社，1960.

[8] 马克思恩格斯全集：第19卷［M］.北京：人民出版社，1963.

[9] 马克思恩格斯全集：第25卷［M］.北京：人民出版社，1974.

[10] 马克思恩格斯全集：第40卷［M］.北京：人民出版社，1982.

[11] 马克思恩格斯全集：第45卷［M］.北京：人民出版社，1985.

[12] 马克思恩格斯全集：第46卷［M］.北京：人民出版社，1980.

[13] 马克思恩格斯文集：第1卷［M］.北京：人民出版社，2009.

[14] 马克思恩格斯文集：第2卷［M］.北京：人民出版社，2009.

[15] 马克思恩格斯文集：第3卷［M］.北京：人民出版社，2009.

[16] 马克思恩格斯文集：第4卷［M］.北京：人民出版社，2009.

[17] 马克思恩格斯文集：第5卷［M］.北京：人民出版社，2009.

[18] 马克思恩格斯文集：第8卷［M］.北京：人民出版社，2009.

[19] 马克思恩格斯文集：第9卷［M］.北京：人民出版社，2009.

[20] 马克思恩格斯文集：第10卷［M］.北京：人民出版社，2009.

［21］列宁全集：第 38 卷［M］.北京：人民出版社，1957.

［22］马克思.1844 年经济学哲学手稿［M］.北京：人民出版社，1985.

［23］马克思.1844 年经济学哲学手稿［M］.北京：人民出版社，2000.

［24］恩格斯.反杜林论［M］.北京：人民出版社，1970.

［25］黑格尔.法哲学原理［M］.张扬，范企泰，译.北京：商务印书馆，1961.

［26］黑格尔.小逻辑［M］.贺麟，译.上海：上海人民出版社，2009.

［27］黑格尔.精神现象学（上卷）［M］.贺麟，译.北京：商务印书馆，1979.

［28］黑格尔.历史哲学［M］.王造时，译.上海：上海书店出版社，2006.

［29］黑格尔.逻辑学（上卷）［M］.贺麟，译.南京：译林出版社，2004.

［30］黑格尔.哲学史讲演录［M］.贺麟，译.上海：上海人民出版社，2013.

二、学术著作类

［31］休·柯林斯.马克思主义与法律［M］.邱昭继，译.北京：法律出版社，2012.

［32］卡尔·伦纳.私法的制度及其社会功能［M］.王家国，译.北京：法律出版社，2013.

［33］洛维特.从黑格尔到尼采［M］.李秋零，译.北京：生活·读书·新知三联书店，2014.

［34］克里斯·桑希尔.德国政治哲学：法的形而上学［M］.陈江进，译.北京：人民出版社，2009.

［35］亨利希·库诺.马克思的历史、社会和国家学说［M］.袁志英，译.上海：上海译文出版社，2014.

［36］布律尔.法律社会学［M］.许钧，译.上海：上海人民出版社，1987.

［37］卢梭.论人类不平等的起源和基础［M］.李常山，译.北京：商务印书馆，1994.

［38］R.G.佩弗.马克思主义、道德与社会正义［M］.吕梁山，等译.北京：高等教育出版社，2010.

［39］艾伦·布坎南.马克思与正义［M］.林进平，译.北京：人民出版社，2013.

［40］莱文.不同的路径：马克思主义与恩格斯主义中的黑格尔［M］.臧峰宇，译.北京：北京师范大学出版社，2009.

［41］莱文.马克思与黑格尔的对话［M］.周阳，等译.北京：中国人民大学出版社，2015.

［42］德拉·沃尔佩.卢梭和马克思［M］.赵培杰，译.重庆：重庆出版社，1993.

［43］伯尔基.马克思主义的起源［M］.伍庆，王文扬，译.上海：华东师范大学出版社，2007.

［44］阿图尔·考夫曼.法律哲学［M］.刘幸义，等译.北京：法律出版社，2011.

［45］科耶夫.驯服欲望：施特劳斯笔下的色诺芬撰述［M］.贺志刚，等译.北京：华夏出版社，2002.

［46］施泰因克劳斯.黑格尔哲学新研究［M］.王树人，译.北京：商务印书馆，1990.

［47］泰勒.黑格尔［M］.张国清，朱进东，译.南京：译林出版社，2002.

［48］卢卡奇.历史与阶级意识［M］.杜章智，等译.北京：商务印书馆，1996.

［49］马尔库塞.理性和革命——黑格尔和社会理论的兴起［M］.程志民，等译.重庆：重庆出版社，1993.

［50］梅林.马克思传［M］.樊集，译.北京：人民出版社，1965.

［51］卡弗.马克思与恩格斯：学术思想关系［M］.姜海波，王贵贤，译.北京：中国人民大学出版社，2008.

［52］阿尔都塞.保卫马克思［M］.顾良，译.北京：商务印书馆，2006.

［53］罗纳德·德沃金.认真对待人权［M］.朱伟一，译.南宁：广西师范大学出版社，2003.

［54］弗朗西斯·福山.历史的终结与最后的人［M］.陈高华，译.南宁：广西师范大学出版社，2014.

［55］杨寿堪，等编译.黑格尔之谜——新黑格尔主义者论黑格尔［M］.北京：北京师范大学出版社，1988.

［56］W.T.斯退士.黑格尔哲学［M］.鲍训吾，译.石家庄：河北人民出版社，1986.

［57］卢梭.社会契约论［M］.何兆武，译.北京：商务印书馆，1980.

［58］霍布斯.利维坦［M］.黎思复，黎廷弼，译.北京：商务印书馆，1985.

［59］柏拉图.理想国［M］.郭斌和，张竹明，译.北京：商务印书馆，1986.

［60］乔戈.国家的伦理——从马克思回到黑格尔［M］.南宁：广西师范大学出版社，2014.

［61］苗力田，编译.黑格尔通信百封［M］.上海：上海人民出版社，1981.

［62］中国社会科学院哲学研究所.论康德黑格尔哲学［M］.上海：上海人民出版社，1981.

［63］毛华兵.走出黑格尔的青年马克思［M］.北京：中国社会科学出版社，2013.

［64］费尔巴哈.费尔巴哈哲学著作选集（上卷）［M］.荣震华，李金山，译.北京：商务印书馆，1984.

［65］张世英.黑格尔《小逻辑》绎注［M］.长春：吉林人民出版社，1982.

［66］孙正聿.哲学通论［M］.沈阳：辽宁人民出版社，1998.

［67］孙正聿.马克思主义辩证法研究［M］.北京：北京师范大学出版社，2012.

［68］孙正聿.思想中的时代——当代哲学的理论自觉［M］.北京：北京师范大学出版社，2004.

［69］孙正聿.马克思主义基础理论研究（上卷）［M］.北京：北京师范大学出版社，2011.

［70］孙正聿.简明哲学通论［M］.北京：高等教育出版社，2000.

［71］孙正聿.当代中国马克思主义哲学专题研究［M］.长春：吉林人民出版社，2010.

［72］张盾，田冠浩.黑格尔与马克思政治哲学六论［M］.北京：学习出版社，2014.

［73］何萍.马克思主义哲学史教程［M］.北京：人民出版社，2009.

［74］贺麟.黑格尔哲学讲演集［M］.上海：上海人民出版社，2011.

［75］王南湜，谢永康.后主体性哲学的视域——马克思唯物主义的当代阐释［M］.北京：中国人民大学出版社，2004.

［76］高兆明.黑格尔《法哲学原理》导读［M］.北京：商务印书馆，2010.

［77］倪志安.马克思主义哲学方法论研究［M］.北京：人民出版社，2007.

［78］叶秀山.思·史·诗——现象学和存在哲学研究［M］.北京：人民出版社，1988.

［79］俞吾金.被遮蔽的马克思［M］.北京：人民出版社，2012.

［80］郁建兴.马克思国家理论与现时代［M］.上海：东方出版中心，2007.

［81］张世英.自我实现的历程：解读黑格尔《精神现象学》［M］.济南：山东人民出版社，2001.

［82］尹奎杰.权利正当性观念的实践理性批判［M］.北京：科学出版社，2008.

［83］陈波.马克思主义视野中的人权［M］.北京：中国社会科学出版社，2004.

［84］韩冬雪.马克思主义政治哲学诸范畴初探［M］.长春：吉林出版集团有限责任公司，2007.

［85］姜佑福.历史：思辨与实践——论马克思与黑格尔历史观念的基本差别［M］.上海：复旦大学出版社，2013.

［86］林喆.黑格尔的法权哲学［M］.上海：复旦大学出版社，1999.

［87］吕世伦.黑格尔法律思想研究［M］.北京：中国人民公安大学出版社，1989.

三、期刊论文类

［88］徐俊忠，黄寿松.政治自由及其意义的限度——列宁的理解与启示［J］.哲学研究，2006（2）：12-18.

［89］林俊平，徐俊忠.历史唯物主义视野中的正义观——兼谈马克思何以拒斥、批判正义［J］.学术研究，2005（7）：56-61.

［90］徐俊忠.马克思视野中的人权［J］.哲学研究，1996（10）：3-10.

［91］李淑梅.马克思批判黑格尔辩证法的社会政治取向［J］.厦门大学学报（哲学社会科学版），2013（4）：50-57.

［92］李淑梅.黑格尔的立法权思想研究［J］.哲学动态，2013（4）：50-54.

［93］李淑梅.体系化哲学的突破与政治哲学研究方法的转变——马克思的《黑格尔法哲学批判》再解读［J］.哲学研究，2005（9）：20-25.

［94］李淑梅.马克思主义以实践为基础的自由观［J］.江汉论坛，1993（5）：23-27.

［95］马天俊，孙杨.马克思对黑格尔辩证法的"颠倒"——一个隐喻分析［J］.山东社会科学，2016（10）：13-19.

［96］吴育林，李慧芳.论科学实践观在马克思哲学中的基础性地位［J］.贵州社会科学，2015（5）：4-10.

［97］吴育林.实践主体与马克思哲学的生存维度［J］.现代哲学，2006（4）：16-22.

［98］吴育林.马克思实践主体哲学与人类中心主义［J］.思想战线，2007（1）：41-46.

［99］徐长福.主词与谓词的辩证——马克思哲学的逻辑基础探察［J］.哲学研究，2017（5）：11-18.

［100］徐长福.论马克思的实践哲学与唯物史观的张力——基于中国语境的一个考察［J］.哲学动态，2012（5）：10-14.

［101］徐长福.马克思的实践哲学与唯物史观的张力及其在西方语境中的开显［J］.马克思主义与现实，2012（2）：89-96.

［102］徐长福.马克思哲学中的"主谓颠倒"问题［J］.马克思主义与现实，2009（3）：26-33.

［103］徐长福.马克思的实践首先是一个价值本体概念［J］.哲学动态，2003（6）：10-12.

［104］汪行福.马克思误读了黑格尔吗？——评诺曼·莱文教授的《马克思对话黑格尔》［J］.哲学动态，2013（9）：5-10.

［105］汪行福.个人权利与公共自由的和解——现代性视域中的黑格尔法哲学［J］.吉林大学社会科学学报,2011（1）：54-63.

［106］汪行福.自由主义与现代性命运——从黑格尔到马克思［J］.中共浙江省委党校学报,2004（6）：26-33.

［107］吴晓明.论马克思哲学中的主体性问题［J］.复旦学报（社会科学版）,2005（5）：7-14.

［108］吴晓明."理性的法"和"私人利益"——马克思《莱茵报》时期所面临的物质利益难题［J］.复旦学报（社会科学版）,1994（5）：35-42.

［109］吴晓明.黑格尔法哲学与马克思社会政治理论的哲学奠基［J］.天津社会科学,2014（1）：22-28.

［110］王新生.马克思正义理论的四重辩护［J］.中国社会科学,2014（4）：26-44.

［111］王新生.黑格尔市民社会理论评析［J］.哲学研究,2003（12）：53-58.

［112］王新生.马克思哲学的历史主义根基：遗忘与重建［J］.吉林大学社会科学学报,2009（2）：85-94.

［113］王新生,齐艳红."重建历史唯物主义"的一种方法论尝试——分析马克思主义方法论的意义及其局限［J］.社会科学辑刊,2010（5）：22-27.

［114］邹诗鹏.青年马克思超越启蒙传统的理路［J］.社会科学,2016（11）：120-124.

［115］邹诗鹏.唯物史观的三个维度［J］.天津社会科学,2011（5）：38-42.

［116］邹诗鹏.何以要回到历史唯物主义研究范式?［J］.哲学研究,2010（1）：30-35.

［117］谢永康.自由观念：从康德、黑格尔到马克思［J］.学海,2009（6）：32-35.

［118］谢永康.历史唯物主义的辩证结构——自然和历史的关系与马克思的"新世界观"［J］.哲学研究,2008（7）：24-29.

［119］谢永康.从"否定性的辩证法"到"否定的辩证法"——阿多诺与黑格尔—马克思哲学传统［J］.社会科学战线,2007（4）：34-36.

［120］王南湜,谢永康.论实践作为哲学概念的理论意蕴［J］.学术月刊,2005（12）：11-20.

［121］吴克峰,路晓峰.逻辑与历史维度中的马克思主义——从必然性和现实性视角的解读［J］.毛泽东邓小平理论研究,2012（3）：57-62.

［122］吴克峰.论马克思主义与自由主义对人类基本价值的理解［J］.理论学刊,2011（12）：8-12.

［123］郑召利.哈贝马斯"重建"历史唯物主义辨析［J］.当代国外马克思主义评论，2004：200-214，279-280.

［124］王德峰.马克思的历史批判方法［J］.哲学研究，2013（9）：11-17.

［125］王德峰.论历史唯物主义的本体论意义［J］.学习与探索，2004（1）：8-12.

［126］王金林.论马克思对黑格尔劳动概念之重构［J］.哲学研究，2017（4）：3-11.

［127］王凤才.黑格尔法哲学：作为规范的正义理论——霍耐特对黑格尔法哲学的诠释与重构［J］.复旦学报（社会科学版），2009（6）：19-27.

［128］张双利.再论马克思对黑格尔法哲学的批判［J］.哲学研究，2016（6）：35-41.

［129］张双利，倪逸偲.今天为什么要重读黑格尔的法哲学——意大利哲学家多米尼克·洛苏尔多访谈录［J］.探索与争鸣，2017（5）：69-75.

［130］诺曼·莱文，赵玉兰.马克思与黑格尔思想的连续性［J］.马克思主义与现实，2008（5）：43-56.

［131］夏莹.自由与历史：黑格尔与马克思自由观之比较——以卡尔·波普尔的批判为视角的一种考察［J］.吉林大学社会科学学报，2015（2）：155-161.

［132］汤姆·洛克莫尔，孟丹.马克思主义之后的马克思：卢卡奇的重新发现［J］.现代哲学，2011（4）：1-7.

［133］俞吾金.自然辩证法，还是社会历史辩证法？［J］.社会科学战线，2007（4）：21-27.

［134］俞吾金.马克思对黑格尔方法论的改造及其启示［J］.复旦学报（社会科学版），2011（1）：2-10.

［135］倪志安.论马克思的实践哲学［J］.西南师范大学学报，2003（1）：22-28.

［136］倪志安.论马克思新哲学的实践逻辑［J］.哲学研究，2009（12）：17-20.

［137］倪志安.论"人－自然－社会"的协调发展规律［J］.哲学研究，2012（10）：30-34.

［138］倪志安，王培培.马克思实践自然观对我国生态文明建设的理论启示和实践启迪［J］.西南大学学报（社会科学版），2011（2）：55-59.

［139］孙道进.科学与价值：历史的逻辑与逻辑的历史［J］.马克思主义研究，2010（1）：84-93.

［140］侯惠勤.马克思的意识形态批判与哲学变革［J］.马克思主义研究，2011（12）：5-20.

［141］侯惠勤.作为世界观的马克思主义辩证法［J］.马克思主义研究，2007（7）：58-67.

［142］贺来.辩证法与形而上学：一个需要重新审视的哲学"对子"［J］.吉林大学社会科学学报，2009（5）：5-11.

［143］刘森林.恩格斯与辩证法：误解的澄清［J］.南京大学学报，2005（1）：9-12.

［144］安启念.《1844年经济学哲学手稿》：大唯物史观与实践辩证法［J］.中国人民大学学报，2008（1）：58-65.

［145］邓晓芒.马克思从黑格尔那里继承了什么？［J］.马克思主义与现实，2008（2）：4-8.

［146］冯炬，徐毅君.马克思法哲学方法论中人与历史的双重维度［J］.山东社会科学，2013（10）：46-50.

［147］韩立新.从国家到市民社会：马克思思想的重要转变——以马克思《黑格尔法哲学批判》为研究中心［J］.河北学刊，2009（1）：14-24.

［148］何萍.马克思的实践——价值解说［J］.学术月刊，2003（5）：97-102.

［149］何萍.新世纪的价值哲学研究方法［J］.上海财经大学学报，2001（1）：55-57.

［150］何萍.马克思政治经济学语境中的价值哲学［J］.现代哲学，2003（4）：10-16.

［151］时显群.马克思论法律与自由［J］.河北法学，2007（2）：50-53.

［152］李丽丽.个体与共同体实现和解的两条道路——马克思对黑格尔的继承与超越［J］.科学社会主义，2012（6）：69-72.

［153］刘珍英.客体辩证法还是实践辩证法？——与竭长光同志商榷［J］.华侨大学学报（哲学社会科学版），2016（1）：80-88.

［154］齐艳红.历史主义.从黑格尔到马克思［J］南开学报（哲学社会科学版），2013（6）：12-17.

［155］邵晓光，付威.马克思实践辩证法的理论实质［J］.辽宁大学学报（哲学社会科学版），2014（6）：66-71.

［156］武建敏.论马克思的实践辩证法［J］.河北经贸大学学报（综合版），2008（4）：5-9.

［157］王树人.散论黑格尔哲学研究——《黑格尔哲学新研究》一书译者序［J］.哲学研究，1989（9）：77-80.

［158］詹世友.马克思的道德观：知识图景与价值坐标［J］.道德与文明，2015（1）：46-55.

［159］郭忠义，贺长余.黑格尔辩证法的"否定性"界说质疑［J］.哲学动态，2013（4）：44-49.

［160］鲁克俭.国外马克思学者关于马克思与黑格尔关系的新观点［J］.中共天津市委党校学报，2009（1）：24-31.

［161］邱昭继.当代英美的马克思主义法学［N］.中国社会科学报，2011-08-16.

［162］李真.马克思法哲学观视域下的法治中国方略探微［J］.毛泽东邓小平理论研究，2014（11）：30-36.

［163］李真.马克思法哲学方法论的承继与超越——以法本质观为视角［J］.江西社会科学，2014（5）：41-46.

［164］汪信砚，夏昌奇.论黑格尔的市民社会概念［J］.武汉大学学报（人文科学版），2007（5）：287-296.

［165］刘军.“市民社会决定国家”命题的提出与确立［J］.北京大学学报（哲学社会科学版），2014（3）：49-56.

［166］周振权.黑格尔辩证法再探析［J］.中山大学研究生学刊（社会科学版），2013（9）：70-77.

［167］朱晓红.论马克思对黑格尔法哲学的超越［J］.中共南京市委党校南京市行政学院学报，2005（6）：43-45.

［168］李宏.论马克思对黑格尔法哲学的超越［J］.河南师范大学学报（哲学社会科学版），2005（5）：36-39.

［169］李娉.马克思对黑格尔的继承与超越——以《黑格尔法哲学批判》为中心［J］.江西社会科学，2013（2）：21-24.

四、学位论文类

［170］姚远.解读青年马克思的黑格尔法哲学批判［D］.长春：吉林大学，2014.

［171］翁寒冰.马克思对黑格尔的五次批判—— 一种反思性的学术解读［D］.南京：南京大学，2013.

［172］周尚君.《巴黎手稿》的法哲学问题——历史、文本与理论［D］.重庆：西南政法大学，2009.

［173］苏婉儿.宪制的伦理生命——对黑格尔国家观的一种探源性解读［D］.重庆：西南政法大学，2008.

［174］马东景.马克思法哲学思想研究［D］.合肥：安徽大学，2015.

［175］罗健.马克思社会有机体理论的方法论［D］.苏州：苏州大学，2013.

［176］许菁菁.从思辨到实践：马克思、黑格尔辩证法基础的比较研究［D］.上海：复旦大学，2010.

［177］刘日明.近代法哲学与马克思的社会存在理论［D］.上海：复旦大学，2003.

［178］汪家宝.马克思法哲学思想及其当代意义［D］.上海：复旦大学，2008.

［179］孙育玮.当代中国法哲学的哲理探索［D］.哈尔滨：黑龙江大学，2004.

［180］秦国荣.市民社会、政治国家与法律发展：马克思的思想概览［D］.南京：南京师范大学，2003.

［181］王淼.形而上学的社会历史批判［D］.长春：吉林大学，2014.

［182］朱聪明.马克思社会有机体理论的当代解读［D］.沈阳：东北大学，2012.

［183］涂四益.阶级与宪政——从洛克到黑格尔和马克思［D］.武汉：武汉大学，2010.

［184］王福生.从思辨到革命——马克思对黑格尔辩证法的颠倒［D］.长春：吉林大学，2004.

五、外文文献类

［185］MACGREGOI D. Hegel and Marx after the fall of communism［M］. Cardiff：University of Wales Press，1998.

［186］CARVER T. The postmodern Marx［M］. Pennsylvania：Pennsylvania State University Press，1999.

［187］WEIL E. Hegel and the state［M］. Baltimore MD：The Johns Hopkins University Press，1998.

［188］BOSANQUET B. Hegel introductory lectures on aesthetic［M］. Suffolk，England：Bungay Suffolk Press，1993.

［189］KAINZ H P. Hegel's phenomenology of spirit［M］. Pennsylvania：Pennsylvania State University Press，1994.

［190］STEWART J. The Hegel myths and legends［M］. Evanston，Illinois：Northwestern University Press，1996.

［191］SMITH S B. Hegel's critique of liberalism：Right in context［M］. Chicago：University of Chicago Press，1989.

［192］COLLETTI L. Marxism and Hegel［M］. London：NBL，1973.

［193］ROSE M A. Reading the Young Marx and Engels［M］. London：Groom Helm，1978.

［194］COLLENTI L. From Rousseau to Lenin［M］. New York and London：Monthly Review Press，1972.

［195］LEVINE N. Philosophy of right comparison between Karl Marx and Hegel［J］. Critique, 2009, 37（3）.

［196］CAMPBELL D. Rationality, democracy, and freedom in marxist critiques of Hegel's philosophy of right［J］. Inquiry, 1985, 28（1–4）.

［197］SMETONA M J. Marx's normative understanding of the capitalist system［J］. Rethinking Marxism, 2015, 27（1）.

［198］SAGE N W. Original acquisition and unilateralism: Kant, Hegel, and corrective justice［J］. Canadian Journal of Law and Jurisprudence, 2012, 35（119）.

［199］DOUGHTY H A. Critical theory, critical pedagogy and the permanent crisis in community colleges［J］. International Journal of Adult Vocational Education and Technology, 2014, 5（2）.

［200］ANDERSON K. On Marx, Hegel, and critical theory in postwar Germany: A conversation with Iring Fetscher［J］. Studies in East European Thought, 1998, 50（1）.

［201］FLUXMAN T. Marx, rationalism and the critique of the market［J］. South African Journal of Philosophy, 2009, 28（4）.

［202］AMATO P. Marx's science and the "First Critique" of Hegel［J］. Rethinking Marxism, 2001, 13（1）.

［203］MACNAIR M. Law and state as holes in marxist theory［J］. Critique, 2006, 34（3）.

［204］FINE R. Civil society theory, enlightenment and critique［J］. Democratization, 1997, 4（1）.

［205］LEVINE N. Hegelian continuities in Marx［J］. Critique, 2009, 37（3）.

［206］WEBER M. On the history and politics of the social turn［J］. Review of International Studies, 2015, 41（4）.

［207］RYABOV I. Dialectic and didactic: Divergent paths to contemporary discourse［J］. Studies in Literature and Language, 2012, 5（1）.

［208］HORN A J. The enigma of the inversion［J］. Critique, 2013, 41（3）.

［209］GOODFIELD E L. The Jewish question and beyond: Universalism and dialectic in the confrontations of Marx, Zion and Intifada［J］. Journal for the Study of Religions and Ideologies, 2003, 4.

［210］OCAY J V. Heidegger, Hegel, Marx: Marcuse and the theory of historicity［J］. Kritike: An Online Journal of Philosophy, 2008, 2（2）.

［211］UEMURA K. Problematics in contemporary Marx-studies ［J］. Annals of the Society for the History of Economic Thought，2010，45（45）.

［212］FINLAYSON J G. Hegel，Adorno and the origins of immanent criticism ［J］.British Journal for the History of Philosophy，2014，22（6）.

［213］CAMPBELL D. Louis Althusser and the end of classical Russian marxism：Spinoza，Hegel and the critique of dogmatic marxism ［J］.Critique，2014，42（4）.